挙国の体当たり

戦時社説150本を書き通した新聞人の独白

元毎日新聞論説委員長
森正蔵

毎日ワンズ

挙国の体当たり

――戦時社説150本を書き通した新聞人の独白

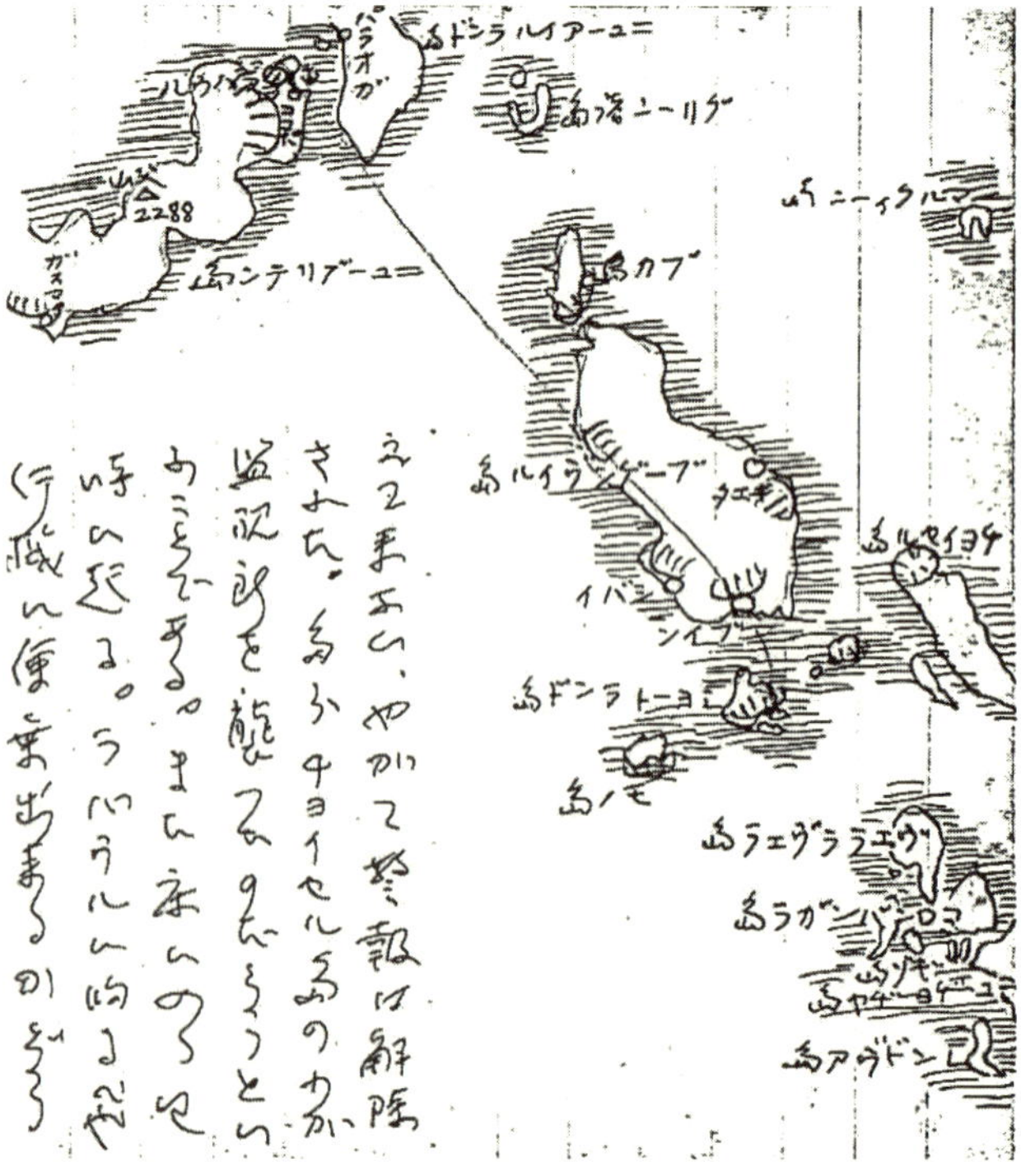

ニューアイルランド島
ニューブリテン島
2288
ブカ島
ブーゲンヴィル島
キエタ
ブイン
ショートランド島
モノ島
チョイセル島
ベララベラ島
コロンバンガラ島

刊行に寄せて

　これは、父・森正蔵（明治三十三年〜昭和二十八年）が遺した四十二冊の日誌の抄である。森正蔵と聞いても、ほとんどの方はご存知ないだろうが、熟年世代のなかには終戦直後に出版された『旋風二十年』（鱒書房）の著者であると記憶されている向きもあるであろう。戦後初のベストセラーとなったこの書は、張作霖爆殺事件、満州事変、二・二六事件、ミッドウェー海戦など、国民にはまったく伏せられていた史実を暴いたものである。「解禁の扉を押し開いて、怒濤のような勢いで書かれた戦前と戦時の歴史」（評論家・尾崎秀樹）であった。鱒書房の社長・増永善吉は、報道関係者や軍人に知り合いが多く、そのため、日本の敗戦を早くから予知し、天皇陛下のご放送を聞きながら、敗戦に至る昭和の裏面史を国民に知らせてはと考えた。友人で画家の東郷青児にこの企画を漏らしたところ、毎日新聞の学芸部記者だった宮沢明義（憲法学者・俊義の実弟）を通じて当時、社会部長をしていた森に企画がもたらされた。さっそく社の協力を得て書き手の人選が行なわれ、嶌信正（元マニラ特派員、ニュースキャスター・信彦の父）ら八人が森とともに執筆に当たり、森が文責を引き受けた。世間が書物に飢えていたということもあったろう。しかしそれ以上に太平洋戦争という悲劇にまで突入した日本の姿が、この書を通じてはじめて明るみに出たことは衝撃的であり、初版十万部は一週間も経たないうちに売り切れ、翌年春の下巻と合わせて百万部も売れたのである。しかし戦後の混乱のなかで、海賊版も横行し、米国では著者に断わりもないまま翻訳本も出る有様だった。

「解禁昭和裏面史」という副題のついた初版の序で森は次のように記している。

「このなかのあらゆる章には、これまで様々な制約のために公にされなかった史実が多分に折り込まれている。抑圧された言論、歪められた報道は、我らが現にそのなかで生活して来た、わずか二十年の歴史を、全く辻褄《つじつま》の合いかねるものとしている。そうした際に、この書も持つ役割は、わが国の歩いて来たこの国の足跡を、忠実な叙述によってたどり、何が日本の今日の悲境に導いたかを明らかにするものと信ずる」

『旋風二十年』のあと、立て続けに、昭和の思想的、政治的な先駆者の受難を記録した『風雪の碑』(昭和二十一年六月)、『旋風二十年』の国際版に当たる『転落の歴史』(昭和二十三年三月)、米ソ冷戦に焦点を当てた『燃ゆる氷原』(昭和二十三年六月)が出版された。日記はこれら四部作の下書きであったはずである。三百三十万語に及ぶ日記は、森がモスクワ特派員の二年目、昭和十一年十二月二十九日からはじまっている。ドイツからわざわざ取り寄せた大学ノートの書き出しには、

「日記は他人に見せるものではないようだが、誰に見られても恥ずかしくないような日記を書きたいものだ。つまりそういう生活がしたいものである……」

と記されている。

それからというもの、亡くなる前年(昭和二十七年)の九月まで、仕事で遅くなったときも、

酒を過ごしたときも、その後南方の戦線に従軍したときも、病に倒れ入院したときも、絶えず日記帳を携え毎日欠かさず書き続けたのである。さらに、生来の画才を活かして、余白に、折々の世相をイラストで描いている。

本書には、真珠湾攻撃のあった昭和十六年十二月八日から東京湾の米戦艦ミズーリ号上で降伏文書調印が行なわれた昭和二十年九月二日までを所収した。ただ、紙幅の関係で、一部分は割愛せざるを得なかった。さらに個人の生活に関する記述もできる限りにとどめた。なお、日記は旧漢字、旧仮名遣いで書かれているが、編集の際、新字、新仮名遣いに改めたことをお断わりしておく。

日記は、いみじくも書き出しに「他人に見せるものではない」とあるように、長い間、家蔵されてきた。しかし、父は、いずれ世に問われるべきという思いを抱いていたと思う。したがって、これを公けにしないのはむしろ父の本意に副わないことになるのではないかという考えも私のなかで残り、年月を経るなかで逆に強くなってきた。

すでに七十年の時が過ぎてしまっている。たとえ誤解を招く記述があったとしても、戦争という悲劇を広く伝えるためにも、あえて公表しよう、そう思った次第である。

平成二十六年七月

森　桂

〈目　次〉

〈凡例〉

＊読者の便に供するため、原文の文体を崩さぬよう配慮した上で一部表記を現代風に改めました。

＊編集に際し、著者注釈との混同を避けるため編集部注釈には「＊」を付しました。また文中の「社説」及び章見出しは編集部が補ったものです。

＊本書には、今日では差別的と解釈される表現を原文のまま表記した箇所がありますが、作品の時代色を損なわないためであり、その他の意図は一切ないことをお断りいたします。

毎日ワンズ編集部

I

開戦

（昭和十六年十二月八日～昭和十八年九月二十五日）

昭和十六年十二月八日　快晴

対英米宣戦布告さる！

太平洋戦争第一日！

朝、新聞を開くなりハッとした。朝日、読売等は特に新しい紙面をつくっていないが、本紙は完全に戦争気分を盛っている。いよいよ来る日が来たか。もしそうだとすると今朝の本紙は大成功である。社に問い合わせようかと思い、またいずれにしても今日は早く出社しなければならぬと思って、朝食を急ぎかき込んでいるところへ、桑原忠夫（＊元サンパウロ特派員）君が社から電話をかけてきてくれた。果たして戦争だ。

東亜攪乱英米の敵性極る

比島陸軍に重大宣言

香港で総動員令発令

新嘉坡全軍集結命令

一億の決意を顕示

もう戦況がどしどし社には入っているという。ハワイとマニラに渡洋爆撃が行なわれているというのである。今日出かけたら帰宅はどうなるかわからない、など考えながら社に急ぐ。論説では僕が一等早かった。欧米、東亜、政治、編集、連絡の各部は総動員で活躍し、編集局内は未曾有の緊張感をいっぱいに漲らしている。阿部真之助（＊戦後NHK会長）主筆が来て、昨夜おそくまで働いた状況を語る。それによると、いよいよ最後が来たということは深更になって見極めがついたのだそうだ。そこで紙面もがらりと体裁を改めて出すことになったのだという。昨日は体の調子が悪くて、その元気も出なかったのであるが、その歴史的場面に居合わさなかったことは残念でもある。

情報と当局の発表する戦果報道はひっきりなしに入る。真珠湾の空爆は特に華々しいものである。敵に与えた損害は夢想もしなかったほど大きい。沈黙を守り続けていたわが海軍が、隠忍の長期に蓄積していた精神力と技術とを、このときとばかりに傾けて、この壮挙をあえてしたのである。効果の大きかっただけにわが方の損害犠牲も相当あったに違いない。思え！　空中から魚雷を抱いて愛機もろとも敵艦めざしてぶつかってゆく勇士の意気と熱とを！　讃えるにも言葉がない。聞いて感涙なき者があろうか。マレー半島の敵前上陸、フィリピンの空襲、香港攻撃、上海の敵艦攻撃、租界への進駐、タイ国との共同防衛条約成立と皇軍の友好的進駐、快報の連続である。作戦第一日の戦果は予期に幾倍してあがった。しかし前途は遥かであり、多難を予想せざるを得ない。勝つんだ、勝たねばならぬ。

宣戦の詔勅を拝す。大御心《おおみこころ》を仰ぎまつるとき、ただただ恐懼《きょうく》するのみ。断じて勝たねばならぬ。急には行くまい。石にかじりついても御軫念《ごしんねん》を安んじ奉る日を持ってこなければならない。

正午すぎ編集局内で臨時社員会議あり。編集局を会場とする社員会議も未曾有のことである。高石真五郎会長が宣戦の詔勅を奉読し、高田元三郎主幹が社員を激励する。終わって、聖上万歳を三唱。

午後も慌ただしかった。号外のベルが幾度か編集局内に鳴り渡る。社の玄関の張り出しニュースを仰ぐ群衆は、一報至るごとに歓呼をあげている。その群集はいつまでも立ち去らない。夕方六時、海軍に徴用され第一線に出てゆく十五人の社員のために、五階ホールで送別宴あり。僕も今に来るかと待っていたが、まだ海軍から出てこいといってこなかった。夜に入っても社内の緊張と興奮は去らない。ニュースは次々に入り、そのつど電光的活動が編集局内に展開する。窓外は完全な灯火管制で真っ暗である。やがて二十日ばかりの月が、かなり明らかに上った。家に電話をかけて灯火管制の手配をし、八階ホールで同僚数人と夕食の卓を囲み、なおしばらく編集局内に残っていたが、別に仕事もない模様と見て帰宅する。

灯りを暗くした省線電車（＊現ＪＲ）のなかでは、今出たばかりの本社の号外を手にした人々が、わが海軍の大成功を讃え合い、ものに酔ったように話している。それを聞きつつ私は、この戦争の重大なことを噛みしめるように感じ直してみた。そしてまた真珠湾に散ったであろう勇士たちのことを想った。えもいわれぬ厳粛な気持ちになり、熱涙が眼に溢れ出た。車内の暗い電灯を仰ぐと、その涙がキラリと光るのが自分自身にも感じられた。

千鳥町駅から暗い道を家に帰ると、豊子（＊夫人）と母（＊夫人の母）が手配して灯火は戸外に漏れぬようにしてあった。桂《かつら》は半ば眠りながら乳を呑んでいた。非常なときに生を享けたこの子、良く、強く、正しく育ってくれ。ラジオのスイッチをひねってニュースを聞く。豊子に戦争の意義と戦況とを語りながら、今日、定（＊女中）の故郷から送ってきてくれたという珍しい羊羹でゆっくり茶を飲む。ニュース放送は十二時まで続いた。

十二月九日　晴れ、雨

外務省に行き西春彦事務次官、欧亜局の各課長その他に会って話し、その足で参謀本部に行き、林中佐と会談する。話の中心は昨夜ドイツの大本営が発表した、東部戦線における攻撃作戦中止である。僕はこれを二つの仮想のもとに考えた。第一は独ソ間に和平の談合があり、その前提としてドイツまず作戦を休止し、ソ連やがてこれに倣い、両軍現在位置に停止して休戦交渉に移るのではないか、第二は日独間に談合があり、日本の対米英戦争開始と呼応し、ドイツは東部戦線を現在の程度において休止し、兵量を割いて対西部作戦に出るのではないか――というのである。しかし諸情報を聞き合わせてみると、この二つとも当たっていないようである。社に帰ったあともいろいろ検討してみたが、結局僕の判断として残ったものは、作戦休止はまったくドイツの単独意志に出たものであること、その理由は厳冬期に入ってからの東部作戦が困難なることと、その困難を冒して戦う場合は、ドイツが最も怖れる兵員の損傷をますます大きくすること、ドイツは東部においては今後陣地戦に移り、おもむろに解氷期を待って新しい作戦に移るであろう。その期間においては対英作戦の可能性が生じてくるわけである。しかし情勢はもうしばらく待ってみなければ如何なるものやらわからない。

対米英作戦第二日の勝報はいよいよめざましく伝えられた。真珠湾、シンガポール、マニラ、香港その他への攻撃の情報は、だんだん詳細の度を加えてきた。

三々会（＊編集幹部会）に出ているところへ高田主幹が来て、今日、大本営海軍部からいよいよ僕の出仕を求めてきたというので、夕方に軍令部へ行き、海軍報道部の前田稔少将と平出英夫大佐に挨拶をする。必ずしも毎日出るには及ばないのだそうだが、さっそく仕事のテーマが与えられた。軍務局第四課の別室が僕たちの仕事をする場所になっている。

昨夜は興奮したためかあまりよく眠れなかったところへ、今日はおそくまでかなり多忙な仕事をしたので、非常に疲れたのであろう。帰りの省線電車で眠り鶴見まで乗り過ごしたが、帰る電車はなし、雨は降る、寒さは寒し、宿屋を見つけたが泊めぬという。仕方なしに鶴見駅で始発の電車を待ち、蒲田で池上線の始発を待ち、家に辿り着いたのが朝の五時半。大変なしくじりであった。

十二月十日　雨、のち止む

作戦第三日の興奮と感激はいよいよ激しいものがある。今日の最大快報は英領マレー東海岸沖で、英極東艦隊主力艦プリンス・オブ・ウェールズ号（三万七千トン）とレパルス号（三万二千トン）とが、同時にわが海軍機のため撃沈されたことである。この報が入るや編集局内にはどっと歓声があがり、拍手の響きがしばらく消えなかった。その他フィリピン島北部の敵前上陸、グアム島の敵前上陸が相次いで成功した。

とにかく大きな戦果だ。これがまことかとわれわれ自らが夢のようにさえ思う。この報が世界を驚かすことを考えただけでも痛快である。米英にはどう響くであろうか。アメリカではキンメル、スターク、リチャードソンらの提督を敗戦の罪を訊すために、軍法会議に付すべしという論議さえ出ているという。イギリスではプリンス・オブ・ウェールズ、レパルス両艦の沈没を自認発表したということである。この大成功に、天皇陛下は山本五十六連合艦隊司令長官に、優渥《ゆうあく》なる勅語を賜り、将兵の労をねぎらわれ、御激励遊ばされた。畏《かしこ》いことながら竜顔《りようがん》の御麗《おんうるわ》しさが拝察されるようである。それにしても肉弾となって敵艦にぶつかっていったのは何処《いずこ》の息子であろうか。国民はその名を聞きたがっている。それは讃えても讃えきれぬ、謝しても謝しきれぬのだ。最も荘厳な神様だ。

　夜のラジオニュースで、陸海軍の犠牲が発表された。陸軍で帰らぬ機数十九、海軍では三十八。ああ合掌したい。叩頭《こうとう》したい気持ちでいっぱいだ。われわれは海軍にもっと大きな期待をかける。陸軍が満州事変以来、いたずらに政治に没頭して軍そのものの本分をおろそかにし、皇軍の名のもとにかえって国威を傷つけようとしているとき、黙々とその実力を技術、装備、精神の各方面から養ってきたわが海軍は、それでこそ国民の信頼を集め得るものである。

十二月十一日　晴れ、夜小雨

　日泰攻守同盟がバンコクで調印され、ピブン首相それに関する声明を発す。グアム島完全占領。同地の総督、副総督ら捕虜となり、同地に檻棄《かんき》されていた二十数名の日本人が救出された。

　フィリピンに上陸したわが部隊は、逐次敵を圧迫しつつあり。空軍また同島の重要地点に連続爆撃を加え、これを迎撃せんと試みる敵飛行機の損害は大きい。

　ハワイ海戦、マレー沖海戦で米英が被った大損失に関する米英両国の失望落胆は大きく、その模様が第三国を通じて次第に明らかに伝えられてきた。しかし、今日あたりから第三国を通じての各種の信用なき報道も伝わってきた。キング・ジョージ五世号がインド洋でわが海軍のために砲撃されて沈没したとか、米航空母艦レキシントンが沈められたとかの類いである。今まで開戦当初にあまり大きく戦果があがったものだから、グアム島の占領くらいでは民心が沸き立たぬようになった。贅沢なものである。
終日新任務で与えられた仕事を続ける。

十二月十二日　晴れ

マレー海戦に偉功を立てた連合艦隊航空隊の働きを賞せられて、本日重ねて山本五十六連合艦隊司令長官に詔勅を賜る。

今度はルーズヴェルトも下手なことをやったものである。こうなるに最も大きく原因しているのは、アメリカが日本を知らなかったことであろう。第一に日本がまさか戦争に訴えないだろうと誤認していたことだ。第二には戦争にこれほどの強さを日本が持っていることを知らなかったことである。彼らはこの対策として、巨額の金を投じて軍備の大拡張をして日本を慴伏《しょうふく》させるのだそうだが、ドルを振り回して物さえたくさん揃えればよいという考えがまだ抜けきらないのである。ハワイ海戦を見ても彼らは決して物で負けたのではないはずなのだが、そこのところがわからないものらしい。

この戦争は長期にわたるであろうことを、われわれは覚悟しなければならない。その際われわれは、なるべく速やかに戦闘の効果をあげて長期戦に耐え得る態勢を整えておくことが緊要である。わが海軍では三カ年間の使用を保証するだけの石油を貯蔵していることを公表した。仏印とタイとで米穀だけは安心できることとなった。この上は船を獲るか造るか、ともかくも増して南方各地と本土との通商路を確保し、おもむろに長期戦に備えることが計画されなければならない。

これをやり遂げる上には、軍人が戦争に専念して精力を他に濫用しないことと、官僚が謙虚公正の精神に立って働くことが何よりも必要である。

十二月十三日　晴れ

仕事をまとめ上げるために家に籠もる。終日家にいると一家のなかというものは、いろいろ雑用のあることがわかる。豊子そのなかを小林博士のところに行き、夕方帰る。それと入れ替わって僕は家を出て、まず軍令部に行く。平出大佐がいないので、でき上がった仕事を大佐に転送するように依頼して社に行く。席に着くか着かぬうちに阿部主筆が気の毒そうな顔をして「森君、事件でね……」といい、近藤君にその事件の説明をするように求める。聞いてみると今日僕のところへ「鶴の江」から菓子折が一つ届いたのだそうだが、僕のいないのを幸いに阿部真之助の主謀によって、皆でそれを食ってしまったのだという。その菓子は今ではなかなか得がたい上等のものであったというのが、共犯者たちのいうところである。箱だけが机の上に残っていた。

これは「鶴の江」が社へ持ってきたことが間違いのもとだとしなければならぬ。阿部真之助はかつて僕の留守中に、京都から届いていた鮒寿司を食ってしまったのだから、今度のは累犯で許しがたい――などといってその辺を物色してみたが、もうどこへ行ったのか姿を見せない。「婦人日本」の座談会が「藍水」であるのに出席し、その帰りに平田外喜二郎《ときじろう》、渡瀬亮輔たちと二、三飲み歩く。

帝国海軍は戦果の発表をよほど確実に認定されるまで控えていたのであるが、それが次々に判明して明るみに出てくる。今日もハワイ海戦で敵に与えた損害のうち、第一戦隊旗艦アリゾナ号（三万三千トン）が撃沈されたことが確かになったと発表した。もう開戦以来、米英の艦船三十五万トンを葬ったということだ。九龍（＊香港対岸）占領さる。フィリピンの攻撃、マレー半島の攻撃ともに着々進捗中である。

十二月十四日　晴れ、夜雨

わが陸軍は昨日香港に勧降使を送って、武力的抵抗を中止するよう香港総督に申し入れたが、あちらは全面的にこれを拒絶したので、いよいよわが軍は香港総攻撃を開始することとなった。一方マレー半島では英領に侵入したわが陸軍は国境線の防御陣地を突破し、敵機械化部隊一個師団を撃滅して南方に猛攻中であるという。これからが仕上げの戦いである。

十二月十八日　晴れ

夕刊三版の締め切り後に大本営海軍部から発表があって、ハワイ海戦の戦果が明らかにされた。それによると今まで伝えられていたより遥かに大きな損害を敵に与えている。すなわち撃沈――戦艦五隻、甲巡または乙巡二隻、給油艦一隻。大破――戦艦三隻、軽巡二隻、駆逐艦二隻。中破――戦艦一隻、乙巡四隻。敵航空隊に与えた損害は爆撃炎上四百五十機、撃墜十四機、格納庫十六棟を炎上、二棟を破壊したというのである。米太平洋艦隊は九隻の戦艦を持っていた。そのうちの五隻がまったく影を失い、他の四隻が使用に耐えなくなったのである。これほどの戦果というものは、世界海戦史はじまって以来例のないものだと思う。

アメリカが戦争の経過をひた隠しに隠して、責任者を処罰することに躍起となり、狼狽の極に達していることも、これを聞いてなるほどと思われる。さらに今日の発表では真珠湾を襲ったのは、わが航空隊ばかりではなく、特殊潜航艇というのが用いられ、その艇隊は湾内深く突入して空と呼応して勇戦した。そしてそのうちの五隻はついに帰ってこなかったというのである。全世界の驚嘆である。鬼神をも泣かしめるものである。海軍の発表は最も正確なる報道を狙っている。真偽の定かでないものは決して公表しない。これは立派なやり方である。独ソ戦における双方の発表を見ても、外国の例ばかりではなくノモンハン事件のわが発表の例に見ても、専門家ならずともその虚構を見破ることのできるような発表があったのである。戦況発表とはそうしたものだというのが通念にさえなっていた。それが今わが海軍によって新規範がつくられたのである。

十二月二十三日　晴れ

このところ行方が不明だったチャーチル英首相は、軍需相を携えワシントンに現われ、ルーズヴェルトと会談をはじめた。それが論説席の話題となる。どんな面をして二人が会ったろうかとか、何と挨拶を互いはしたろうかなどといっているうちに誰かが「そりゃ『アイム、ソーリー』といって話し出したに違いない」という。それを聞いた新井達夫君が「それはチャーチルはそういったかもしれないが、ルーズヴェルトは決してそうはいわなかった」という。皆が怪訝《けげん》な顔をしていると、新井君のいうのに「『アイム、ダイトーリョー』さ」。これは最近の「秀逸作」である、というのでさっそく新井君罰金を取られる（＊ダジャレをいった者に罰金を科す遊び）。

桂の写真の引き伸ばしができたので方々へ送る。この頃体の発育もよくなってきたが、知能的にも発達の度合いが目に見えてきた。ここ二、三日来、両手を盛んに動かすようになった。抱いていてもピョンピョン跳ね上がるような動作をする。笑う表情も愉快さをはっきり表わしてきた。音に驚いたり、音のする方角を見つめたりする。泣き声しか出さなかったのが泣き声のほかに、ア列の詰まった音を出し、またクーンというような長く伸びた音を発することもできるようになった。

十二月二十五日　晴れ

香港陥落の発表あり。午後五時五十分、香港のヤング総督は、わが軍の猛攻撃の前に抗戦能力なきものと判断し、降伏を申し出るとともに、全英軍に対し武器を棄てよと命令した。かくて香港の英勢力は無条件にわが軍門に降り、領事館に籠城していた約三十名の邦人は、矢野総領事以下全員が無事に生還した。過去百年にわたるイギリスの東亜侵略の野望はここに終焉を告げた。今日はちょうどクリスマスである。香港陥落の報は米英両国に対する何より立派なクリスマス・プレゼントとなったわけだ。

この次はマニラ攻撃だが、この方も年内に何とか片づくかもしれない。ただ、シンガポールだけはそう簡単に落とすことはできまい。

十二月二十九日　晴れ、寒し

午後、海軍へ行く。先日、阿部真之助と楠山義太郎（＊外国人記者としてただ一人ルーズヴェルト単独会見に成功）が日米交渉は成立するかについて賭けをしたが、成立するといった楠山の敗北が明らかになった。そこで楠山は論説の一同を御馳走することとなり、それが今日、帝国ホテルで午餐会として行なわれた。僕や丸山幹治（＊侃堂《かんどう》とも称す）氏はすっかりその御馳走のことを忘れていた。

夕方、外務省欧亜局第一課長の招待が築地の「宝屋」であり、成田君をはじめ高野、野口、曽野らが主人側、僕、馬場、同盟（＊今の共同通信）の森らが同席。そこから赤坂の「春梅」に行く。「宝屋」の玄関で会った広瀬節男（＊外交官、元駐ソ大使館員）も一緒だったが、あまりおそくなるので僕は中座した。待合の酒は概して悪い。酒も悪いがその他に何の面白みもない。僕は酒を愛するが、酒を飲むことと待合で遊ぶこととは、切り離して考えたいのである。

十二月三十日　快晴

昨日はマレーでイポーの占領、英領ボルネオでクチンの占領が発表せられたが、シンガポールの陥落は明春、それも二月末か三月かになることだろうし、マニラにしてもそう簡単にわが手中に入るものとは思えない。緒戦が華々しい効果をあげただけに、国民の気分のだれることは極力戒めなければならぬ。こういう際にどの機関が中心となって国民の精神的指導に当たるのか、今日の情報局や大政翼賛会などはとてもその任ではない。

例年ならば、もう夕刊はなくなっているはずだし、わけても今年は紙の配給が少ないというのに、大晦日まで夕刊を出すことになった。紙の方はもとより無理をすれば、いくらでも出るのを、わからぬ役人が言論統制とは言論を不自由にすることだと勘違いして、出し惜しんでいるまでである。それが最近の情勢を見ては、さすがに無茶もいえないらしく、紙の方も少しは出すことになった。新年紙の社説について相談会あり。夕方は早く帰宅する。寒いが月が美しい夜である。

十二月三十一日　快晴

海軍から来てくれというので、かなり早く家を出て霞ヶ関に行き、平出大佐に会ってから外務省に行く。今日が漁業暫定協約の期限であるが、ソ連側は更新のわが要求には急に応じそうにない。彼らにこれを行ないたい肚はある。しかし一方でアメリカに対しては親日的ゼスチュアをなるべく見せまいとしているのであろう。今日、建川美次駐ソ大使はもう一度督促をするかもしれないが、どうやら無協約期間に入るものと見られる。外務省から出たところで亀山一二（＊外務省参事官）氏に会う。久しぶりだ。社では新年紙用の社説を書く。ソ連問題を取り扱ったのだが、最近の時局では、これほど書きにくい材料はまたとない。

家への帰りに鯉の丸揚げというのを売っていたので、それを求めて持ち帰る。正月が来るというのに鯛を買うこともできない。鯉があったのはせめてもである。家ではそれでも正月らしい料理がいくらかできていた。それを肴に一盞《いっさん》傾ける。酒はちょうど三升あった。ひそやかに正月を迎えることができるだろう。

桂は耳が悪くなったとて、留守中に医者へ行ったりして大騒ぎだったそうだが、それもそう心配するほどではなさそうだ。夕方からよく眠った。この子の生まれたことは、僕にとってこの年を最も有意義にした。それから十二月八日にはじまった新しい時局が、何にも比べられない重大性を持つ。海陸にわたるわが軍の赫々たる戦勝のうちに年は暮れる。

昭和十七年一月一日　快晴

味醂がないから屠蘇をつくることもできなかった。尾頭つきは鯛など手に入れられるはずがなく、僕の買ってきた鯉の丸揚げと、母の買ってきた鮒の焼き物で間に合わした。黒豆がなかったから大豆でこれに代え、餅は配給の色の黒いのが少々あるばかりである。田作《ごまめ》と数の子はそれでも揃った。ともかくわが家の新春の食卓はいつにもなく貧しかった。今年の正月を迎える多くの家庭が、こんな有様であろう。わが家などまだましな方かもしれない。それでありながら、この新年を迎える心持ちは格別である。

支那事変の延長のみが国民の気分を包んでいたら、こんな朗らかな気持ちは持てなかったに違いない。十二月八日が日本を包むすべてのものに一大転機を与えたのだ。その日以後のわが軍の行動が世界を驚倒させ、国民を感激の渦のなかへ追い込んだ。この戦争は希望の持てる戦争である。わが軍の働きは、その希望達成へのテンポをぐんぐん急速に刻んでゆく。日本の国民自身が、日本の持っていた存外の力に驚いている。

それに今日は天気がいい。ヒリヒリするような寒気ではあるが、くっきり晴れた空に日の丸の旗がはためいている。元日というのに軍隊の飛行機はその晴れた空に飛んで帝都を守っているのも、一段と頼もしい気がする。その上にわが家ではこの正月には桂という者がいる。僕たちが新春の酒盛りをしているそばで彼は無心に笑っているのだ。

社に出る。社の拝賀式は十一時から五階ホールで行なわれた。蜜柑《みかん》とスルメで冷酒を飲み、帝国の、社の万歳を唱えた。その席でハワイ海戦でわが兵士が機上から撮影してきた映画が発表された。これは今日一斉に都下の映画館で封切りされるものであるが、これほどの大戦争を、その最中に撮影したフィルムというものはいまだ例を見ないだろう。短いものではあったが、その一景一景に驚異と感激が盛られている。拍手を送る余裕もなく、瞼に溢れる涙を止めることができなかった。激浪を渡って奇襲し、いよいよ母艦から離れて死地に臨もうとする将兵が、皆笑っているのだ。これほど荘厳な気分を表わしたものがまたとあろうか。

今朝の各紙の一斉に掲載された海軍省提供のハワイ海戦写真もまた立派なものであった。この貴重な資料はなるべく早く、米英の国民に見せるよう手配されなければなるまい。両国の国民はこれを見ただけで、彼らの戦意を粉砕されるであろうと思う。しばらく高石会長などと時局の話などをしたあと、大森へ行く阿部賢一（＊主幹、戦後早大総長）氏と同車して帰宅する。

ラジオは昨日わが陸軍がマレーのクアンタンを占領したと放送していた。これも大成功だ。元日というのに年末から持ち越した風邪が抜けないので早く寝てしまう。

一月三日　快晴

マニラ陥落の報を聞く。年内にマニラ占領などといったのは今度の戦争の出足があまりよかったのに調子づいた衆愚の言葉で、それでも作戦開始二十日余りで落としたのだから、大成功といわなければならない。残敵はコレヒドール島とバターン半島の要害に脱走したというが、夕方の陸軍の発表では、わが軍はこの敗敵を追撃中だとある。

一月五日　晴れ

今日から夕刊が出る。年末に書いた僕の社説「大東亜戦争とソ連」は今日組み込み。そのソ連が米英を中心とする反枢軸協定に参加したということは外電が報じていた。果たしてしからば独ソ関係はともかく、日ソ関係はどうなるか、少なくとも大東亜戦争に関するソ連の位置に重大な意義をもたらすものである。書いた社説にも、その間の内容を盛らなければならないのだが、日本では当分の間、ソ連が米英ら二十六カ国の反枢軸協定に一役買っているということは、論議されたくないことになっているそうだ。だから社説も加筆あるいは訂正せずに編集に送る。

一月六日　晴れ

陸海空軍の空中分列式が帝都に行なわれる。一千機が飛んだ。敵の報告では、日本の軍用機数は確か二千五百だったと思う。そんな材料で日本を見てきたのだから事が間違う。今、あれほどの空軍を第一線に送りながら、これだけの余力を残しているのを見たら、一層驚くことであろう。

一月九日　晴れ

この頃、昼飯を食うのがだんだん窮屈になってきた。今日はどこで食おうかと思っていたら、桑原忠夫が築地の「大作」という鰻屋へ連れていってくれた。これは小さい店だが、なかなかうまく食わせる。午後、渡辺誠来訪。八階でしばらく語る。昼前から社内に、太平洋上で米航空母艦がわが潜水艦に撃沈されたとの噂が立つ。

一月十二日　曇り、夜に入り雪

今日は大本営から蘭印（＊オランダ領インドネシア）作戦に関する発表あり。それと同時に蘭印に戦争を拡大するに至った経緯を帝国政府から発表された。それは夕方おそくなってからであるが、阿部主筆病気で早退し、永戸政治副主筆所用で早退したので、社説を書く者なく僕が引き受けた。ところがその社説を書き終わったところへ軍部からの差し止め命令が来て、蘭印政府（＊オランダの現地政府）の政治、外交、経済政策に関して攻撃してくれては困るといってきた。実は僕の書いた社説は、今次のわが戦争の主旨とオランダ、米英が東亜において続けてきた罪悪史とを織り込んだものであったから、当然このまま載せられない。仕方なく全文を書き直しゲラを見て帰ったのは十二時。

帰途、紛々《ふんぷん》として雪降る。モスクワで降りしきる雪のなかを外交人民委員部の検閲係から電話局へと電報を持って歩き回った日のことを想い出す。夕食を食いはぐれたので、帰宅後、豊子の準備しておいてくれた鶏卵入りの雑炊をうまく食う。鶏卵は昨日貰ったもので、久しぶりの味である。

わが軍昨日、ボルネオのタラカン、セレベスのメナドに上陸し、両地点を占領す。またマレー方面では、昨日クアラルンプールがわが軍によって占領された。

一月十三日　晴れ

昨日の雪、わが家の庭では二寸余も積もっている。海軍に出るようになってから、論説の当番はやめることにしていた。僕からそう要求したわけではないが、皆がそうしてしまったのである。しかし人数も少ないことだし、僕も少し努力すればできないことではないから、今週からまた受け持つことにした。

昨日の蘭印関係の差し止め事項は今夕になって解禁された。蘭印に対して何か謀略の余地があると思った陸軍があゝいう処置に出たので、海軍の方の意思ではなかったのである。そういう謀略が役立つと思っているところに認識不足があるし、謀略謀略と変なところへ力を入れて、結局下手な立ち回りをしてきたことは、支那事変だけでも数えきれぬほど例がある。それがまだ覚《さと》れないところに新しい不安が残される。

夜、社会部の連中と銀座裏数軒を飲み歩く。帰りの省線電車で僕と同じ程度に酔った一人の男とわけもなく話し合ったところが、それが土居という郵船の貨物部の米国課長で、また改めて会うことを約束した。

一月二十一日　晴れ
帝国議会再開。劈頭《へきとう》首相、外相、陸海相の演説があって、首相は大東亜戦争の課題について述べ、香港、マレーは帝国において確保すること、フィリピン、ビルマ等はその民衆の動向によっては、独立の名誉を供与すべきことなどを明らかにした。日本のあげている戦果の大きさに驚いている国の一つがソ連で、それは驚きよりも恐れの方が大きいのである。スメタニン駐日大使は二十三日、敦賀《つるが》を立って報告のためクイブイシェフ（＊ソ連の臨時首都）へ帰るそうだ。

二月五日　曇り
海軍航空部隊は三日、ジャワ島に初度の空襲を行ない、敵機八十五を射ち落とした上に、所在の敵艦にも多大の犠牲を与えたと大本営から発表された。また昨日は、この空襲に引き続いてジャワ島沖で、同じく空軍のみをもってする敵攻撃に大成功を収めたというのであるが、これはおそらく明日発表されるであろう。

二月六日　晴れ、時々曇り
海軍から社に行く。四日のジャワ沖海戦が大本営から発表されたので、その社説をまた僕が書く。旗艦のヒューストン号が司令官を乗せたまま遁走《とんそう》したのが残念であったが、甲巡一隻を轟沈、二隻中破という成績であった。戦果についての社説というのは書きにくい。褒め讃えているばかりでは能がなさすぎるからだ。

二月七日　晴れ

今日の発表はあるまいと思っていた総合戦果が発表されたらしく、夕方のラジオでそれを聞いた。開戦以来陸軍では敵機九百十四の撃墜破、鹵獲《ろかく》戦車装甲自動車二百二十輌、火砲五百八門をはじめとする戦利品があり、捕虜二万二千余、遺棄死体七千七百。海軍では撃沈潜水艦二十九隻、同船舶五十二隻というのである。またジャワ沖海戦でその後、米甲級巡洋艦等三隻を大破せしめたことが判明したという。

二月十一日　晴れ

紀元節。こんなにめでたい紀元節は、有史以来のことであろう。ジョホール水道を渡って敵前上陸を敢行した皇軍諸部隊は、今夜刻々シンガポール島内に戦果を拡大している。この大要塞の陥落は明日か明後日かというのである。そういう戦報が相次いで至るなかに、社内の奉賀式は十一時から五階のホールであげられ、われわれは宮城《きゅうじょう》を遥拝したあとに、声高らかに聖上の万歳を奉唱したのである。

午後に至り皇軍の一部が、シンガポール市郊外に到着したとの報あり。市背の重要拠点たる百七十七メートルの高地も、わが部隊によって占領されたと伝えられた。

二月十四日　晴れ、夜より雪降る

シンガポールの戦争はなかなか激烈との報あり。昨日は社の柳重徳がブキ・テマ高地で戦死したと伝えられ、また牟田口師団長の重傷説も報ぜられた。夜、安岡勇（＊夫人の親戚）、昨日頼んでおいたビールを持ってきてくれた。

二月十五日　雪しきりに降る

夜来の雪三、四寸も積もり、さらに小止みなく降り続く。社には出ず朝からロシア新聞の切抜き整理やら読書やらに送る。夕方、山下仲次郎夫妻が肴を携えて来訪したのを迎え、雪見酒をやっているところに、ちょうど午後七時半、社から電話があり、シンガポール落つを報じてきた。祝盃をあげ、隣組にもこのことを知らせる。大本営の発表はそれからしばらくあとのことであった。全国民がこの日を如何に待ったことか。戦争は峠に達した。今日は戦争に一段落を区切ったのであるが、これからまだまだ厄介だ。

二月十六日　晴れ

朝刊も夕刊もシンガポール戦の記事でいっぱい。その一文々々が感激に溢れたものばかりだ。戦死傷者の数はかなり多いようである。われらは戦争の悲惨をこれから聞くことになるだろう。午後四時半から社の五階ホールで戦勝祝賀会あり。チャーチルは昨夜議会で悲痛な演説をした。それが今日の夕刊に掲げられた。

二月十八日　晴れ、曇り

大東亜戦争第一次国民祝賀日。朝から海軍に出ていると万歳々々の声が外に聞こえ、そこから出ようと思っても祝いに来る群衆が玄関に溢れて、なかなか通ることができない。宮城前に至ると黒山の人である。午後になってから、両陛下は二重橋まで御出ましになって、この熱誠の国民の群れに御応え遊ばれたのである。錦織来り、島田と三人で夕方から新橋で飲み、「ロンシャン」に行く。

二月二十五日　晴れ、曇り

十八日付の英文毎日に載った記事のなかに、ソ連の代表がシンガポール陥落を祝賀するために日本大本営を訪ねたというのがあるが、その事実は無根だといってソ連大使館から外務省に抗議があり、調べてみると、そういう記事は確かに載っているし、ソ連代表が祝賀に行かなかったことも事実である。外務省からソ連側への交渉は委せることとし、高石会長と相談の上、社では独自の考えから英文毎日の明日の紙面上に取り消し記事を出すこととする。

帝国潜水艦が二十日夕、ルーズヴェルトの放送演説の最中、カリフォルニア岸を砲撃した。まさに全米の衝撃であり戦慄である。その社説を僕が書く。

二月二十六日　曇り、雨

昨日の英文毎日の話は今日の紙上に取り消しが出ていたが、モスクワにも反響があったらしく、渡辺三喜男（＊モスクワ特派員）から、モスクワの新聞が毎日の記事はソ連を中傷するものだと書き立てているといってきた。ロシア課から此方《こちら》の事情を渡辺のところへ返電させる。

わが潜水艦の米本土砲撃に続いて、ロサンゼルスの上空に日本の飛行機が二編隊で飛んだという騒ぎがアメリカに持ち上がった。アメリカの報道では、それが二十五日正午（日本時間では今日の午前一時）のことで、あちらでは灯火管制をするやら、高射砲を射つやら大騒ぎを演じたらしい。

二月二十七日　雨、のち止む

アメリカの大きな航空母艦がやられたという噂を聞いていたが、それについて昨日発表があり、ニューギニア東北方でやっつけたというのだそうである。艦名は明示されていないが、ヨークタウン（＊実際はラングレー）だということである。また今日は二十日のバリ島沖海戦の詳報の発表があった。敵四国連合艦隊の巡洋艦、駆逐艦等を七隻までも撃沈破したのだそうだ。この二つのニュースを材料に社説を書く。わが制海権は太平洋、インド洋に完成された。十二月八日以前と今日では太平洋、インド洋は意義をも相貌をも一変した。敗敵の如何なる企図も今は無益だと説いた。

三月一日　晴れ

いくらか暖かくなったように思う。三月になったのである。桂を抱いて豊子と千鳥町まで散歩し、花屋へ寄ったら桃の花を売っていたので四、五枝買ってきた。桃の節句も近いのである。桂を近所の山下医院で診てもらう。別にどこがどういけないというのではないが、発育はほんの少し遅れているとのことである。体重を量ってもらったら六キロ二百グラムあった。一貫五百五十匁である。先々月の十日に赤十字病院へ連れていったときは、五キロ五十九グラムであったから、その後の五十日間に一キロと少し、一日平均二十二グラム（六匁弱）増えていることになる。この発育ぶりは、そんなに悪い方ではないから安心する。現在の体重でも、満五カ月の標準が六キロ五百グラムだから、満五カ月までに、まだ十日間ある桂の六キロ二百グラムもそう心配したものではあるまい。新聞の整理と、読書と、薪割りに日を送る。もっともその間、子供と遊ぶので、そちらに取られる時間も少なくなくない。松戸から広中君来り。シネラリアの花鉢を持ってきてくれた。夕方になってから、秋田大助（＊義弟、戦後衆院副議長）さん来る。豊子に帯揚げを土産に持ってきてくれた。二人とともに夕食の卓を囲み、ビールなどを飲む。

二月二十七日から昨日、今日とかけて続けられたジャワ海の海戦は、素晴らしい戦果をわが軍にもたらした。今日大本営から発表されたところによると、スラバヤ沖海戦では巡洋艦三隻、駆逐艦六隻を撃沈、巡洋艦四隻を大破、バタビヤ沖海戦では米大型巡洋艦、豪巡洋艦を各々一隻ずつ撃沈した。南太平洋に残存した米英蘭豪の連合艦隊は、これで全滅したといっていい結果となった。

三月七日　曇り、小雨

今日の朝刊で真珠湾に向かった特別攻撃隊の戦死者九士のことが発表された。前上海事変の爆弾三勇士と同じく、軍神の呼称をもって全国民に崇められるべき皇国の精華である。その記事を新聞で見ているうちに、涙出でて止まらない。社に出てから丸山侃堂老も朝の新聞で泣いたといったから、僕の涙ごときは当然である。社説「光輝ある三カ月の戦績」を書く。

三月十日　雨、のち晴れ

陸軍記念日である。ラングーン落ち、蘭印が全面的降伏をして、この記念日の慶祝気分は一段と高い。朝から「ダイヤモンド」の原稿の続きを書き、これを脱稿して出社する。高石会長と話す。

四月七日　曇り、のち晴れ

市ヶ谷に寄り、海軍に出る。

五日以来のわが海軍インド洋作戦は、セイロン島付近で一万トン級巡洋艦二隻の撃沈をはじめ、大きな戦果をあげているが、セイロン島とインド東岸数カ所への空襲以外はまだ発表されない。

高石会長と時局に関して話す。

夕方よりキリンビールの東京支店で、最近の国際情勢について話す。桑原忠夫の仲介によるもので、謝礼としてビール四打（＊ダース）を貰うことになっている。ビールも今は金で買えないものになったから、この取り引きは有効である。

四月十六日　晴れ、夜雨

市ヶ谷に立ち寄ってから出社する。日ソ漁業協定に基づく漁区の入札が昨日、ウラジオストクに行なわれ、日本側入札の十四漁区が全部、わが方に落札したとの報あり。それを去る十三日のプラウダ（＊ソ連共産党機関紙）社説、日ソ関係に関するものなどを骨子として、米英の日ソ離間策に対する日ソの現況につき社説を書く。本田親男（＊戦後社長）大阪より来る。後藤基治（＊日米開戦をスクープ）、新名丈夫らと芝浦「小竹」に飲み、さらに「八重洲」に行って飲む。

四月十八日　風なく、やや暖か、晴れ

九時頃、警戒警報が出た。無事に慣れているので、あまり気にもせずに出社した。社でも、敵の航空母艦が近海に現われたので海軍が追跡しているのだという程度で、別に大ごとになるような緊張味もなかった。昼食を八階食堂で主幹などと一緒にしているとき、空襲警報が発せられた。これはいよいよ本物かなァと思っている時分には、もう敵機（＊ドーリットル隊）は東京の上空に来ていた。新館の屋上に上がって望むと、敵の焼夷弾のために火災を起こした尾久、雑司ヶ谷、戸塚方面から濛々と立ち上る煙が見える。少し靄でぼやけた空に敵機らしいもの、友軍機に違いないものが見える。

やがてまさしく敵の一機は悠々と大川沿いに下って、東京港の岸を迂回して、西南に進んでゆ

く。高射砲を盛んに射ったのだが、煙幕は空しく敵の後ろを追っかけているばかりで、それを追撃する一機のわが飛行機も見えない。まことに歯痒い思いである。やがてこの敵機が投下した焼夷弾のためであろうか、蒲田か川崎の海岸寄りに、火災の煙がむくむくと立った。その敵機は大型の爆撃機であった。

空襲警報は二時に解除されたが、屋上にいた僕たちの視界から敵機の消えたのは一時七分のことであった。この二、三十分の間に、敵の与えた損害はあまり大きくなかった。しかし、帝都の空まで堂々やってきたことは、どうしても侮れない。虚を衝かれたという観が充分である。

社では、この敵機がどこから来て、どこへ帰ったのかということが問題になった。大型機が来ている以上、母艦から来たものばかりではなかったことは確かだ。アリューシャン、ミッドウェー、そんなところから来たとすれば帰航ができない。そういう場合は沿海州あたりへ抜けてしまうのではないか。疑問はその点にかかり意義は重大である。東部軍からの発表では、九機を撃墜したとする。何機来たかはわからない。社へは方々の状況が報ぜられてきた。市内と近接地帯のうちでは川崎が最もひどい。茨城、栃木、千葉、神奈川の諸県下にも、名古屋、大阪、神戸にも、また遠く新潟県にも襲来してきた。

四月十九日　風なく、晴れ

午前二時、また空襲警報があった。隣組の人たちと看視に立ったりする。社に問い合わせたら川崎、千葉、名古屋等で空中戦を展開しているということであったが、社に出てみると、どうもそんな事実はないようで、全然来ない敵機に対して警戒したのだということが判明してきた。その上、昨日の空襲に際して九機撃墜したという当局の発表も嘘らしい。まさに、わが国防史上の一大汚点である。民間の防衛団は実によく活動したのに対して、最も肝心な国軍の備えにぬかりがあった。今までアメリカに嘲笑を送っていたのだが、今度に限ってはその立場が逆になったわけである。

四月二十日　曇り、雨となる

海軍に行き、平出大佐と事務の話をする。ここでも米機空襲の話で持ちきりである。社に行くと、やはりそのことで、何としても醜態であり、当局の発表を訂正するとか、やり直しをするとかいう有様であった。アメリカの計画が、日本でいたずらをした飛行機を支那大陸に直行させることであったらしく、そのうちの一機は十八日の夜十一時、南昌に不時着陸をして、わが軍の手に操縦者が捕らえられたそうである。

四月二十一日　晴れ

病院に行ったら広瀬夫人が来ていた。そこで昼食をともにして出社。警戒警報また出る。舞鶴、名古屋、大阪などは空襲警報まで出したということである。東京の警報は夕方の六時をすぎてから解かれたが、これまた風声鶴唳《かくれい》の類いであったこと確実となった。夕方警報の解かれたのを幸いとして、この頃の馬鹿々々しい世態にうんざりした気分を晴らすため、正富笑入《えみいる》と飲み歩く。

四月二十九日　曇り、また晴れる

天長節。国家未曾有の多事のうちに、陛下はこの佳節《かせつ》を迎えさせ給うた。そのことで社でも議論があったのだが、社説にしても、こういう時期の天長節には、常套の慶祝修辞から離れて、こういう時期に即したものが書かれるべきはずである。

桂の初節句のために馬の玩具を貰ったりしたが、今日は僕も大いに奮発して兜を一つ買った。銀座の松坂屋に出ていたもののうち最上等品である。くだらぬものをたくさん買うよりも、いいものを一つ買う主義から出ているのだ。市ヶ谷に行き、その帰りの電車のなかで水野六郎と邂逅する。二十数年ぶりのことである。夕方、旧館五階のホールで天長節祝賀宴あり。ビールを飲む。そのビールに誘いをかけられて、桑原を誘い銀座裏でまた飲む。

四月三十日　晴れ

今日は衆議院議員選挙。人気《にんき》のない選挙である。いろいろ理由はあるが、今のような行き方では国民が政治というものに見切りをつけるに至ったからであろう。

社説「欧州の第二戦線」について書く。

五月一日　晴れ、時々曇り

メーデーである。モスクワでのこの日、コーカサスで迎えたこの日、ラトビアで過ごしたこの日のことを想い出す。ちょうど今日は昨日行なわれた総選挙の開票日である。朝から庭に降りて、この間手を入れたところのあちこちが気に食わぬので、それをやり直したりしてから市ヶ谷に行き、社に出る。開票の結果が刻々にわかり、京都一区の今尾登、香川二区の岸井寿郎など知り人の当選が伝えられる。

四時から三宅俊夫の南洋従軍談を聞く。最近珍しく面白い話であった。五時半から七階で在京ロシア関係記者たちの会合あり。今度社のロシア課が音頭取りで、こういう人々を糾合した一つの団体をつくることになった。朝日の丸山、読売の平井、報知の遠藤らが集まる。八階のクラブで夕食をともにする。

五月十日　晴れ

この頃家のなかで不愉快なのは、女中が盗みをすることである。現行犯を突き止めたわけではないが砂糖、菓子、化粧品などが知らぬうちになくなってゆく。女中の仕業であることは疑えない。それに器物などを破損しても、ごまかしのうちに処置してしまう。先日は女中の荷物入れの押入れから、うち以外にはないはずの、アメリカの砂糖が出てきたし、昨日はそれと同じところから杯の壊れたのが出てきたそうだ。問いただしても、ぬけぬけと嘘をいって、その場を免れようとする。太々《ふてぶて》しい性格を持った女である。今日ははじめて、やったことが悪かったと詫びて出たが、これはかなり膏肓《こうこう》に入《い》った習癖であるらしいから、安心することができない。

終日原稿を書く。

五月二十二日　晴れ

シンガポールの戦争で死んだ柳重徳の遺骨が帰ってきた。東京駅から真っ直ぐに社に来て、読経ののち、遺族、同僚らが焼香し、遺骨は母堂らに引き取られて自宅へ帰った。

五月二十六日　晴れ

社説「海軍記念日」を書く。いよいよ明日はその三十七回記念日であるが、日本海海戦から三十七年めのこの日、われらが勝利の喜びに浸りながらこの記念日を迎えたことと、この日を迎えての国民の覚悟とを社説に盛った。岡田啓治郎（＊衆院議員）君を夕方、八階のクラブに招き政談を行ない、さらに「ロンシャン」でウイスキーを飲む。彼、宮津水産試験所のサーディンをくれた。これはなかなか得がたいものである。家に帰ってからさっそく一缶を空けてまたビールを飲む。

五月二十七日　晴れ

第三十七回海軍記念日。

珍しく三好勇から電話がかかってきた。今、頭山満先生のところにいて、進藤次郎（＊朝日新聞記者、戦後代表取締役）も来ているから、やってこないかというので、仕事もないのを幸いに出かける。勇に泉（＊頭山満の次男）君、進藤、寺崎太郎、秀三（＊頭山満の三男）君のところの若い者で寺尾という仁、大河内正敏の息で勇と泉の友人など六、七人が奥の二階洋間に集まって、すでにもう何本もの日本酒を倒している。時刻はまだ午後三時前で、窓外は青嵐である。先生の米寿のお祝いを述べ、皆と一緒に茶杯《ゆのみ》で飲む。夕方になって築地あたりに席を移して飲もうという一同と別れて家へ帰る。

五月二十八日　曇り、晴れ

頭山先生の米寿祝賀会が両国国技館で行なわれるのに参加する。盛んなものであった。夕方、東亜調査会の例会。吉岡文六の南方観察談であったが、すでに一度聞いた話が多かった。この会は弁当がまずいので面白くない。

今日はとんだ間違いが引き起こした馬鹿々々しい事件があった。昼の食事のあと、碁に熱中する井上吉次郎に頼まれて、彼の逗子の家へ電話をかけることを出版編集部の男に伝言したが、この男がどう勘違いしたものか、それを僕の家に電話したのである。それは「大阪の西村さんが今すぐ家に行く。自分は夕方早く帰って食事をともにする」というのであった。だから僕が家に帰ってみると、客を迎える準備がしてあって、その客というのはいつ来るのかという話。これに引き替えて、井上宅では用意のないところへ客に来られて面食らったに違いない。しかしわが家では物質的損害を伴ったわけである。

五月三十日　晴れ

実業之日本の本社から頼まれた原稿を書き上げ、昼食を家で済まして出社する。夕方「ふくべ会」。この会の基金は、この間の総選挙に推薦候補が何人当選するかという賭けの金と、社内の罰金とを合して、百七十何円とかになっていた。今夜の会合は十二人。酒が豊富に出て、しかも特によい酒であった。

六月二日　晴れ

南方にまた武威たらんとす。行き極め勝ち抜くのみ。今まであちらこちらの雑誌に書いたソ連に関する雑文や、滞ソ中の日記のなかの面白そうなところを一まとめにしてみようと、かねがね思っていたが、ようやく昨日からそれをはじめた。うまく行ったら上梓してもよいと思っている。夕方キリンビールの米沢元康氏に誘われ、彼の知人二、三と一緒に銀座の「新三浦」で飲む。

家に帰ったら、江州（＊滋賀県）の兄（＊森西洲）から手紙が来ていた。「孫子」の原稿を藤塚博士がなかなか見てくれないので、書肆《しょし》の方もついに辛抱しきれなくなって、先方から取り戻してくれ、他の方法を考えようといい出したそうだ。そんなことで兄も十日頃上京してくるという。僕は藤塚という人に任してはおけぬと思っていたのだった。

六月三日　晴れ

新聞が何でも彼《か》でも書けるなら、ジャーナリストにとって、今日ほど面白い時期はあるまい。

もっとも、国策的な見地から見て、今日の新聞記事は、かなり抑制されるべきはずである。しかし世間知らずのわからずやの役人が、愚につかぬことに躍起となって、馬鹿なおせっかいをするのには困る。それは国と国民とを毒するものでさえある。夕方、銀座の三越に行って桂のために揺りかご風の椅子を買う。

六月九日　曇り、小雨

外務省に行く。安東新欧亜局長や成田欧亜第一課長らに会う。明日東京を出発するクーリエに託すべき渡辺三喜男宛手紙を依頼する。その足で海軍に行き、先ほど来気《らい》になっていた報道部の出した地図のソ連地名が間違っているのを訂正する。海軍ではいよいよミッドウェーとアリューシャンの戦果を発表するというので、社に帰って、それに関する社説を書きはじめたが、突然発表中止となる。したがって社説も取りやめ。

六月十日　晴れ

桂、生後八カ月めに入る。体の発育は確かに遅れているが、健康はやっと取り戻した。今日など朝から非常に元気がよい。写真を撮ってやる。社では「尾崎ゾルゲ事件」に関する話を聞く。

アリューシャン、ミッドウェーの戦果について発表があったので、社説を書いたが、ソ連関係についてては一切触れてはいけぬという。まったくわけのわからぬ当局の態度に、馬鹿々々しくなり、窮屈この上もない文章をつくってしまった。

六月十一日　晴れ

昨夜は整（＊森整、甥）のところに泊まった兄が、昼前、社に訪ねてくる。八階で食事をともにし、兄の教え子であった上田常隆（＊戦後社長）と席をともにする。

入梅であるが、カラリと晴れた天気。もうこの間中からかなり降ったので、雨の少ない梅雨であってほしい。

六月二十二日　曇り、雨

独ソ戦が今日で満一年となった。この戦争はなお長期化するであろう。朝、国際仏教協会へ第三回めの講義に行く。社へ出ると、わが潜水艦がバンクーバー島の西岸を砲撃したという報道が入っている。大本営はこれについて発表をしないが、社説を書いた。夕方から「ときわ会」。田尻情報部長の話を聞いたが、これといって珍しいこともなかった。

六月二十三日　曇り、小雨、晴れ

わが潜水艦がバンクーバーの砲撃に続いて、オレゴン州沿岸を奇襲したという情報あり。社ではゼバストポリ（＊クリミアの都市）がいつ陥落するかもしれないというので、組み置きの社説を書く。書いたものの僕自身としては赤軍はまだしばらく頑強に抵抗するであろうし、ゼバストポリが落ちても、クリミアの戦争は終結しないであろうと思う。

六月二十六日　曇り、雨
よく降る。何もかもカビだらけである。北満からソ連へと、空気の乾いたところの生活に慣れてきた者にとっては、このじめじめした気候が肉体にも気分にもひどく耐えかねる。
桂は着物が軽くなったので、一層動作が活発になってきた。それになかなか自我が発達してきたので、意に背いたことをすると、怖ろしい勢いで怒る。

六月二十八日　雨、雷
昨夜飲みすぎて桜木町と赤羽の間を電車で往復し、おまけに車内に鞄を忘れるという醜態を演じた。外語（＊東京外国語学校、現東京外国語大学）同窓会の改組を議する総会があるので、午後それに出かけ、雨のなかを帰ってきたら、渡辺武富が訪ねてきていた。取って置きの日本酒を出して飲む。

七月七日　晴れ
いよいよ暑い。今日はわが家の室内気温が三十度あった。もう梅雨はあがったのではあるまいか。昨日から社でも冷房をはじめた。
支那事変五周年記念日である。政府はこの記念日について宣伝に努めているし、新聞もいろいろ書き立てているのであるが、一向沸かない。高石晴夫（＊のち航空部長）入社の挨拶に来る。

井上吉次郎が昼食に「鶴の江」のすき焼を馳走してくれる。情けない話だが、たまに食うすき焼のうまさはたまらない。午後三時から水谷温がセレベスに行くので、社の乗馬倶楽部の送別会が「エーワン」で開かれ、夕方から築地で同盟通信社に転ずる百々《どど》正雄の送別会あり。百々にも僻はあるが、こういう男を社から失ってしまうのは、上原虎重の感情政治の弊である。

真珠湾攻撃隊戦死者の恩賞と、この戦闘に参加した部隊への感謝状が公表されたので、社説を書く。

七月十三日　曇り

昨夜おそく藤井輝彦（＊甥）君来訪。列車が延着して池上線に間に合わず、やっと空タクシーを拾って乗ってきたのだそうだ。

スマトラへ陸軍の司政長官になって赴任する矢野兼三が挨拶にきた。十数年ぶりに会ったのだが、昔に変わらぬ元気である。今度の仕事は内地で知事をやっているよりも、彼には適してるかもしれない。再会を約す。

天皇陛下には今日、霞ヶ浦、土浦の海軍両航空隊を行幸あらせられた。社説を書く。また社会部の依頼によってドンバス戦の記事を書く。夕方、香港支局長になって近く赴任する片桐と、ハノイ支局長から帰社した横田のために後藤と二人で歓送迎の小宴を張る。

七月十四日　曇り、時々晴れ

社でビスケットを手に入れたので、重いのを持って帰る。

原稿の依頼、講演の依頼が方々から来るが、とても引き受けていられない。この頃知識の切り売りをするよりも、知識の吸収をもっと念入りにやりたいのだが、思うように書物を読めない始末である。生活に金が足りないから、社でよこす俸給で間に合わぬだけは原稿でも書いて補わなければならぬが、金子《きんす》のために売文するということは、一層身の入らぬ話である。

七月十八日　晴れ

大本営から海軍が開戦後最近までに撃沈した敵商船の総数と、潜水艦が西インド洋、南アフリカ領水に活躍している状況とが発表されたので、社説を書く。百々正雄が論説の連中を新橋に招いた。そんなにするには及ばぬと断わったのだが、たってというので一同出ることとした。彼としては退社に至るまでの経緯を一応聞いておいてもらいたかったのであろう。その帰りに横山、新井の二人と「ミュンヘン」でビールを飲む。この店がそんなにおそくまで飲ませることを知らなかったので、三人で拾い物をしたように思う。

七月十九日　晴れ、また曇り

ラジオの週刊情報というものを聞くともなしに聞いていたら、今日の紙上に出た僕の書いた社説を一辞一句間違いなしに取り入れて放送していた。この前もそんなことがあった。太平洋協会から頼まれた原稿も一日延ばしに延ばしていたが、今日は締め切りぎりぎりに迫ったので起稿したが、二十枚の原稿を十枚余り書いて、とうとう寝てしまう。

七月二十日　晴れ

「海の記念日」である。昨日書きはじめた原稿を朝のうちに脱稿し、それを持って太平洋協会に行き、頼まれた講演を正午からはじめる。左近司、浜田両中将（＊海軍）や平野義太郎（＊マルクス主義者）その他三十人ばかりの聴き手であった。

七月二十一日　晴れ

防空訓練演習があるので、午前、午後の二回、豊子がそれに出る。社では何も用事がないので早く帰ろうと思っていたところが、天皇陛下が今日宇都宮飛行場へ陸軍の空地協同演習に行幸になったことが発表された。その社説を書く。

七月二十二日　晴れ、時々曇り

昨日の朝は桂を久ヶ原国民学校に連れていった。全校の児童が六時にはもう学校に集まっていた。それを見た桂は非常に喜んだ。今日は久ヶ原まで歩き、そこから電車で千鳥町に出て帰ってきた。これも非常な喜び方である。今朝の各紙を見ると、朝日は昨日の宇都宮陸軍飛行場行幸を社説にしていない。これは先日の霞ヶ浦、土浦海軍航空隊行幸を社説に扱わなかったので、海軍の機嫌を気にして載せなかったものらしい。

今夜も防空演習があり、豊子装束を固めて、それに出てゆく。八時から一時間半であった。

七月二十六日　晴れ

朝から桂を連れ豊子と一緒に雪ヶ谷に行き、工藤信一良《しんいちろう》（＊ロンドン支局長、戦後パ・リーグ会長）の留守宅を訪ねる。日英外交官交換の話がようやくまとまって、交換船の竜田丸が今月三十日、鎌倉丸が八月十日にそれぞれ出帆することが決まったので、いよいよ工藤の帰国も決定的となったわけである。それを知らせに行ったのである。

午後出社。久しぶりに社長に会う。夜に入ってから中央公論社の高田女史来宅。先日の、といってもよほど以前のことだが、僕の講演の礼に来たのである。ウイスキーを持ってきてくれたが一本はＡＢＣといい、一本はアイデアルといい、僕のまだ知らない国産品である。うっかり飲んだら、どういうことになるやら知れない。

八月三日　晴れ、夜驟雨

朝から「大日本青年」（＊毎日新聞発行）の原稿を書く。

この頃の暑さは東京では五十年ぶりのことだともいわれている。夜、珍しく雷鳴が聞こえ、やがてかなりの夕立が来た。しかし時間が短かったので効果はどんなものか。

八月四日　晴れ、夕驟雨

阿部主筆に誘われて昼食後、後楽園球場へ都市対抗野球を観に行く。東京代表対京城代表の試合。七対五で京城の勝利。試合そのものも面白かったが、炎天下の観衆の熱狂ぶりを見て、戦下国民の余裕を親しく見た。夕方、桑原忠夫来訪。食事をともにした。

八月五日　朝驟雨、晴れ

島田一郎（＊満州日報記者、戦後作家）社に来訪。八階で一時間ばかりいろいろと話す。北コーカサスの戦況に第二戦線問題を折り込んで社説「米英に騙されたソ連」を書く。夕方から三輪大佐を柳橋の「柳水」に招く。此方は羽太、和田の二人と僕。羽太持参のジョニーウォーカーの黒一本、貴重無類。

八月七日　曇り

社に出たが用事もないので、この間買った「ヂンギス汗伝」を読了する。島田弘毅が外語の同窓会をやろうと相談に来た。

千葉県の田舎から女が物を売りに来る。今日は茄子を置いて帰ったが、東京の八百屋では買えない上等のものである。その上、長い時間の行列に立つ必要もないし、違反行為でもないのだし、これを利用することは確かに上策である。明日は鰻を持ってくるそうだ。

八月十日　朝雨、晴れ
今日から論説の当番週に入るので、やや早く出社する。今日の新聞は第一面がソロモン島付近海戦の記事が、社会面は昨日、昭南島（＊シンガポール）の港に入った米州引き揚げ外交官らの乗る浅間丸の記事で埋まる。
大雨あり。すぐ晴れる。雨後は気持ちがよい。
平野零児、ビルマ戦線から帰って社に現われ「あちらでは灰皿の煙草を消すのにウイスキーをぶっかける」という話をして、われわれを羨ましがらせる。その平野や平田外喜二郎と、永戸政治に築地の「日本菜館」というのに連れられて会飲し、それからその近くの「長谷川」という家に平野のために拉《らっ》せられる。それからさらに飲もうというのを断わって、平田と帰る。

八月十一日　晴れ
また暑い。わが家の最高気温は三十一度。三十度以上になったのは一週間ぶりである。
兵役関係で届け出をする必要から、社の医局で健康診断をしてもらったら、心臓弁膜がかなり悪いそうである。別に苦痛を感じないから、今日まであまり気にも留めなかったが、これからは注意しないとガクリと来ることがあると脅かされた。

八月十三日　晴れ
主幹と主筆との入れ替えで上原虎重旋毛《つむじ》を曲げ、社の最高幹部たち、何か終日ごたごたしていた。高田市太郎、米州から引き揚げの邦人に一歩先んじ、昭南島から飛行機で夕方羽田へ到着。すぐ社に現われた。存外元気である。その高田を迎えてから新橋の「二見家」で開かれた外語の同窓会に出る。日野、梅村、山下、島田、安木、月岡、伊藤らが出席する。警戒警報まだ解除されず。

八月十四日　晴れ

大阪で開かれる明日の株主総会の承認を俟って、社の重役陣の変更が発表せられ、それと同時に広範囲の社内異動も発表されるそうだが、それを巡って、今日あたり社内の空気は変にものものしく、荒立った気さえ流れている。

ソロモン海戦の詳報が発表された。戦果は前報にも増して、いよいよ大きい。それについて社説を書く。

八月十五日　晴れ

今日は近日珍しい暑さで、わが家の室内温度が最高三十四度であった。

社では明日組み込みの社説「独ソ戦と石油」を書く。騒々しかった社内の人事異動も今日発表された。広い範囲の異動ではあるが、その実効は期待できない。変な力が社内を動かしている以上、人事をいじくれば、いじくるほど破綻が大きくならざるを得ない。

この頃家へ帰ると、そのたびごとに「今日はどういうことを桂が仕出かした」という報告を受ける。知能と体力との両方で、毎日々々目に見えて発達をしてゆく。

八月十七日　晴れ、大雷雨

今日も朝から暑かった。かんかんと照りつける太陽はたまらなかったが、午後二時頃、突然の大音響に編集室内大騒ぎとなる。時節柄、爆弾の炸裂する音のように聞こえたのである。それが雷鳴であることはやっとしてわかった。文字通りの青天の霹靂《へきれき》で、しばらくあとに雨が来た。豪雨である。この雨は都人に蘇生の思いを与えた。

午後三時から幹部会議。機構改革と人事異動について社長、会長らの説明があったが、どうもまずい。何かがあとに残っている。横山、新井両君と八階で夕食をともにし、小降りになるのを待って帰宅。

八月十八日　雨

怖ろしく涼しい。

昨夕、論説室の卓の置き換えをやったので、今日から新しい場所に座る。上原虎重新主筆が一番奥へ行って、次が永戸副主筆、その次が僕である。夕方から築地「とんぼ」で藤田朋氏の満航社長になって近く赴任するのを送別する。奥村信太郎社長も今夜の汽車で西下する時間まで列席してくれた。ほかには和田と後藤の二人。そこから雨のなかを「小竹」に行く。

八月二十日　晴れ

米州から引き揚げ群を乗せた浅間丸が今朝横浜に着いて、本社の西島捨丸、高松棟一郎（＊ニューヨーク特派員）の二人も十一時頃社に帰ってきた。先着の高田を交えて、三人の歓迎会が午後四時から五階の大会議室であり、ビールをふんだんに飲ました。それから正富と二人で銀座の「ユング・ミューレ」へ行き、女将を連れて赤坂「本紅葉」へ行く。

八月二十八日　曇り、小雨

スターリングラードへの独軍の攻撃はいよいよ急になってきたが、一般の予想しているほど、早くこの街が落ちるものとは思われない。しかし新聞はそうもいっていられないので、スターリングラードの地形を鳥瞰的に見た解説を今日書いた。

夕方、米州帰りの三人の社員を歓迎する会が「陶々亭」で開かれる。終わって早く帰宅。雨が降ったり止んだりした。

八月二十九日　晴れ

野中盛隆が死んで、今日はその告別式である。病気は本人は痔だといっていたが、直腸癌だったそうだ。一年半病んだあげく死んだわけであるが、あとには妻君と五人の子供がある。妻君は学校の教員をしていたそうだが、もう一度教壇に立つとしたところで、子供に小さいのものいるし大変なことである。新聞記者の死んだあとなどというものは、概してこんなことである。他人ごとでないように思う。その告別式に高田馬場の自宅へ行ったら、一昨日僕から通知しておいたので、福田虎亀（＊戦後熊本市長）も来ていた。同郷の熊本人同士で、かなり古い知り合いだったらしい。夕方は久しぶりに早く帰宅する。

九月一日　晴れ
欧州大戦三周年記念日、関東震災記念日、蒙疆《もうきょう》自治政府三周年記念日、いろいろ記念の重なる日である。それに今日は僕たちが神戸からこの久ヶ原の家に引っ越してきてから、ちょうど一年になる。これも早いものだ。
大東亜省新設問題を巡って東郷外相に異議あり。今日の閣議で論弁を張ったが最後の段階に入り、外相辞職をする。

九月二日　晴れ
外相の更迭と日ソ関係について社説を書く。今度の外相更迭で、最も危惧を抱くものはソ連である。外相が変わっても日ソ国交に関する日本政府の方針は何ら変わるものではないということを強調した。

九月三日　晴れ、時々曇り
台風が来るということだったが、大した天候にはならなかった。社に出てみると昨日僕の書いた社説が、内務省検閲係の問題となり、次の版から撤回してくれといってきたことを聞く。市内版に出たので削ることにしたが、当局はどこがいけないというのではなく、こういう題材を取り上げることは今日のソ連を刺激していけないからやめてくれというのである。黙っていることはソ連に変な疑念を与えるから、特にこれを取り上げたのが社の狙いである。小役人どもにはこんなことはわからないらしい。海軍の富永少将が南方旅行から帰り、社に現われたので、その話を聞く。

九月四日　雨

キリンビールの米沢元康と桑原忠夫と一緒に「鶴の江」で昼食をともにした。社に帰ってみるとスターリングラードがいよいよ陥落するから社説を書けという。しかし僕の推定では、この街の陥落にはまだしばらくの日時を要するように思われる。まず書くには書くこととしたが、こういう状態である以上、甚だ書きにくいのである。夕方「ときわ会」。今晩は田尻来らず、課長の浅海が来てタイとインドの話をした。

九月十四日　晴れ

幾分涼しい。それでも室内三十二度まで昇った。昼頃、広瀬夫人来訪。高石晴夫、フィリピンへ行くので買物はないかと架電。

桂の散髪をしてやる。この間バリカンを買ったので、これを使いはじめに使ってみたが、なかなか思うようには動かない。千葉の女、里芋を持ってくる。この頃魚はなかなか手に入らないが、今夕はこの里芋があり豆腐があり、ふたつながら滋味いうべからず。

九月十六日　雨、のち止む

わが水上機一機（＊藤田信雄機）がアメリカのオレゴン州を奇襲したとの報道が、アメリカから伝わったので社説を書く。非常に涼しくなり、朝夕はむしろ寒い。小山和男来訪。日本中学（＊現日本学園）同窓会について相談した。

九月十八日　曇り、小雨

また満州事変の記念日が巡ってきた。夕方、昨年と同じ店で、当時の満州特派員たちと会食して語る。

九月二十二日　豪雨

実によく降る。方々から原稿の注文があるが、社外のものは一切断わる。

午後、この雨のなかに地震あり。方々の家で雨のために屋根が漏れ出したりして騒ぎが大きく、修理しようにも資材難と労力難で、そんなことは及びもつかぬ。それを題材にして近藤君「雨漏り対策」という社説を書く。夜、安岡勇、鶏肉を持ってきてくれる。

体の調子は悪くはならないが、良いともいえない。別に人一倍長生きもしたくないが、そう急に死んでも困る。しかし、この調子だと、いくら節制してもあまり長くは生きられまい。これからぼつぼつ死んでもいいような、いろいろの設計を立てる要がある。

九月二十三日　曇り

北洋に活動中のわが海軍は八月二十九日、潜水艦をもってアトカ島（＊アリューシャン列島）を襲い、米甲巡一隻を大破、越えて九月中旬、わが駆逐艦は同じ方面で米艦船二隻を撃沈した。そういう発表が大本営から出たので社説を書く。戦果を問題にするよりも、北洋守備の将兵に感謝する意味を強くした。それを書いているところへ、今度ハルビンへ勅任総領事として赴任する塚本来訪。続いて佐藤八郎（＊整理部図案係）来る。佐藤は近藤長三郎後援の話を持ってきたのであった。社説のゲラを見て帰る。

天候はどうやら回復したらしく、大阪で待機していた高石晴夫らの明星号も今朝飛び立ったそうである。

九月二十五日　晴れ、夜小雨

豊子の誕生日。この際だから何の料理もできないと思っていたら、安岡の勇が豚肉をどっさり持ってきてくれた。それでつくったカツレツを思う存分食うことができた。

帝国海軍部隊、大西洋に進撃す、との発表あり。社説を僕が書こうと思っていたら、上原主筆書きたがるので、それに任す。

九月二十六日　晴れ、夕より雨

お彼岸ではあるし、しばらく御無沙汰していた伝通院の杉浦重剛先生のお墓へ詣でる。墓前に来るといつも、もっとしばしば参った方がよいと思うのだが、つい長引いてしまう。

夕方、政治部と経済部と論説との懇談会を、前の整理部のときと同じく築地の「大作」で開く。丸山侃堂老悪酔いし、横山、楠山また飲み潰れる。よく酒を出す家だが、体調が回復しないので僕はまだ飲まぬ。飲む欲望を抑えて酒席にいることはあまり楽ではない。

九月二十七日　晴れ

早く起きて横浜へ行く。工藤と菅沼とを竜田丸に迎えるためである。竜田丸は八時半入港。工藤にはすぐ会うことができたが、菅沼の方は手続きが遅れた。支局でしばらく話を聞き、工藤と出迎えの夫人、高松などと一緒に皆より一足先に帰る。

十月七日　晴れ

今月の一日に南支那海で陸軍御用船のリスボン丸というのがアメリカの潜水艦に撃沈された。ところが、その船には英人捕虜が千八百人も乗っていた。その多数は溺死したのである。それを本紙をはじめ各紙の夕刊は米艦の暴行だといって書き立てている。どうしたものだろうか。味方の兵隊が乗っていると知って攻撃したのではあるまい。知らなかったのなら日本船を撃沈するということは当たり前である。僕はこれについて社説を書いたが、暴虐とか暴行とかいう言葉を避けた。

十月九日　曇り、小雨

桑原と「柳月」に行って昼食を食う。

高石晴夫がマニラから帰ってきたが、滞在の日が少なくて注文の買物はできなかったという。用事もないので早く家に帰ったら社から電話があって、独軍最高司令部が「スターリングラード攻撃の戦略的目的は完遂された」と発表したから、社説を書いてくれといってくる。僕の考えではそういう発表は独軍の都合からなされたもので、新聞としてはその発表をも批判的に見なければならぬ。この発表をもって、スターリングラード陥落同然と見て、社説を書くことなどは慎むべきだと思う。しかし社のそういう方針なら何か書かねばならぬから、出社しようと思ったが、また電話があって、その社説は上原主筆が書くことになったという。

十月十日　雨、のち止む

桂の誕生日。早いものだ。ともかくも一年経った。大きくなったものだ。朝から記念の写真を撮ってやる。社から帰ってきたら、もう桂は寝ていたが、誕生日を祝う食卓はできていて、京都の白米、由良の小豆でできた赤飯、「鶴の江」の祝いに送ってくれた鯛、「魚五」が特に都合してくれた鮪《まぐろ》など、最近にない贅沢な馳走である。桂は生まれてからはじめて鯛を食って寝たのだそうだ。

十月十二日　曇り、のち雨

翼賛政治会へ講演に行く。貴衆両院議員二百名ばかりが聴衆である。皆熱心に聴いた。夕方からお茶の水の岸体育記念会館で外語ボートのOBの会あり。日野の肝煎りであるが、二十年近くも会わなかった者、大阪から馳せ参じた者などで、僕には特に愉快であった。これから毎年一度は必ず集まることを約束する。

今日は本門寺の御会式。帰りの池上線は混雑を極めた。

十月十三日　曇り、のち雷雨

昨夜就寝がおそかったところへ、今朝は早くから桂に起こされて、眠くてたまらないので、久しぶりに本社屋上のプラネタリウムへ行って昼寝をした。今日は南半球のこの季節の星空を見せていたが、その星の下で、のけぞって眠るのはなかなかよろしい。昨日翼賛政治会でやった講演の速記を同会の雑誌に載せるから手を入れてくれといって持ってきたので、夜それに目を通す。うんと削った。

十月十六日　晴れ、時々曇り

靖国神社臨時大祭。天皇陛下御親拝あらせられる。今日のこの祭りに、明日は神嘗祭《かんなめさい》、続いて日曜日と、大抵のところは三日打ち続く休みに、皆のうのうとしている。社説「英米ソの協同難」

を書く。

十月十七日　雨

神嘗祭。あいにくの雨である。かなり激しい。昼食を済ましたところへ、「鶴の江」の永積女史来訪。例によって自動車を飛ばしてやってきた。しばらく話したあと、今日は夕刊がないので、ゆっくり出社。明日は東条内閣の一周年記念日で、新井君が一周忌のつもりでと、その社説を書いているそばで、皆がひとしきり毒舌とジョークとウイットの出し比べをして帰る。

十月二十日　晴れ

本社のニッポン号が世界一周旅行に成功して、日本に帰ってから今日で三年。その記念の祭りが社の神社で十一時からあり、午後四時半からは五階ホールで祝賀会があった。ニッポン号の世界一周映画は、その席ではじめて見たが、よくやったものだと、しみじみ感心させられる。満鉄東京支社へ転任した秋山炭六《たんろく》が訪ねてきた。モスクワへ行く亀山参事官、ウラジオから帰ってきた太田領事が社に訪ねてきてくれたが、ともに会えなかった。家に帰ったら工藤夫人が持ってきてくれた牛肉がどっさりあって、珍しくすき焼をふんだんに食った。

十月二十七日　晴れ

南太平洋海戦の大戦果発表せられ、その社説を書く。実はその発表がなかなか出ないので、政治部に連絡して、夕方から「ふくべ会」へ出て、例の通り抱腹絶倒しているところへ発表の通知があり、車を呼んで社に帰り社説を書いているところへ、清沢巌の訃が伝わってきた。彼は今日の午後四時すぎ、脳溢血で社内に倒れたのである。

十月三十一日　晴れ、夕曇り

この頃、桂が出勤する僕のあとを追って大変である。家に残して出てゆくことは絶対にできない。仕方なく豊子が抱いて町角まで見送るのである。もし僕が抱いて出て、その町角で豊子に引き取らせようとすると大ごとである。ともかくかわいい。

十一月三日　快晴

明治節。今日は日本晴れ。幼い頃の天長節が想い出される。「今日のよき日は大君の――」の歌と菊の香りに、その想い出は包まれている。社の祝賀会は十一時からあった。街は非常な人出である。早く家へ帰ったら荻野夫妻が来ていた。

十一月十三日　晴れ

昼、高原が来て、鰯料理を食いに行こうという。連れてゆかれたのは旧国民新聞社裏で、鰯の吸物、鰯の刺身、鰯の藁焼、鰯の塩焼、そのいずれもうまかった。午後三時半から谷荻那華雄陸軍報道部長が社に来て、戦局の解説、世界近況についての情報を語る。

十一月十四日　乳色の靄深く、午後に入りて雨となり、嵐となる

夕方早々家に帰り、久しぶりに風呂に入って夕食に取りかかろうとしているところへ、阿部賢一主幹より電話あり。ガダルカナル付近の海戦と同島上の陸戦について発表があったという。早々に飯を済ましてまた出社した。ところが上原主筆もやってきて、社説は自分が書くという。書きたそうなので任せることにしたが、論旨は僕のものを使った。

十二月一日　晴れ

小春日和が続く。昨年の十二月八日、あの開戦の日もいい天気であったが、あれから一年は経ったのである。畏くも、重要な一年であった。その開戦記念日を近くにして記念の催しが、いくつも計画されている。新聞紙面もすでにそれに関連した記事で大きな紙面を割いている。しかしこの頃の紙面が、過去一カ年の戦果を回顧しすぎるのは感心できない。回顧はその対象が如何に立派であっても、新しい建設に、そんな大きな役立ちをするものではないのだ。

夕方、東亜研究所に行き、皐月会のために独ソ戦、ことにコーカサス方面の話をする。その帰りに聴講に来ていた梅村、高原と銀座裏で飲む。

十二月三日　晴れ

ソロモン群島にあがった新戦果発表さる。ガダルカナル島のルンガ沖で戦われた夜戦で、此方

は駆逐艦ばかりをもって敵の戦艦一、巡洋艦一、駆逐艦二を撃沈し、そのほかにも戦果をあげている。発表は午後五時半。それからそれについて社説を書く。

十二月八日　晴れ

昨年の今日を想い返す。この日こそ偉大なる一日にして永久にわれらの歴史に残れ。われらは感激に溺れていてはならぬ。着実な一歩々々が運んでゆかれる必要がある。

八ページの朝刊が出た。遠い昔の新聞を見るような気がする。今日は、賀陽宮《かやのみや》殿下が社へ行啓になるのだそうである。が、僕は講演のために仙台に旅立った。工藤信一良が同道で、十時に上野駅を立つ。すでに寒々とした風景の北国に入り、車中で家から携えてきた弁当を食い、四時半に仙台着。「かしわ屋」という定められた宿に入る。急いで夕食。わずか一本ずつの酒をそこここに飲んで、講演会場の公会堂に行く。地元出身の下村海軍中将も話をすることになっているので、僕たち二人は五十分くらいずつ話をして会場を出た。

ところで今日は大詔奉戴日（＊戦意高揚のため開戦以降、毎月八日に設定され、学校などで開戦の詔勅が奉読された）だからといって、どこへ行っても酒を飲ませないという。馬鹿のことである。しかし飲ませぬと決めている以上は仕方がないので、支局へ立ち寄って七、八合の酒を宿に運び、入浴ののちそれを飲む。それでも一日の労を慰するに足りた。

十二月九日　仙台では朝から晴れていたが、のち雪となる

昨日電話で約束してあったので、九時すぎに知事会館で加藤於兎丸《おとまる》知事と話をした上、知事の特別の計らいで自動車を提供され松島見物に行く。僕も工藤も仙台ははじめてのこと。塩竈《しおがま》、松島と続く観光道路はよかった。松島も想像したよりもよかった。いわゆる日本三景のうちの随一かと思う。帰りに塩竈の魚市場に寄って、土産に大きな蟹を三つと大鰈《かれい》一尾を求める。

汽車の出るまで、かなりの余裕を残して駅に着く頃から、朝以来晴れていて松島では島々に寄せる波を金色に照りつけていた陽が隠れ、雪がチラチラ舞い出し、その雪は次第に激しくなってきた。それにしても加藤知事のおかげで短い時間を有効に費やすことができたのを喜ぶ。汽車は一時半に出たが、最後部にある二等車にまでは暖房がきかず、車室内の気温は四度である。外は吹雪になっている。宮城県から福島県に入っても、その吹雪は止まない。白河の駅で、そばを食って、ようやく暖を取り、食堂でウイスキーにありついて一息つき、八時上野に着く。帰宅して土産物を広げたら、見事さに豊子歓声をあげ、そのうちの鰈はさっそく刺身に用いて、おそい夕食に試みたが、実にうまかった。

十二月十四日　晴れ

聖上、伊勢神宮に親拝あらせられ、昨日東京に還御あらせらる。この行幸について、当局は事前の発表を一切禁止した。新聞は四ページでそのことを報道申し上げている。如何なるものであろうか。御

警衛の上に心配もあろう。しかし内務省だけで御警衛が不安ならば陸軍の力を借りてもよいではないか。全国民をしてあらかじめ行幸のことを承知させ、沿道奉迎送申し上げられるような方法を講じていたら、戦下の国民士気の上に、どれほど効果をあげ得たことであろうか。役人どもが小さな考えで、眼前の責任逃ればかりを考えている以上、こんなことは今後も繰り返されるであろう。嘆くべきことだ。

十二月十五日　晴れ

聖路加病院に秋田清（＊元衆院議長、大助の父）老を見舞う。一時はかなり重症で腸の大手術を行なったのだそうだが、もう大変な元気になっている。大臣をやっていた時分は二、三十分も話し続けている暇がなかったが、今日は実にゆっくり四方山《よもやま》の話をした。今度買った赤坂表町の家は、引っ越しの準備もできているのだが、方角が悪いから病院で越年して正月八日をすぎてから移るのだそうだ。

病院から社に出たら、広瀬節男が訪ねてきてくれたそうだ。夕方、中出が、うまい酒をいくらでも飲ませる家があるからと誘う。新橋に近い「うづまき」という店が、まさにその言葉の通り飲ました。そこから帰ればいいものを、中出の強硬主張に敗れて「みゆき」へ行きワインを飲んだのが悪かった。さらに「ロンシャン」に寄ってウイスキーを飲んだから一層いけない。今晩は島田弘毅に貰った食糧品（約二貫目もあろうか）を提げていたのだが、ついに五反田まで乗り過ごし、雪ヶ谷に戻って電車を失い、蹣跚《まんさん》として歩いて帰る。警官に誰何されたり、犬に吠えられたりして家に辿り着いたのは一時半。

十二月十九日　晴れ

明日組み込みの社説「独ソ冬季戦」を書く。社説にはそうは書けないのだが、スターリングラードを中心とする赤軍の反撃はなかなか強烈なもので、かなりの成功を収めている。ドイツとしては今や重大な危局に立っているものと見ざるを得ない。この事実はわが国にとっても大きな問題となる。ドイツがソ連に勝ち抜けないものならば、その際独ソの講和があって、欧州枢軸国の戦闘力をもっぱら米英に対して振り向けさせることができれば上乗である。しかしドイツは依然としてソ連に勝てるものと思っている。それは誤算である。科学第一、計算第一のドイツには算盤《そろばん》を超越し、科学で解釈できないソ連の力を見透すことができないのである。

十二月二十日　晴れ

いい天気であるがどこへも出ず、午後、障子貼りをやる。桂がめちゃくちゃに破ったのを繕うのである。狼藉の跡を腹立たしい気など毛頭なく、むしろ微笑ましい気持ちで、この厄介な仕事を終わった。

十二月三十一日　晴れ

社に出たら小林豊樹が酒を二本届けておいてくれた。米沢元康の肝煎りで、先日手に入れた二打のビールと一緒に、社の自動車部の雇ってくれたタクシーで家へ持ち帰る。家へ帰ってみると、迎春の準備でごった返している。

ともかくも昭和十七年は暮れる。非常な時代の一年であった。この間に我何をなせるや。来年はもっと非常な一年であると思う。もう少し秩序を踏んで仕事をやりたい。やりたいことは山のようにある。

昭和十八年一月一日　快晴

多難なるべく予想される昭和十八年は明けた。国家はこの年において存亡の危局に立つであろう。ただわれらは一切を戦争のために捧げ、勝ってはじめて生きるのである。わが家、健やかに和やかに新年を迎えた。この時代に生き、勝ち栄えるためには、またさらなる努力と工夫とを要する。

朝来、豊子まず隣組の誰彼と氏神の八幡宮に参る。それは六時頃であったろうか。親子四人祝いの膳につき、写真などを撮っている間に時間がすぎたので、社の新年宴にも出ず、昼寝をし、桂と遊び呆けているところへ兄来訪。本格的に飲み出す。兄も旧臘《きゅうろう》すでに「行の哲学」を上梓し、今また「孫子の研究」も世に出ようとしている。彼にとっては今年こそ一転機たるべきときであろう。出廬《しゅつろ》の甲斐は充分あったといえる。

一月二日　快晴

昼前に家を出て、豊子と桂を伴って築地の聖路加病院に秋田老人を見舞う。老人、桂を見て大いに喜ぶ。そして桂に年玉なるものをくれたが、あとで改めて見ると内容は百円紙幣であった。あながち古い政治家風の行為とは見られない。自動車の都合がよかったので案外早く帰宅できたが、高原四郎夫妻来り。続いて佐藤八郎来る。腰を落ち着けて大いに飲むほどに、かなり酔いを催し、佐藤がいつ、どうして帰ったやら知らず。

一月四日　晴れ

新年はじめて出社する。今日から論説の当番である。奥村社長、高田編集総長の一行、いよいよ明早朝東京発の飛行機で南方旅行に出かけるというので、午後、会議室でその送別会あり。社長六十九歳だというのに、今度出かける一行のうちで最も気盛んに見える。

一月五日　晴れ

当番であるからでもあるが、かなり早く社に出たら、今日は夕刊がないことを知った。やはり夕刊の休みを知らずに早く出社した上原主筆が、昼食をともにしようという。そこで「出井」に行く。工藤信一良、井上縫三郎らも同席。ここでは本格的の正月料理、その上に「今日は特別」と黒酒を出したので、われら陶然となる。

暮れ以来の連飲でいささか疲労の気味あり。今日は早く帰宅して早く寝る。

一月六日　晴れ、夕曇る

ビルマの西南端アキャブのわが守備線に対し、英軍の侵入あり。わが軍これを撃退す。その他、旧臘より新春にかけソロモン群島、ニューギニア方面においても、またアリューシャン方面においても彼我の空戦しきりである。そこで「前線に暦日なし」の社説を書く。夕方、安岡勇来宅。食事をともにする。

一月八日　晴れ、曇り

正午より大東亜戦争調査会の出版関係委員会が開かれ、阿部賢一、楠山義太郎など社側の委員、だらしなき応答に醜態を露わす。稲原勝治来訪。海軍の依嘱にかかる外交研究会のメンバーになってくれという。一応承諾しておいた。社にも異存のないことと思う。

一月九日　晴れ

少し風邪気味だが、床屋に行って爽快の気分を味わう。南京の国民政府（＊汪兆銘政権）、米英に対して宣戦の布告をする。これもいろいろ経緯を聞いてみると、あまり感心した手際ではない。さらに参戦の効果もどんなものであろうか。依然として支那は敵としても、また味方としても困ったものである。

一月十日　晴れ
隣組の新年会というのが、夕方の七時半から吉村家で開かれる。隣組一同の持ち寄りで、汁粉《しるこ》を食わせるというので大いに恐怖していたが、ほんの少々ではあるがウイスキーも出た。隣組とはいえ今夜はじめて顔を合わせる人々もある。家から写真機を持ち出して記念撮影を行なったりした。ともかくこうして近所の者たちが、時折くつろいで会合することの意義は小さくない。

一月十二日　晴れ
午後、外交研究会で大東亜省の岡崎（＊嘉平太）顧問から、南京政権の参戦問題の話を中心とする支那の話を聞く。
夕方、田知花信量（＊上海支局長、上海号事件で殉職）の遺骨到着。五階大会議室で読経あり。焼香をする。遺骨は十九日まで社に安置して郷里の富山に帰り、そこで社葬が営まれるはずである。上原主筆、論説の一同を「大作」に招いて新年会を催す。山田潤二氏の寄贈にかかる本物のスコッチ・ウイスキー一本あり。山田氏も列席、大いに飲む。その帰り工藤と「ロンシャン」に行き、おそくなって帰宅。

一月十八日　晴れ
外務省に行ったら、梅村元之助が商務書記官としてクイブイシェフに赴任する辞令を貰ったところだった。新名丈夫が昨日の命令で海軍報道班員となり、今夜十一時の汽車で基地に急行、従軍することとなる。実に急である。その新名のために新橋の「柳屋」で送別会を開く。主として社の海軍関係記者の顔が揃い、河豚《ふぐ》を食い大いに飲む。さらに「ロンシャン」に行ったら田代中佐が偶然にも来合わす。新名はおそらく明日の今頃は軍艦で南へ走っていることだろう。

一月十九日　晴れ

三宅俊夫の世話で高田市太郎と春場所相撲を観に行く。元来僕は職業相撲というものはあまり好まない。これをある人々は国技というが、一定の職業人の競技を国技だとすることは如何かと思う。この職業競技家たちの体躯は、あまりに大きすぎる。こんな体では普通人的な職業にも従うことはできまい。もっとも、競技の型だけを、これら職業人たちに保たしめておくというのなら、まだ話がわかる。

一月二十一日　晴れ

かつて僕たちの汽船がアメリカからの帰航で、まさに横浜に着こうとするとき、僕は横浜の発信で小野田と記名した「無事帰朝を祝す」の電報を受け取った。それはどう考えてみても小野田一夫からのものとしか思えなかった。その小野田は病を得て一時は再起も難しいといわれていたのである。モスクワでも僕はそのことを心配していた。しかし彼はともかくも生きているらしい。その後いろいろ手立てをして、彼の住所を突き止めようとしたが、それは成功しなかった。旧臘、三好家の不幸で三好武氏と会った際、偶然にも小野田の話が出たが、横浜の学校を出て一時は横浜に勤務していた三好が、彼の近況を知っていたのである。そこで今日、教えられた彼の勤務先へ社から電話をかけてみたところ、果たして彼と話し合うことができた。嬉しいことであった。夕方、築地の「寺島」へ海軍の唐木中佐と富永、浜田の両少佐とを招く。後藤基治を介添えに頼んだ。そこから富永、後藤の二人と神楽坂に寄ったら、帰りが非常におそくなり、大森で下車して月の下を歩いた。

一月二十三日　快晴

夜来の雨はカラリと晴れた。出社の途中、池上線の電車からも、省線の電車からも、白雪の富士がくっきり空に浮かんでいるのを望むことができた。若松将軍が社に訪ねてくる。旧臘、匪躬会《ひきゅうかい》で僕が講演したので、はじめて僕の在京を知った彼は手紙を寄せて、一度会いたいといってきたが、今日までその機会を得なかったのである。満州事変の当初、お互いに満州の野を北に南に駆け回った頃の話をしたが、思えばそれは十年も昔のこととなったのである。社説「この敵を斃《たお》せ」を書く。米英の非人道的行為を取り上げて、敵愾心《てきがいしん》昂揚を狙ったものである。

一月二十八日　晴れ

帝国議会再開。東条首相病気で再開を一週間延ばしたが、今日は登院して施政演説をやる。僕は傍聴に行かなかったが、聴いた者の話に、首相の元気は大変衰えていたそうである。夕方、下のサロンで偶然にも三好に会う。

一月二十九日　快晴

昨日、千葉県鶴舞（＊市原市）の高石鶴見氏社に訪ねてくれたが、会えなかったところ、今朝、家へ電話をかけてくれた。女中の件である。さらに社で会っていろいろ話を聞いた。近いうちによこしてくれるらしい。よい女中だということである。現在のにホトホト弱っているところであるから、大いに期待をかけている。

二月一日　晴れ

今日から論説の当番に入る。

大本営が一両日前の南太平洋レンネル島沖海戦の戦果を発表した。わが方は航空部隊のみで戦艦二隻、巡洋艦三隻を撃沈したのである。自爆機七機、未帰還機三機を出したが、敵の飛行機も三機撃墜しているから、七機の犠牲だけでこの大戦果をあげたということになる。それについて社説を書いた。

永年愛用していたコンタックスが手入れの必要に迫られたので、カールツァイスの東京支店へ修理を頼んだ。普通ならば修理の受け付けはしないのだそうだが、特に受け付けてくれたのである。ところが店へ行ったら偶然にも旧知の戸部に会い、修理期間の短縮などいろいろ条件をよくすることができた。

二月三日　雨

スターリングラードを守っていた独軍、パウルス元帥はじめ九万一千、赤軍の前に降伏する。それは昨日午後四時(モスクワ時間)のことであった。他の戦線でも独軍大いに不利の立場にあり。

二月四日　みぞれ、雨

社説「独軍ス市を棄つ」を書く。書きにくいことおびただしい。前田稔少将、午後三時東京駅発。駐在武官として南京に赴任する。それを見送った。夕方から松本於兎男に会ってともに飲む。先日彼から依頼された件、二つとも目鼻がついたので知らせる。

二月八日　晴れ

エコノミスト誌から頼まれた独ソ戦況の原稿を書く。戦局がどんどん進展していて、しかもドイツ側に不利だというのだから非常に書きにくい。夕方、後藤基治が豚カツを食わせる家があるからといって、工藤信一良と僕とを案内する。日比谷の電車通りの小さい家だが、牛肉のすき焼を食わした上、豚カツを食わせる。あまりの満腹に、それから「ロンシャン」へウイスキーを飲みに行ったが、飲む気にもなれなかった。

二月九日　晴れ

ガダルカナル島とニューギニア島のブナにいた皇軍部隊の転進が発表された。この方面では実に一万六千人の戦死者を出したのであった。

二月十六日　晴れ
　南方占領地を旅行していた社長の一行が帰って来た。四時半から歓迎の乾杯をする。鶴舞の高石氏からいよいよ女中雇い入れの件が決定し、明後日社まで連れて来るとの報あり。ホッと一息つく。

二月十八日　晴れ、暖か
　気味の悪いほど暖かな日である。自宅では室内気温が十六度まで昇った。女中がいよいよ千葉県の鶴舞から来るというので、それを出迎える豊子と一緒に社に行く。僕は正午から帝国鉄道協会で講演をする予定になっていたので、あとのことは豊子に任したところ、高石鶴見からうまく引き継ぎ、女中とそれを見送ってきた母親とを伴って帰宅したということを、鉄道協会から帰社して聞いた。夜、有賀篠夫らと築地の「秀仲」で会食し家へ帰ると、家では新しい女中が見かけたところ非常によさそうであるといっている。僕も安心した。今までの小怪物は僕の留守のうちに、大阪まで帰ったそうである。

二月二十四日　晴れ
　高石晴夫、南方から帰る。子供の靴を買ってきてくれた。社説「雄渾なる渡洋作戦」を書く。

ガダルカナル転進後の海軍の戦果を総合的に論じたものであるが、検閲で大切なところを削られてしまった。困ったものだ。兄が来社。

三月一日　曇り、時々晴れ

よほど暖かくなってきた。ガスストーブは止められる、木炭はないという状況で、寒くて書き物などはてんでできなかったが、もうそろそろ何か書き出してもいい。懸案の著作をしようかと思う。今日は正午から神田美土代町の基督教青年会館へ講演に行く。この頃は喋ることも難しくなって、うっかりと思うままのことをいってしまうと、とんでもないことになる。大阪で大蔵公望男爵が舌禍事件（＊軍部を批判）を巻き起こしたそうである。

三月十日　晴れ、曇る

帝国議会、今日から自然休会に入る。今度の議会はかなり意義があった。翼政会（＊翼賛政治会）というものが衆議院を骨抜きにしたと思われたが、事実はかなりいいたいこともいい、押すべきところも押している。政府はちょっと出し抜かれた形である。それが旧政党時代なら野党のどこからどんな議論が飛び出すか大体見当もついたのだが、今度は、翼政会は大丈夫と思い込んでいるうちに、その大丈夫が大丈夫でなくなったのだから、政府もまごつかざるを得ないのである。こうなると新聞よりも議会の方に骨があるようだ。

アメリカの駐ソ大使スタンドレーの失言問題――ソ連は米英の援助を受けて対独戦をやりなが

ら、恩を恩ともせず、独力で戦っているように宣伝しているのは怪しからぬ――という新聞記者への談話がとんだ波紋を招き、このところ米ソ間に大変なもつれが生じてきた。枢軸側としてはソ連対米英の離間を策するには絶好の機会であるが、その機会を充分掴むようないい手を打ちかねているのが歯痒い。

三月十三日　晴れ

社説「独ソ戦局の急転回」を書く。ハリコフを放棄した独軍が、またハリコフを奪回したのを機会に、最近の独ソ戦局をコメントしたものである。

ところでまったく突然な話で、僕も驚いたのであるが、社では僕をベルリン支局長として出したいというのである。ベルリン支局長というものの、今日では欧州総局長である。加藤が帰り、大島、榎本の二人も帰る。そのあとへ僕が新鋭の五人を連れて乗り込み、向こうに残っている五人の上にソ連をも合して、すべてを掌握してくれというのだが、それを引き受けるのに軽率であってはならぬ。社では言葉は二の次だというし、秘書を使うこともよし、外部とのうるさい交渉は他の者にやらせてもよいというのだが、行ってみるとそうはゆくものではない。社命とならば行くことを拒みはしない。しかし僕をその地位につけるということは、社の人事として面白くない。再考を促すようにしておいた。

三月二十二日　雨、のち曇り

今日が締め切りの太平洋協会の原稿を家で書いていると、東調布警察署の特高係が何やかやと聞きに来た。原稿を書き上げて出ようとすると、本郷の浜口家からうちの老人（＊夫人の母）に電話があり、向こうの老人が急死したという。そこへ悔みに行く老人と前後して出社すると、今度は内台（＊内地と台湾）航路の高千穂丸が敵潜水艦に撃沈されたということを聞く。記事新聞は差し止めだが、十九日の出来事だ。実は台中法院の高木廉吉という人が、この船で帰台するというので、うちの老人を連れていってもらうことになっていた。ただ、その出帆が早くなったので、老人は次の便にすることとしたのである。高木法官は気の毒なことになったが、老人は生命を拾った。人間の運命の岐《わか》れ道である。

ラングーン支局長に転出する志村冬雄（＊のち阿波丸に乗船し殉職）の送別のため、夕方から飲む。最初、川野啓介が紹介した銀座裏の鴨鍋屋で三人で会い、それから「水車」「峠」「麓」「汽関車」等を飲み回る。この酒場々々の名は「ユングミューレ」「ブレンネル」「ロンシャン」「ロコモーティブ」等が時代の要求で変名したのである。

四月十四日　晴れ

昼、兄来り。「エーワン」で昼食をともにした。二、三日前に江州から上京してきたのである。東京の仕事が一段落ついたら、また江州へ帰ってゆっくり勉強しようかと思うといっていた。膳所（＊大津市）の正一（＊甥）の転職の話あり。日野正一に話を持ち込んで頼んでやろうかと思う。

四時から外交研究会で橘善守の支那の話を聞き、五時半から原為雄のために、新橋の「今朝」で壮行会を開く。上田常隆の肝煎りで、牛肉をふんだんに食うことができた。それから「麓」でウイスキーを飲み、さらに赤坂の「小泉」で飲む。帰りの省線の電車内で無礼者がいたので、床の上に叩きつけてとっちめてやる。

四月十六日　曇り、夜雨

戦争調査会、第三分冊の執筆者につき談合。欧州総局長を僕が引き受けることになるかどうかはまだわからない。しかし今のところ僕がその任に当たることとして、新しく日本から欧州に行く特派員たちのソ連通過手続きを考えることとなり、その衝に当たっている外務省の高尾正夫を「鶴の江」に招き事情を聴取する。

四月二十日　快晴

社に行ったら、何だか編集局内がざわついている。聞けば内閣の改造が発表されたのであった。外務に重光葵、農林に山崎達之輔、内務に安藤紀三郎、大麻唯男、文部は首相兼摂、情報は天羽英二という顔ぶれである。主筆に電話をかけて、社説を書くべきかどうかを打ち合わせし、秋田清と東郷茂徳のところへも知らせる。東郷前外相の言。「重光は谷正之よりよいじゃないかネ」である。

四月二十二日　晴れ

大阪から赤坂清七が来た。彼はこの二十九日に定年になり退社するので、あまり付き合いはないが一応送別会くらいはしなければなるまいと、正午に八階のクラブで会食する。あらかじめ注文してあったのだが、なかなか立派な料理を出した。赤坂のためには勿体ないという声しきりである。

四月二十八日　曇り

スモレンスク郊外のカチンの森という地点で、ソ連の捕虜になったポーランド将校一万人余が、ゲー・ペー・ウー（＊ソ連秘密警察）に虐殺されていたということがドイツ側から公表された。ソ連は否定しているが、ドイツと同時にポーランド亡命政権（＊在ロンドン）がこれを取り上げて騒ぎ出した。そして問題は米英の対ソ関係に大きな波紋を招き出したところへ、二十六日にソ連はポーランド亡命政権に断交通告を発した。いよいよ事態は混沌としてきた。これについて社説を書く。この間スモレンスク虐殺事件が表面化したとき、上原主筆が社説を書いたが、それはソ連の暴虐を罵るという立論で、この国際政局上から見て面白くなかった。今日僕は虐殺事件の真否などということは二次的で、われらの興味は反枢軸陣営の結合の脆弱性《ぜいじゃくせい》にあるという風に論じた。

四月三十日　晴れ

徳富蘇峰（＊当時毎日新聞社賓）が最近の欧州戦局について聞きたいから、彼の今療養している熱海の旅館へ来てくれという。それは高田総長を経て申し込まれたものである。そこで夕五時四十分東京発の列車で熱海へ向かう。岡本正伍、井上マツ子同道。熱海では徳富老と同じ宿屋に投じ、まず湯に入り、おそい晩飯を食う。岡本、井上の分と、宿の特別の取り計らいで酒三本、ビール二本を確保することができ、それをほとんど一人で飲んで、ややいい気分になる。仕事は明日のことである。

五月一日　晴れ、熱海より帰京

ゆっくり眠るつもりでいたところ、宿の男衆が六時に雨戸を開けるのに起こされて湯に入る。よく晴れて海が美しい。徳富老は病気で疲れやすいから、話は小刻みにきざんでやってくれという。午前中に一切を済まして帰京するつもりでいたが、予定を変更して午前中に一時間ずつ二回、午後一時からまた一回、話をした。よく聴き、またかなり当を得た質問もしたので、この老人なかなか老いぼれではないと思った。今後もたびたび来てくれという。そして「私を八十何歳という年だけで見てくれては困る。まだ若いつもりだから、あなたの話を聞いた上で得た基礎知識は、どんどん生かして使います」といった。メドック（＊フランスワイン）を一本くれた。井上マツ子を伴い二時五十分の熱海発列車で帰京。社に着くなり小林豊樹に招かれて、大森の「豊年」に行き、またかなり飲む。

五月二日　晴れ

昨日の徳富蘇峰との会談について追記する。

老いう。「私の病気見舞いに頭山満さんがお金をくれた。たくさんではないがね。頭山さんも変わったことをするものだと思った。頭山先生のことをするものだと思った。頭山先生のことから、僕が杉浦先生の門弟であることに及ぶ。老いう。「杉浦先生も（これは先生といった）とお目にかかったことは極めて少なかったが、書かれたものなどは皆拝見しています。実に立派な方だと思っている。なぜ直接お会いする機会が少なかったかというと、先生と私どもとは当時派が違っていた。私どもは急進派で、先生の方のやり方には賛成できなかったのでした」と。思うにその急進派がいけなかったので、今日からいえば杉浦先生の主張が今日の要求を当時に見透していたものであって、遥かに進歩的だったといえる。

今日は早朝、膳所の正がやってきた。現在の勤め先の日産をやめたいというので、日野君の横浜ヨットに入れるよう準備をしておいたが、今日やってきていうのに、支那関係の仕事がしたいなどという。それならそれで別の手段を講じなければならぬ。しかし午後日野に会い工場を参観して帰ってきてから、「あそこへ入れてもらいたくなった」という。「もっとしっかりしろ」と叱る。

五月九日　晴れ

工藤の一家と揃って多摩川畔にピクニックに行く約束をしていたが、朝、近藤操から電話があって、今日組み込みの社説は上原主筆の書いた北ア戦争に関するものが使えなくなったから、何か書いてくれといってくる。承諾したが、ピクニックはやはりやることにして約束の十一時に雪ヶ谷駅で工藤と夫人、徹一君に落ち合い、バスで目蒲線の田園調布に出て、そこから河原まで歩く。河原は芝生の緑が伸びてたくさんの人が来ている。子供たち大いに喜ぶ。弁当を開き二時間ばかり口光の下でゆっくり遊んで帰る。帰途蒲田駅で僕だけ別れて出社。社説「混乱する反枢軸陣営」を書く。ソ波紛争の影響を論じたのである。帰宅したら工藤たちが夕食を待っていた。酒数本、それにこの間徳富蘇峰から貰ったメドック一本でいい気持ちになる。工藤家の帰ったのは十時半であった。

五月二十日　終日雨降る

床屋に寄って社に出る。今日は社説の種子切れで、上原主筆が米英ワシントン会議の印象めいたものを半分書き、当番の僕が敵軍のわが病院船攻撃を駁《ばく》する一文を欄の半分にして書く。広田弘毅が近く特使としてソ連に出かけることになるらしい。

五月二十一日　晴れ、小雨

社に出たのは十一時すぎであった。自分の席に着くなり聞かされて驚いたことは、連合艦隊司令長官山本五十六大将の戦死の報である。戦死というばかりでいつ、どこで、どうして戦死を遂げたものやら一切わからない。そこへ海軍から論説委員の人に集まってもらいたいといってきた。そこで昼食ののち、約束の一時半に海軍へ出頭した。山本大将の戦死に関する論説作製についての海軍の注文が述べられ、いろいろな発表文が内示された。山本大将の戦死は四月とばかり、場所は南方の第一線とばかりである。大勲位功一級に叙せられ、元帥の称号を与えられ国葬を賜った。

一切の説明は田代中佐がやったが、山本大将が出陣に際して読んだという短歌「国おひて　出てたつきはみ千萬の　軍なりとも言挙げはせじ」というのが、今夕の矢野情報部長の「山本元帥を偲びて」というラジオ放送の原稿中にあるが、その解釈が大変間違っている。それに注意を与えて訂正させた。社に帰り社説「山本元帥の戦死」を書く。

＊「山本元帥の戦死」

山本連合艦隊司令長官は、去る四月南方最前線において、全般作戦の指導中敵と交戦、飛行機上で壮烈な戦死を遂げた。畏くも天皇陛下におかせられては、司令長官危篤の報を聞き召されるや、その偉勲を思し召されて、大勲位功一級に叙せられ、また元帥府に列せられて特に元帥の称号を賜い、戦死の報天聴に達するや、国葬を賜う旨仰せ出られた。われ等国民は二十一日大本営から発せられた山本元帥戦死の報に接して、愕然とした。これは最も率直なわれ等の心境の表現である。決戦まっただ中における、帝国連合艦隊統帥者の戦死である。しかしこの驚愕は瞬時にして醒めて、戦争の実相をここに見出し、元帥戦死の意義を厳粛に考察する余裕を持ったのである。

宣戦の詔書を奉戴し、一億国民が鉄の闘志に凝《こ》って、大東亜戦争に突入した時、われ等は連合艦隊司令長官に山本五十六大将を持つことを、大きな力とし、全幅の信頼をこの司令長官に寄せたのであった。そしてわれ等の期待は裏切られなかった。開戦劈頭のハワイ、マレー沖両海戦に、まず敵の心胆を奪い、全世界を驚倒せしめたに始まり、帝国海軍部隊の立ち向かうところ、南北には赤道を遥かに越えた西南太平洋の涯《はて》から、アリューシャン列島に至り、東西には米本土海岸からアフリカの岸まで、その全水域にわたって、戦うて勝たざるはなかった。今日までの世界戦史に、これほど雄渾な作戦と華々しい戦果を求め得られようか。

もとよりこの大戦果たる、大御稜威《おおみいつ》の然《しか》らしめたものであることはいうを俟たぬ。また帝国陸軍との緊密なる共同作戦があって、生まれたものであることも勿論である。しかし陸軍との協力を克《よ》くし、確実なる統率と周密なる作戦とをもって、帝国海軍の威力を存分に発揚した元帥の武勲は、永久に青史に輝くであろう。また元帥の勲功はこのたびの戦争において初めて現われたものではない。ある時は海軍軍縮会議に使いして、帝国の主張を貫くために異常な辛苦を重ね、ある時は海軍航空本部長として、威烈無比の帝国海軍航空部隊を生むうえに努力し、また海軍次官としては、多端なる国際情勢に、軍政の要職に身を捧げたのであった。いまその戦死に際し元帥は麾下将兵とともに第一線に戦い、そこに壮烈な戦死を遂げた。よくも死処を得たものである。さらにその戦死に際して畏くも重ね重ねの優渥なる御沙汰を拝したことは、武人の栄誉これに過ぎるものがあろうか。

いま元帥の戦死を悼む心は、全国民一人として変わりがない。とはいえ、帝国海軍における元帥の戦死は、蜀漢における諸葛孔明の死とは場合を異にしている。元帥の後任には、全海軍の輿望を担う古賀峯一大将が親補せられ、すでに連合艦隊の指揮を執っているのである。ドイツ人フランク・ツィースは、その著日本海海戦記「対馬」の序文のうちに「ロシアではロジェストウェンスキーが斃れたならば、それに代わり得る統率者がなかった。しかし日本では、もし東郷提督が戦没しても、その後には幾多の東郷が控えていた。こう言っても東郷提督を辱しめたことにはなるまい」と言っている。日本海海戦当時と同然、いま山本元帥の戦死に遭遇しても、帝国海軍の威容には寸分の隙もない。

戦局は山本元帥戦死の以前、すでに決戦的段階に入っていた。その戦争の相貌と、戦争下の国際政局は日と共に深刻化してゆく。われ等はその時、わが海軍の持つ最も偉大なる統率者の一人を、戦場において失った。しかしこの厳粛なる事実は、帝国海軍全員の敵愾心をいよいよ高揚させ、その士気をいよいよ旺盛ならしめている。全国民もまたこれと同じ敵愾心と闘志に燃え、完勝の日を目指して邁進しよう。これはただに山本元帥の精神を生かし、その英霊を安らかにするに止まらないのである。

五月二十二日　晴れ

アッツ島の戦況は好転しない。なかなか深刻なものを感知させる。今日、陸軍情報部長のそれに関する談話が発表されたので、社説「北洋の勇士を思え」を書く。今週は当番であった上に社説を書くことが多かった。一週間に五つ書いたことになる。吉田勝の未亡人が四国松山から豆をどっさり送ってきてくれたし、高石の兄貴が千葉の苺をくれた。また先日のお礼だといって徳富蘇峰が「照見天下」の書をくれ、山縣正郷中将が「電光影裏斬春風」の書をくれた。よく物を貰う日である。

五月二十六日　曇り、夜雨

明日は第三十八回海軍記念日である。その社説を書いたが、これは今晩ベルリンとローマへそのまま放送したいからと放送局から申し入れてきた。広田弘毅のソ連行きについては社の幹部、高田、上原両氏に話したが、今日社に出たら、高田、上原間に話し合いがあって、そういうことになれば何としても社から人を送りたい、行くべき人は僕ということになっていた。高田総長と具体的の手段について話す。まず楠山義太郎が明日にでも重光外相に会って話を進めることになった。僕の意見として、政府が特使を送るから、社からも人を送りたいとソ連政府に申し出たところで、許すものではなかろう。だから特使一行のなかに僕を入れて、外務省からソ連側に入国の要求をすることが必要であることを述べておいた。これが成功したらベルリン行きは自然解消である。その方がよいと思うのである。

五月二十七日　曇り、小雨

第三十八回海軍記念日である。各紙の記念日に関する社説を読み通したが、僕の書いたものに充分の自信が持てる。社に出た。午後三時頃、海軍少年航空兵の市中行進部隊が社の前を通過するので玄関に出て、これを迎えた。十七、八歳の部隊。陽に焼けた顔、光る眼、緊まる唇、そこに溢れる心の強さ。その一人々々の顔をじっと送り迎えしていると、おのずと涙が流れて出た。

やがて、この若者たちは、みんな死にに行くのだ。天皇陛下の御為に、そして僕たちの国を救うために、黙って死にに行くのだ。今日のこの行進はあるいは彼らの帝都に対する訣別になるかもしれない。

五月三十日　曇り、時々晴れ
アッツ島死守の皇軍部隊、ついに刀折れ矢尽きて総勢二千余戦死すとの報道、大本営から出る。ガダルカナル島のことに比すべき重大な事実である。このあとどうするか、戦争を甘く見てはならぬ。と同時にこの報道で国民の士気が鈍ることがあってはならぬ。事態を正視すればするほど軍も民も、もっともっと真剣にならねばならぬことを知る。

六月四日　晴れ、風あり
明日の山本元帥の国葬に関する社説を書く。元帥を景仰する僕の心情を傾けて、これを書いた。

六月五日　曇り
山本元帥の国葬日比谷で執行さる。僕は出社の途中、新橋駅で群衆と一緒に遙拝した。午前十時五十分である。

六月八日　曇り、時々晴れ

明日は日比谷公会堂で、明後日は大阪の中之島公会堂で「米英撃滅決戦国民大会」（＊朝毎読などの主催）というものを催すので、それに関する社説を書く。

六月九日　晴れ

海軍のラッセル島空戦の大戦果と、一両日前に発表された陸軍の空中戦総合戦果を、まとめて一つの社説に書く。山縣正郷中将が高雄警備府司令長官となって明後日赴任するので「へんのう会」（＊販売局の会）で送別会をする。会場は「米田屋」。飛び入りで鹿倉吉次《しかくらきちじ》（＊「毎日の題字さえあれば白紙でも売ってみせる」と公言、戦後ＴＢＳ社長）がやってきたが、霞ヶ浦の菊池（＊朝三）参謀長も少し遅れて現われ、大変な騒ぎを演じた。

六月十二日　晴れ

入梅である。今年は五月に雨が多かったが、入梅というのにいい天気。どうかするとカラ梅雨かもしれない。アルゼンチン革命政府を日本が承認した。承認したのはよいが、向こうでは、それを受け付けておいて、すぐ日本大使館の暗号打電を差し止めたそうである。何でも今度の新政府の声明には枢軸国との外交関係を「当分のうち」（スペイン語で「エル・モメント」といっている）現状のままにしておくといっているそうである。どうもはっきりした見透しがつかない。

六月十九日　曇り、小雨

週刊毎日（＊サンデー毎日）のために、これから週刊時評を書くことを編集長の柄沢広之から頼まれた。毎週土曜日が締め切りで、今日はその第一回。それを書いているところへ寺崎太郎が訪ねてきたので、八階のクラブで話す。今度重光外相の懇望で再度外務省の人となることになったそうである。そのことを一応伝えておきたいと訪ねてきたのである。

六月二十八日　晴れ

大橋忠一（＊戦後衆院議員）社に来訪。八階で雑談する。この人は正しい強さを持っている。それにもかかわらず、この時代に用いられないでいる。政府は今度道州制の前提と見られる地方行政制度の改革をやることとなって今日発表した。週刊毎日の時評に、これを追加して送稿する。夕方「秀花」で「へんのう会」あり。海軍の川瀬薫が飛び入りをする。

七月一日　晴れ、時々曇り

また誕生日が来た。

昨日の早朝からソロモン群島レンドバ島で大きな戦闘があった。今日大本営からその発表があって、僕が社説にも書いたが、今度もこの島にわが軍がいるところへ、敵が大輸送船団をもって上陸作戦を行なったのである。一部分は上陸に成功している。戦闘はこの輸送船団をわが海軍航空部隊が襲って巡洋艦、駆逐艦その他に大きな損害を与えたのと、作戦地上部隊間の戦闘とであるが、わが飛行機もかなり傷んでいる。どうかすると第二のアッツ島とならないとも限らない。戦争はいよいよ深刻である。が、これが戦争なのである。今まで調子が良すぎたので、国民が戦勝に慣れ気味であるのはよくない。

七月三日　曇り、小雨

週刊毎日の時評を書く。チャンドラ・ボースがもう昭南島に立ち、そこでインド独立義勇軍を結成する。それは明日か明後日に発表されるので、月曜日にそれを追加して時評に挿し入れることとした。

七月七日　晴れ

西南太平洋戦局なかなか難しくなってきた。大本営の発表のうち華やかな方面だけを取り上げて社説などを書き、一時の興奮を買ってみたところで仕方がなし。またこういう戦局の下に状況打開の難儀を示唆するようなことがあってはなおさら、面白くない結果となる。海軍へも行って報道部当局と相談したが、結局、他社は何を書いても僕の方は当分時機を待つこととした。

七月十三日　晴れ

庭の胡瓜、茄子、トマトなど次々に熟れて、わが家の食卓を賑やかにする。

海軍から頼まれている、現下のスターリンの対内外政策、いろいろ探究してぼつぼつ書いているが、これは大きな仕事である。社ではコロンバンガラ島沖夜戦の戦果が発表されたので、棄てておけないので社説を書いたが、こんな上調子な論議をしているときではないのだ。当局ももっと現状に即した発表をしなければならぬし、われわれももっと突っ込んだ論策をしなければならぬときだと思う。

帰宅したら安岡の勇が来ていた。

七月十五日　晴れ

防空訓練が今日、明日、東京を通じて行なわれる。そのために夕方は早く帰って、八時三十分から九時まで防空見張りに立ち、蚊がブンブンうなるなかで空を見つめる。月が美しい。昼、週刊毎日の座談会あり。

七月十六日　晴れ

午前四時から防火訓練。豊子はその方に出、僕はちょうどその時間から割り当てられていた防空見張りに立つ。四時半には夜がすっかり明けた。また眠る。

七月二十二日　晴れ

昼は「大作」へ鰻を食いに行く。上原主筆のおごりである。ところがこの夕方、太平洋協会の金井清（＊戦後諏訪市長）に招かれているのが六本木の「大和田」で、これまた鰻をふんだんに食うことができた。土用の丑は三十日だそうだが、これほど食っておけば、もう充分である。今日から少しの間、桂と豊子を逗子へやる。近所の伴、熊谷両家の夫人子供たちも一緒で、養神亭に宿を取ることとしたのである。

七月二十三日　晴れ

朝の寝起きに、桂の姿が蚊帳《かや》のなかに見えぬのは淋しい。食事もそそくさと済ます。食後から出社まで、仕事ははかどるけれども、その仕事の邪魔をしに来る者のないことが、かえって物足りないように思われもする。

南欧戦線も独ソ戦線も、枢軸軍にとっては厄介な状況になってきた。独伊は完全に両面作戦の無理を強いられる余儀なきに至ったし、イタリアの危急はことに甚だしい。どこから見ても景気づけるのに役立つ材料なく、強いてそれをいえば泣き言がカラ威張りに取られる。そこでソ連と米英との相互に表われている利己的政策というものと、南欧と独ソの両戦線について社説を書く。

七月二十四日　晴れ、驟雨あり

凪はあるが、いよいよ暑い。室内は三十度ある。島田が社に訪ねてきて、菓子を持ってきてくれた。夜は防空訓練があるというので早く帰宅する。逗子から帰ってきた豊子がそれに出ていったあと、しばらく庭で遊んでいた桂が、母親のいないことに気づいてむずかるので、表へ連れ出しても、なかなか泣き止まない。母親の魅力というものは怖ろしいものと思う。

七月二十六日　晴れ

ムッソリーニ、突然イタリアの政務から引退する。その件で社内大いに緊張したが、情報局では例の通りの態度で、新聞に論評させないという方針を伝える。

七月二十七日　晴れ、深夜驟雨

ムッソリーニ退陣に続くイタリアの政情混沌として判明せず。あるいは独伊間連絡不通といい、ムッソリーニ監禁中といい、英伊単独講和必至といい、またイタリア内紛の乱ありという。ともかく枢軸国側の欧州情勢は、最悪の事態に当面したと見なければならぬ。こういう場合のあるべきことを考慮に入れないで行なわれていた帝国の政策ではなかったはずだ。今さら狼狽するのは醜態の限りである。もっと悪い状況を予想しておいてよかろう。

七月二十八日　晴れ、驟雨あり

南方戦線へ軍艦で従軍していた新名丈夫がちょっと帰ってきたので、外交研究会と政治研究会でその話を聞く。総合的な面白い話であった。

七月二十九日　晴れ、驟雨あり

イタリアの騒擾が少しずつはっきりしてきた。二十六日のファシスト党大評議会の閉会直後、ムッソリーニその他の党首脳部は、党内反対派のために監禁され、バドリオの新内閣は、ファシスト党に解散命令を出した。この革命にはホワイト・ハウスとバチカンが大きな役割を演じているらしい。

遠因は敗戦によるイタリア国内の対ムッソリーニ不信であるが、近因としては最近ルーズヴェルトがピオ十二世に送った親書を取り上げなければならぬ。ルーズヴェルトはカトリック文化の保全を保証するとともに、カトリックの敵をファシストであるとして、イタリアからその勢力を駆逐することを、ローマに対する武力行使の交換条件として提議したのであった。もちろんこの策略の陰にはバチカン内に送られていたアメリカの手先が躍動するとともに、イタリア国内のムッソリーニ反対者たちが連絡を取っていたものと見なければならぬ。

さらに情報によると、バドリオとアイゼンハワーの間には、すでに和平交渉がはじまっているという。問題は和平交渉を生むべき和平条件である。それは米英がイタリアを中立地帯として残すか、ここを欧州進攻作戦の基地として使用するかが何より大きな点であり、前者ならばドイツも精神的にはともかく、戦略的にはあまり影響を被ることもなかろうが、後者の場合はいよいよ厄介なこととなろう。ここ一両日の動きは重大である。イタリア中心の問題のほかに、ボリス三世を仲介者とする独ソの和平交渉が、ソフィアで行なわれているとの報道あり。以前伝えられたストックホルムにおける独ソの直接和平交渉に関する風説よりも真実味はあるが、詳細は不明である。

七月三十日　晴れ
帝国を中心とする戦争大観を社説に書く。こういう状態が東亜にも欧州にも展開している間は、国民の心の締まりも一層ゆるぎがあってはならぬ。ところがどうかすると国民は、当面の事態に気を摧《くじ》かれたという気配さえ見える。政府のやり方もいけないが、国民もだらしない。新聞がもっと自由に思うことをいえれば、この国民を引き締める途もほかにあるが、わからず屋の当局のいわゆる取り締まり範囲で、所期の目的に副う発言をすることは困難である。それを押して書いた一文である。
夕方、築地の「芳蘭亭」で論説同人の会あり。これは写真部の三浦寅吉が斡旋した会場で、支那料理をふんだんに食わした上に、横山五市が銘酒菊正宗を一本、永戸政治がサントリーを持参して席は申し分なし。

八月二日　晴れ、室内三十一度
ビルマの独立は昨日、ラングーンにおける式典によって完成した。日緬同盟条約も昨日締結され、ビルマは同時に米英に戦いを宣した。

八月四日　曇り、驟雨あり
「山本元帥」という映画の試写を社で見る。レンドバ港、ムンダ方面の戦争を中心に南方戦局に関する社説を書いた。ところがキスカ島守備隊の完全撤収が、今夜大本営から発表されるというので、またそれに関する社説をも書いた。大変忙しい思いをしたが、結局キスカ島の方は、今夜は発表されないこととなる。

八月七日　晴れ、雨あり

昼、上原、永戸、伊藤らと「大作」に鰻を食いに行く。午後、週刊毎日の時評を書く。オリョール、ベルゴドロ、五日に赤軍の手に落つ。ドイツ側はオリョールの方を発表したが、ベルゴロドはまだ落ちたといっていない。モスクワでは祝砲を打って騒いでいる。スターリンはロコソフスキー指揮官に祝辞を送っている。ロコソフスキーはスターリングラードといい、今度といい、大変な当たり籤《くじ》である。

八月二十二日　晴れ、時々曇り

朝、涼しいうちにと桂を連れて、豊子とともに大森、蒲田まで食器類を買いに行ったが、めざす店が皆休んでいて用を足すことができなかった。午後はゆっくり昼寝でもして、この頃どうかすると疲労しがちな体を休めようと思っていたら、社から電話があり、先月二十九日に完了したキスカ島のわが部隊の撤収を大本営が発表したという。そこでともかく出社した。今日組み込みの社説は横山五市が書くことになっていて、彼もそれを携えて出社したが、キスカの方は是非とも載せなければならぬので、さっそく執筆する。軍当局からいろいろ注文があり、そのうちで天佑神助によってこれが行なわれたのだということを充分謳ってくれという。僕はそういうことを書きたくないのである。それは頭からそれを否定するのではないが、筆や口にしては台無しである。論理の及ばない真実というものは必ずあるが、それを信ずることはよい。ただ無闇に表現すると論理は打ち破られる。

水谷長三郎（＊社会大衆党代議士）が挨拶をよこしたが、その文句に「御民我れの心構えで」ということを書いている。この男までが、こういうことをいい出すのだから、世のなかはいよいよわからなくなってきた。わからないといえば、この頃の世界国際情勢である。ことにソ連の関係、独ソ関係に注目すべきものが多い。独ソの休戦説も出ているが、にわかに信ずることはできぬ。しかし一方米英とソ連との仲がいよいよ悪化してゆくは疑う余地がない。なかでも最近ソ連がマイスキーをロンドンから召還して、後任に小者のグーゼフを送り、次にワシントンからリトヴィノフを呼び返して、そのあとには駐米参事官グロムイコという若輩を任命した。米英に第二戦線の結成を無理強いしている一方で、この手を使うというソ連の行き方には、推察に余るものが多い。

八月二十五日　曇、雨あり

今日も社説を書く。南方戦局を扱ったのである。ニュージョージアのムンダ付近、それより北のベララベラ島などの戦局はいよいよ重大化してきた。これらの島嶼《とうしょ》も完全に棄ててしまわねばならぬこととなるおそれが濃い。この深刻な状況はもっと率直に国民に知らされていいと思う。いや、それはある程度まではっきりさしておかなければならない。戦局を甘く見ていると、それがある段階に入って国民の眼を覆えなくなったとき、国民の踏ん張りがつかなくなるからである。そういうことが、ことに軍部の連中にはわからないようである。

八月二十六日　晴れ、未明大雷雨

石渡荘太郎国民政府顧問、社に来て支那の近況について語るのを聞く。

昼、日本倶楽部で「ときわ会」例会あり。欧州近況について井口情報官の話を聞く。ハンブルク、ベルリン等の爆撃は聞きしに勝る痛烈なものである。陸軍の大島浩大使という難物がベルリンにいて、本当のことを報告してこないので、外務省でも真相を掴みかねていたようだが、ハンブルクの方は松島公使が実地に視察したものを、ベルリン回しにするとまた大島に押さえられるから、直接本省へ報告電報を打ち、それによって外務省も状況を正確に知ることができるという。

八月二十七日　晴れ、朝雷雨あり

アッツ島の山崎部隊、山崎保代部隊長に対する北東方面陸軍最高指揮官の感状、その感状が上聞（＊天皇の耳に入ること）に達した趣き。山崎部隊長の二階級進級、その他部隊員の進級など発表せられ、明朝刊掲載となる。それについて社説を書く。当番ではあるが今週は社説を執筆する機会が多かった。

午後六時から「ふくべ会」。その帰りに新宿の夜店でブリキ製の自動車の玩具を買う。この種のものは、どこの玩具店にももう見ることができないのに、こんなところに珍しくも発見されたのである。

愛用のライター、一昨夜あたり紛失したらしい。どうも落としたものとしか思えぬ。

八月二十九日　晴れ、時々曇り

ブルガリア国王ボリス三世薨去（*ヒットラーと会見後に急死）。あとはまだ六歳の皇太子がシメオン二世として立つ。ブルガリア国王の報は朝日新聞が二、三日前から掲げていたベルリン電報であったが、他の新聞は扱いが遅れた。時が時だから是非とも欲しい記事だと思っていた。果たして国王薨去とともに、ブルガリアのフィーロフ内閣は、国王の薨去が外傷によるものだというのは、無根の流言だと発表している。

八月三十日　晴れ、時々曇り

論説の当番明け。

憲兵隊の木内、社に情報を聞きに来る。

午後五時半から五階大会議室でビールを飲む会あり。これは産業報国会の催しで各職場々々へビールを配給し、月に一度くらいで飲ませることになったので、今日はその第一回。社では今日、明日の二日に分けてこの会を催すのだが、論説連中は明日の部に入っている。ただ僕だけはあちらこちらから券を手に入れることができたので、今日さっそく試みる。普通一人にジョッキ一杯となっているのを、僕は六杯飲んだ。こうして一人にたくさん回ってくるところを見ると、飲まない者がかなり多いことがわかる。
　この間来しばしば話があった海軍の招きにかかる南方視察が、いよいよ本格的に決まって、僕も出かけることになるらしい。まず真っ直ぐにラバウルに飛んで、それから戦線各地を飛び回り、二カ月くらいで帰ってくるのだと思う。まだはっきりしたことはわからないが、今の苛烈極まりない戦争の呼吸を、南方第一線で味わってくることは確かに有意義である。

八月三十一日　曇り
　ラバウル方面の戦線を見に行く話が決まりそうなとき、今朝は谷川一男（＊戦後航空自衛隊創設に関与）大佐がラバウルから手紙をよこした。八月二十五日にしたためたものである。戦争の凄惨なことが読み取れる。作戦の最重要地位にある谷川君の責任の重さはいうまでもないが、生還は期していないのである。そのことも書中にはっきりと現われている。
　社に出て南方行きの話を本極まりに決める。期間は二カ月くらい。九月中に木更津に行き、十日の早朝ここを海軍の飛行艇で出発。サイパン、トラックを経て、十一日には目的のラバウルに着くのである。社からは佐々木碩哉《せきや》と写真の北友雄が一緒に行くことになった。僕たちを招聘した海軍当局が、旅中の一切の世話をしてくれるはずである。

九月一日　関東大震災記念日、晴れ、暑し
　南方行きが決まったので、方々で送別会をやろうといってくれる。「鶴の江」が事件を起こし

て商売をやめた。そのことで昼すぎ赤坂に行き、女将の永積女史の相談に乗る。マレーから帰った林炳耀《りんへいよう》が上京したので、その歓迎会をやることとなっていたが、七時頃警戒警報が出た。南鳥島に今朝、敵機と敵艦が来襲したというのである。今日付で「補給戦を勝ち抜け」という社説を書いておいたが、大急ぎで空襲関係の社説「本土防衛の措置を急げ」というのを書いて、それに替える。検閲がぐずぐずいい、結局すべてを片づけて帰宅したのは十時すぎであった。

九月三日　晴れ、驟雨、雷あり

南方行きは十日、木更津発という予定であったが、十一日が二百二十日に当たるので、大事を取って一両日出発を延期することとなった。それでもぼつぼつ準備をする必要があり、今日郷里から届いた戸籍謄本を添えて履歴書を海軍当局に届け、社の医局でチフスの第一回予防注射をする。社の仕事がないので、海軍の栗原大佐から頼まれた「ソ連の戦時下銃後生活一般」というものを書き上げる。

九月六日　曇り

南方行きのことで海軍に行く。社説「報いられぬソ連」を書き、夕方「大作」で開かれた論説委員らの送別会に臨む。上原、永戸、楠山、松本、新井、丸山らの出席あり。いったん社に帰り工藤と「峠」でビールを飲む。

九月八日　曇り、風あり

イタリア、米英に対して全面的無条件降伏す。南方へ同行する朝日の森恭三（＊戦後朝日労組委員長）、読売の坂野（＊戦後編集局次長）らと八階のクラブで昼食をともにして打ち合わせ。午後三時半から舟で洲崎を出て「へんのう会」の壮行会あり。網を打ち獲物のイナで天ぷらをして食う。桑原、原、上田、亀岡、青木の面々であった。

九月十日　晴れ

正午前、兄が来社した。小笠原隆が訪ねてきたので、大東亜会館で昼食をともにする。島田一郎も夕方前やってきた。近く台湾へ旅行するという。六時から新橋の「藍水」で白鳥敏夫（＊イタリア大使、戦後A級戦犯として終身刑）と僕との、イタリア降伏問題に絡む対談会あり。これは週刊毎日の主催である。白鳥敏夫は僕にとっては日本中学の先輩であるが、彼の意見には一つの偏見と見られるものがある。しかしそれを真っ向から爆撃しては対談会の態をなさぬこととなって、次号に掲載するという週刊毎日編集部の希望が失われるので、穏やかに済ました。

その帰りに「汽関車」に寄ったが、これはラバウルに経験のある社会部の高原四郎から、旅行の注意事項を聞くために、ここで落ち合うつもりであった。しかし、その高原は鳥取に起こった大震災のために社から出られぬという。それでは帰ろうかと思っているところへ、社会部の中山、杉浦、出版の沢田、欧米の光田、経済部の佐藤などが現われたので、この酒場は社のクラブのような形になる。

九月十四日　豪雨

今日の出発は見合わせである。出発の延びるのは気象関係からだとのみと思っていたら、そうではないことが今日わかった。社長には出かけるまで会えないと思って置き手紙を書いておいたが、その社長は重役会のために今朝上京したので、社で会って話す。大変な雨である。

九月十六日　晴れ、驟雨あり

イタリアのサレルノに上陸したアメリカの第五軍が、ここを守備していた独軍のために、さんざん撃破された。ドイツ側は第二のダンケルクだといっているが、それほどでないにしても欧州戦域における久しぶりの枢軸軍の成功である。

社内に応召する者多し。政治部の福田、名取らも行く。その名取のために黒潮会《こくちょうかい》（＊海軍記者クラブ）連中を中心に日本橋中洲の「八重洲」で送別会あり。

九月十七日　曇り、夕より大雨

社で南方戦局についての社説を書く。十三日のブーゲンビル島のブインへ延べ数二百以上の敵機が五回にわたって来襲したが、わが軍はそのうちの六十機を撃墜したという。この強い皇軍にもっと立派な兵器を豊富に与えることができたら、勝利はすぐにも此方のものだ。そういう意味のことを書く。一両日前に南方から帰ってきた高石晴夫が買物をしてきてくれたので、夕方彼の宅に行き、それを受け取って帰る。帰り着いたところへ豪雨がやってきた。

木更津からの出航が、いよいよ駄目らしいので、今日は海軍から橋野が横浜に行き、海軍の二式大艇（＊水上機）に乗れるよう当局と交渉した。

九月二十三日　快晴

台湾にも徴兵制度が布かれることとなり、今日の閣議で決定したので、社説を書く。

南方行きの便が決まらないので、気も落ち着かない。そうこうしている間に、ニューギニアの戦況は難しくなる一方で、ラエ、サラモアは持ちこたえることができず、その上、敵はニューブリテン島の対岸に当たるクレチンに上陸したようである。ソロモン群島方面は彼我対峙線が、わが本拠ラバウルからかなり隔たっているが、ニューギニア方面は緊迫の度が遥かに著しい。

九月二十五日　晴れ

社に行ったら海軍から連絡があって、いよいよ明日東京を立ち、明後日早朝、結局木更津を立つことに決まったという。今度は間違いあるまい。ニューギニア島のクレチン岬付近の戦闘はかなり猛烈らしい。その戦果が今日発表されたので社説を書く。社説もこれでしばらくの間お別れである。夕方、社の五階でビール会あり。ジョッキの券がどこからともなく集まって大いに飲む。それから帰宅したら秋田の大助氏が来ていた。ウイスキーを飲んでしばらく話す。

Ⅱ 従軍

（昭和十八年九月二十六日～昭和十八年十二月五日）

九月二十六日　曇り

　いよいよ征途につく日が来た。桂に起こされて、かなり早く床を出て、朝食を済ますや否や老人、豊子、桂と一緒に八幡神社に詣でる。社頭で記念撮影をした。荷物はスーツケース一つと手提鞄一つとにまとめた。この間の小笠原隆の話に、マラリアにかかったら最下位頚骨の下に米粒ほどの灸を十五、六据えるとてきめんに治る、ということを聞いたから、老人に頼んでその部位にまず灸点をおろしてもらって、荷物のなかには線香ともぐさとを入れた。家では朝、赤飯を食わせたが、それをもう一度、午餐にはやや早い時間に食い、ウイスキーで出で立ちを祝う。正午すぎ家を出た。老人は千鳥町駅まで、桂を連れた豊子は蒲田駅まで見送る。何も知らない桂は、日常僕の出勤するものを見送ると同じように、手を振って別れを告げる。

　無事で帰ってくるつもりではいるが、行き先が行き先である。生還必ずしも期することができない。駅頭に妻子と別れるに当たって、おのずから悲壮な気分に打たれる。省線のなかで一人になってから考えてみると、帰ってくることへの期待などは、結局得手勝手な自己満足にすぎないので、この際はむしろ生還を期待せぬのが正当だと思うようになった。もちろんこの考えは今にはじまったのではなくて、これまでも今度の任務が生命の問題と大きな関連のあることを予想せぬではなかった。であるから昨晩は社で遺書をしたためはじめたのである。今日社に着くなり、その遺書を書き続け、書き終わった。これは豊子と桂とに宛てたものである。もし僕が死んだとすると、豊子の負う負担はまことに大きい。いろいろ豊子には依頼を書き綴った。桂には彼が文字が読めるようになったら、さっそくこれを読むことのできるように、仮名文字で書いた。要は正しい人間になれということである。正しい上に強い人間になれということも書いた。僕の将来に懸け得るものは、この子が本当に君国のために役立ってくれることである。

一時すぎ、佐々木と北と同車して両国駅に行く。発車は二時二十分。他社の連中もほとんど一緒である。木更津では航空隊本部に行き、明朝乗って立つ飛行機の座席割りを決定し、旅館「佐久間」に落ち着いて、本土最後の食事を橋野、佐々木、北とともにする。明朝は四時起床である。

九月二十七日　雨（木更津）

予定の時刻に間に合うように女中に起こしてくれと頼んでおいたが、四時前に独りで眼が覚めた。雨の音が聞こえる。困ったなァと思う。乗り物がないので、その雨のなかを、そしてまだまったくの夜路を航空隊まで歩く。雨は止まない。案じていた通り、この天候では予定の時刻には飛べないという。やむなく日和見《ひよりみ》をしながら待つ。まず航空隊で用意しておいてくれた弁当で朝食を済まし、今にも飛べると知らせてくるかと待ちに待ったが、とうとう昼の弁当も隊で食うこととなったあげく、十二時近くに結局今日はやめると決まる。隊では自動車を出して「佐久間」まで送ってくれた。改めて昼食をして、あとは昨晩の寝不足を補うために昼寝などする。雨はこの間も降っては止み、止んだと思うとまた降り出す。たまに飛行機も飛んでいるが、空の密雲は一向晴れそうにもない。

夕方、街を散歩する。社へ電話をかけたが、急報で申し込んで四時間余り待っても通じないので、ついに取り消す。夕食は毎日の橋野、佐々木、北と海軍の殿木、同盟の荒尾とともにする。木更津では酒だけはふんだんに飲めると聞いていたがそうでもない。とにかく、こういう滞留は、飲んだり食ったりすることですべてを潰してしまいがちである。夕食後「松川」という家に木更津通の殿木に連れてゆかれ、ひなびた風情に浸る。

九月二十八日　晴れ（木更津）、曇り（テニアン）

起きてみるとしきりに風の音がする。かなりの強風らしい。しかし空は晴れていて星が見える。宿の前まで迎えに来てくれた航空隊の自動車で隊に行くと、夜は明け離れて、あかね色の雲を散らかした東天は今日の快晴を思わせる。五時半整列、六時離陸。僕たちを南方に運んでくれる飛行機は一式陸攻で、僕の搭乗したのは「九六一」という機。この種のものが二十八機も同時に飛び立ったのである。機内で朝食を食ってからうつらうつらとしていると、高度は三千二百で、小笠原をすぎる時分から、少しずつ雲が出てきた。僕の乗る機には水兵たちがたくさん乗っている。聞いてみるとソロモン群島のブインへ行くという。皆、戦闘機の乗員である。それが誰も彼も若い。十八、九と見える者もいる。ほんの子供ではないか。こういう若い好漢たちは、何の余念もなく、今ここに打ち興じているが、めざしてゆくところは激烈無比の戦場である。そこにはその戦いが待っている。それほどの戦いである以上、この若人たちの生命は誰も予測することができぬのである。だのにこの若人たちは、そんなことを全然念頭に置いていないような素振りである。それは尊い限りのことといわねばならぬ。

機はほとんど動揺もせず、太平洋の上を南へ南へと堂々の編隊を組んで進む。午後一時半頃、下にサイパンの島が見えたと思うと、その港外にいる貨物船らしい一隻が、突如水煙を高くあげて沈むのを見た。まったく咄嗟のことである。おそらく敵の戦艦に襲われたものであろう。テニアンに着いてから聞いたのに、果たしてその通りであった。

テニアンには二時四十五分に着いた。広い飛行場である。たくさんの攻撃機がその周りにいっぱいいた。ここには今、小西部隊というのがいる。ついこの間までの一カ年余り、ラバウルに基地を置いてニューギニアにソロモンに活躍していたのである。目下隊の整備中であって、それができたらまた第一線に出動するのだという。僕たちが機上から見たような敵戦艦の来襲に備え、今ここには第二種警戒管制が布かれていた。テニアンの街に出かける定期バスも、そのために停止されているので、僕たちは隊のなかに宿舎を与えられた。ここの名物の鶏肉料理をひそかに楽しみとして来たが、それも望めない。それどころではないのだ。もうここにも完全な戦争風景が展開されている。われわれはすでに戦下のなかに入り込んだのである。

宿舎について四辺を見る。わずか八時間余りであるが、遥かにも来たものだと思う。軒に近くパパイヤの並木があって、青い実がたわわに実っている。インコが啼いている。しかし思ったほど暑くはなかった。夕食を隊の食堂で食ったが、鰹の煮つけ、葱と玉子の汁、白飯、その上に蜜豆がデザートについていて、一食の代わずかに五十銭である。これも嘘のような話である。食後の所在なさに困る。灯火管制で暗くはあるし、雨が降っていて庭に出ることもできない。仕方なしに早く寝る。

九月二十九日　大雨、強風、のち晴れ（テニアン）

蚊帳は吊ってあったが、その蚊帳のなかには蚊が入っているし、蒸し暑いことこの上ないので、夜半はまんじりともできず、未明から気温が下がって、やや楽に眠ることができた。目覚めると、雨は盛んに降っている。六時半に飛行機がここを立ってトラックへ渡ることになっていたが、この天候によりしばらく延期すると通知してくる。朝飯を食い空模様を睨んでいると、その空模様は悪くなる一方で、雨はますます強くなり風さえ加わってきた。何とも仕方がないので、昨晩の寝不足を取り返すために、また床に入る。今度は二時間ばかり、ぐっすり眠ることができた。

目覚めると雨は止んで、青空がのぞいている。よほどひどい嵐だった根拠には、庭前のパパイヤの木が根こそぎ倒れていた。とうとう今日は飛行機は飛ばぬことと決定し、午後はテニアンの街を見に行くこととなる。零時半に隊のバスが出る。それに乗って四十分。海軍の徴用した南洋興発の倶楽部に行き、それから街を一巡する。街といっても海岸通りから丘陵の上に三本の通りがあるだけ。大体この島の住民というのが一万七千で、そのうちの一万三千が南洋興発に働いていた。南興はここで砂糖を栽培し製糖工場も営んでいる。この街も南興の街といってよい。タガ族の遺跡というものがある。大きな石の角柱で、柱は上部になるほど細っていて、その上に擂鉢型の石が載っている。ここは鶏が多く、鶏料理は有名だと聞いているので、通称「ホテル」と呼ばれている「精輝楼」とかいう旗亭《きてい》に行き、早い夕食を皆とともにした。大きな海老の鬼殻焼があったり、鶏の水炊きがあったり、なかなかの華やかさであった。六時、また出迎えに来てくれた航空隊のバスで帰る。

一、動物＝鶏、インコ、牛が大きい。山羊がいる。蜻蛉《かげろう》飛ぶ。

一、植物＝パパイア、鳳凰樹、葉の長く垂れる落葉松、甘藷の多いことはもちろん。ただし椰子の樹がない。椰子のない南洋はなぜできたか。椰子に寄生する害虫が、同じく甘藷につくのだそうだ。そこでこの害虫を防ぐ一つの方法として南興では、椰子の樹を伐採してしまったのだという。

一、人＝土民という者が一人もいない。ドイツの統治時代、すっかり処分してしまったのだという。住民は琉球と朝鮮の人ばかりである。最近は物資移入難で、住民に米（一日一合五勺）の配給もできなくなったそうだ。

九月三十日　晴れ、時に曇る（テニアンよりトラックへ）

途中の気流関係はよくないそうだが、ともかくテニアンを立つこととなった。朝の七時に飛び出す。案の定、悪気流と大雨とに悩まされ、飛行機は、とんでもない高度を取るかと思えば、今度は波の上を這うようにして飛ぶ。機内では相変わらず、ソロモン行きの戦闘機乗り少年兵たちと一緒である。この兵隊たちの話すのを聞いていると面白い。一昨日来のテニアンでの隊の待遇がひどく悪かったらしい（僕たちも悪かったが――）。

「あそこの隊の攻撃機だけは、どんなことがあっても護衛してやらないぞ」

「まったく癪に障るよ。だが、日本の飛行機がやられているのを見たときには、放っておくわけにゆくまいナ」

「それもそうだ」

そしてこの若者たちは大声で笑うのである。彼らはそれぞれ荷物のなかに両親や兄弟の写真を持っている。なかにはアルバムごと持ってきている者もいる。死にに行くのではないか。それでも、いやそれだから最後まで父を偲び母を想っている。その写真を眺めている彼らを見ると、おのずから涙を催さないでおれない。

トラックへ来た。大和が見える。武蔵が見える。その他数多い艦艇。連合艦隊の威容である。

午前十一時二十五分、竹島飛行場着。一時間余り舟便を待って鹿島へ行く。九〇二航空隊に行き、そこから宿舎の水交社（＊海軍の外郭団体）に行く。途中、第四根拠地隊司令部に寄って、ラバウル行きの飛行便のことを頼んだ。宿舎にいると、車を出すから来いと四根（＊第四根拠地隊の略称）がいっているといってきた。先ほど石井少将からの四根司令官若林清作中将に宛てた紹介状を出しておいたので、会おうというのである。すぐ司令部に行って、いろいろとこの方面の近況を聞くこともできた。若林という人は実に親切で、帰りの自動車のことまで、自分で手配してくれた。その帰りに九〇二航空隊に行く。四根の手配で、明朝ラバウル行きの飛行便が三人分だけあるので、僕と朝日の森、読売の坂野の三人が、これで行くことに決め、それを手配する。都合は早く運ぶ。あとの連中は十月三日と五日とに出る飛行便で、僕たちに続くはずである。夜はこちらにいる社の古賀、矢崎たちが「南海倶楽部」というところで歓迎してくれた。酒が豊富に出る。

十月一日　晴れ（トラックよりラバウルへ）

赤道を南に越える日である。おそらく家では老人が桂でも連れて、また八幡様へお参りにでも行っていることであろう。桂を想うと、旅の疲れを忘れてしまう。いたずらをしているときのさまざまな姿態、トントン廊下を駆けてきて、書斎にいる僕に笑いかける顔、卓に仕事をしている僕の膝に上ってきて、絵を描けと要求するときの仕草。どれもこれも想い出すと微笑せずにはおれない。

さて、今日の出発は九〇二航空隊の水上機基地を九時に出るのだというから、ゆっくりしている。荷物を先に送って宿のテラスで待っていると、迎えのバスが来た。

日航の大艇が先に立ち、それに続いて僕たち三人が乗る、海軍の大艇が飛んだ。離陸は九時二十分である。トラックの島々とそれを大きく取り巻く珊瑚礁、そのなかに点在するわが連合艦隊の艦艇。最も美しいのは水だ。岩礁に近いところは淡いサファイアの色をしている。沖には一条の波も見えない。「油を流したような」という古くからの形容があるが、僕は「リノリウムを敷いたような」という新しい形容を思いついた。油ではまだ動きを思わせる。ここの海面にはまったく動きがないのである。

大艇の乗り心地は、トラックまで攻撃機で運ばれてきた僕たちには、別世界のようである。煙草の喫《の》めること、座席の整っていること、見晴らしのきくこと。ただ安定の良否は一式陸攻といずれが優れているか判定できかねる。また、今日の航路が危険区間であることは、あまりいい気持ちがしない。機長の話では、今まではもっと早くからトラックを立っていたのだが、トラック

—ラバウル間の航空連絡経路と飛行機の通る時刻を敵が知って、ときどき襲ってくることになり、こちらの被害も頻々に出るので、時間を変え航路も変えたのだそうだ。今日もわれらの飛行機はトラックから東南の島に向かい、そこからラバウルへと進むのだそうである。したがって時間も余計にかかる。普通、直線ならば四時間で済むところを五時間半を要するという。

高度はぐんぐん上がり、綿雲が目の下に散らばって見える。しかしその高度も十一時頃から敵機の来襲に警戒を要する区域に入って、海面百メートルくらいにまで下がる。対敵行動である。これほど低く飛んでいると、敵が突っ込んでくることはできない。敵機の方でかえって危険を感ずることになるそうだ。やがて赤道を越える。世界のあちらこちらを旅したが、南半球に入ったことはかつてなかった。これがはじめての試みである。北極圏を越えて北氷洋を旅したのは五年前であったか。それは当時のソ連の国内事情から危険な旅行であった。そして今度は赤道の南の戦場に行くのである。いや、もうその戦場に入っているのである。敵の眼を避けながら目的のラバウルに急いでいるのだ。やがて遥か彼方にぼんやりと島影がみえてきた。

このあたりからしばしばスコールが来て、天候はよほど悪くなってきた。そこで海を這う必要もなくなって、雲を縫いながら飛行艇はやや高度を上げて進んだ。タバル群島が見える。その上をすぎるとニューアイルランド島だ。危険区域は難なく突破できた。セントジョージ海峡を渡り、ニューブリテン

の大きな島影が前に迫り、ラバウルが僕たちを迎える。音に聞いた火山が噴火口を広げて厳然と構えている。その四辺は椰子の山。椰子の木はまるで一本ずつ手で植えられたかのように、山から海岸に整然と並んで生えていた。

三時半、飛行艇はたくさんの艦艇の間に着水した。発動機のついたゴムボートが迎えに来て、桟橋まで運んでくれる。今日は橋野という世話役がいないから、すべての交渉をこちらでやらなければならぬ。ところが、朝日、読売の両人は新聞記者には珍しいほど気がきかない男なので、つい手っ取り早く僕自身でやってしまいたくなる。桟橋に着いてからすぐ、その通りで、南東方面艦隊司令部に電話をかけて自動車で迎えに来てもらうのも、司令部へ行ってから宿舎の交渉をするのも、皆僕である。宿舎はほかにないというので、海軍報道班員の倶楽部で、ともかく一夜は泊まることとなった。

ここで社の池田に会い、彼の案内で社の支局に行って川崎、浅岡の二人に会う。皆僕の来たことを大いに喜んだ。僕の来るという噂は聞いていたが、まさかと思っていたというのである。そしてビールを出し、日本酒を出し、どこからか料理したものまで運んできて歓待してくれた。かくして戦場の第一夜は更けた。いろいろな話をしたが、今日もつい近辺まで敵機がやってきたそうである。

十月二日　晴れ、曇り、夜雨（ラバウル）

ぐっすり眠った。朝食は六時である。何だか日が早く暮れて、朝は早く明けると思ったら、ここは東経百五十二度で、千島列島の真ん中ほどに当たっている。それなのに東京と同じ時間を用いているからである。ラバウルホテルというのに部室が空いたというので、朝食後そちらへ引っ越した。そこから谷川大佐のところへ電話をかけたが、突然のことで非常に驚いている。昨日、南東方面艦隊司令部で約束しておいたから、八時にそこへ行き、富岡参謀副長に会って事務上のことを話す。富岡大佐には石井少将からも平出大佐からも紹介状を貰ってきたので好都合であった。

次に浅岡の案内で、南東方面陸軍司令部を訪ねて、谷川大佐に会う。挨拶抜きですぐさま戦争の話を聞く。戦争はいよいよ激烈である。激烈という言葉はこれまでもしばしばいいもし書きもしてきたが、ここに来てはじめてその言葉の意義をはっきりと掴むことができる。谷川大佐は、その当面の責任に当たっている人である。「やってゆけるのか」と聞いたら「やってゆける」といった。しかし激烈の度合いと深刻性はもっともっと募るという。そうであろう。ともかく結局において勝つことができればよいのだ。この方面軍――今村兵団の第一課長が谷川大佐であるが、その第二課長に広瀬大佐が来ているということを、ここではじめて聞いた。驚いたことである。今晩はモスクワ以来の三人の会合をやろうということになる。

宿へ帰って洗濯をした。洗濯は今までホテルでもやっていたのであるが、電力制限でアイロンが使えなくなったので、今はやっていないという。それでは自分でやるより仕方がない。昼食は宿で取ったが、鶏肉の煮込みがあったり、玉子焼があったり、ハムがついていたりして結構食える。午後は昼寝。そよそよと風が吹いているので、暑くてやりきれないほどではない。ただここは水が足りない。入浴も思うようにできぬ。湯はただ浴びるだけで湯槽に入ることはできぬ。咽喉が渇いたからといって、お冷を一杯ということもできぬ。夜に入ってからスコールが何度も来た。最近雨不足で、雨水でいろいろな用を足しているラバウルは困っていたところだが、これで一息つけるであろう。

午後四時頃、橋野ら四人が突然やってきた。今日、偶然にもトラック発の航空便があったのだそうだ。社の北も着いたので、あとは佐々木を迎えるばかりである。この一行をホテルと報道班員宿舎に分宿させることとして支局に行き、浅岡に案内されて今村兵団の参謀宿舎に谷川大佐を訪ねる。谷川、広瀬両大佐は、用意を整えて待っていてくれた。広瀬大佐とは一昨年の夏、新京で会って以来である。いろいろ馳走された。サワラのような魚の刺身があった。鶏卵の料理がある。嬉しいのは野菜である。これは広瀬君の所管の一つだそうだが、兵隊に野菜をつくらせているのだ。葉っぱがある。芋の茎の煮たのがある。芋の葉の酢あえがある。それに酒はビール、日本酒、ウイスキーと豊富で、さんざん飲んで食い、そしていろいろな話をした。話の中心は、この戦争に勝つかということである。戦争の専門家の話は非常に面白かった。十一時に帰る。

十月三日　曇り、スコールあり（ラバウル）

鵲《かささぎ》がよく啼く。夜も啼いている。朝から支局へ行き川崎と浅岡から戦争の話を聞き、海軍報道班員倶楽部にもちょっと顔を出した。橋野は朝から海軍当局と、僕たちのラバウル生活について交渉を重ねている。うまくゆくらしい。明日ここを立って日本に帰る人があるというので、それに託すべく豊子と社の論説委員たちに宛てた手紙を書く。それからまた洗濯だ。午後はちょっと午睡を取り、昨日からあちらこちらで聞いた話を一括してメモに控える。今日着く予定であったトラック残留組の、佐々木碩哉一行は天候の都合で飛行機が飛ばず、とうとうやってこなかった。夕方、支局で宴あり。ここにいる社の関係の者が全部集まる。岡山という上等兵曹が支局の人のようにしていて、宴会のこと一切を世話してくれるのであるが、実に豪華なもので、酒が二升、ウイスキーもあり、ビールもあり、料理は豚、豆腐、するめ、瓜類、鰯など。この会の真っ最中に情報参謀の飯島中佐というのが二、三人の参謀を連れて現われ、またひとしきり賑やかになる。

コロンバンガラ撤収の掩護《えんご》に出向いた海上部隊に従軍していた社の新見写真部員も今夕ラバウルに帰って、この宴に出た。物凄い夜戦が戦われたらしい。戦果はまだはっきりわからないが、巡洋艦や駆逐艦を海上部隊と航空部隊が呼応して撃沈したようだという。

十月四日　晴れ、小雨（ラバウル）

トラック島に残っている佐々木たちの一行が今日は到着するだろうと、午後三時頃支局の自動車で日航の大艇が着く松島飛行場まで出迎えに行ったが、とうとう今日も来なかった。しかし、この松島行きのドライブは、昨夕帰港した駆逐艦隊が見えたり、西飛行場が見えたりして面白かった。南洋ボケというものは確かにある。僕なんかもすでにそれにかかっているらしい。これを防ぐには節酒、規則的生活、充分の睡眠、合理的な頭脳の使い方——などが必要である。夕食後はどこへも出かけず、早々と就寝する。

十月五日　晴れ、夜スコール（ラバウル）

誰よりも早く起きて、六時前に朝食を終わったところへ浅岡が、影佐禎昭中将が来ているからと迎えに来てくれたので、さっそく会いに行く。支局のすぐ前の将官宿舎にいた。影佐中将はいわゆる「沼」という師団（＊第三十八師団）の長であると同時に、この方面の防衛司令官でもある。普段はニューブリテン島の中央部南岸にある沼司令部所在地にいるのだが、防衛司令部はラバウルにあるので、昨夜ここへ来たのだという。さっそく当面の戦争についての話を一時間余り続けた。話題の中心は、この方面の戦争に関する今後の見透し、ビスマルク群島の防衛、後方輸送、敵に対する反撃の時期、第一線の持久力と陣地の建設速度、などにわたった。よい収獲をあげることができた。

胃の按配があまりよくないので、昼食をやめてみた。昼食をやめても腹が空かない。午後、社の逓送課長で三度めの召集を受けて此方に来ている一宮主計中尉が、浅岡に案内されてひょっくりやってきた。彼は僕たちよりも数日早くラバウルに着いて、今は郊外の野戦病院に勤務しているのである。勤務先の話、ここへ来るまでの輸送船が危険に遭遇した話、社の話などをする。彼が帰ったあと、支局から陸軍の胃の薬とウエーファーとを持ってきてくれた。夕食には粥を煮てもらって食う。やや具合よし。

日が暮れてから支局に行ったら、パパイアを手に入れたから食わぬかという。今までちっとも食う機会がなかったし、それは胃腸のためにはかえってよいものだと皆がいうので、大きなやつの半分だけを食ってみる。期待ほどうまくはなかったが、そのために胃を余計に悪くすることもなかった。非常なスコールが来て、なかなか止まないので、浅岡が自動車を出して宿まで送ってくれた。木更津を出るときから手提鞄が壊れて弱っていたのを、今日海軍の岡山上等兵曹が修理しにきてくれた。自分では洗濯のできない衣類も、どこかで洗わせるからといって持っていってくれた。ありがたい男である。

十月六日　曇り、のち晴れ、スコール（ラバウル）

朝食を終わったところへ浅岡が来て温泉へ案内するという。温泉というのは街の東部、火山に近い海岸にある。かねがね聞き知っていたが、行ってみるとなかなかいい地形にあって、これが平和時であったら、いろいろな設備をして天晴れ天下の名泉となることであろう。鉱泉は硫黄質であるが、海に近い、というよりは海の底から湧き出しているので、多分に塩質をも含んでいる。温度は適当である。ドイツ人も、その次に来たイギリス人も、この温泉は利用しなかったらしい。日本軍がやってきてはじめて露天ではあるが、湯の汲み取り口をつくり、コンクリートでたたいた流し場をつくり、ドラム缶を置いて浴槽としたのである。このあたりには有明湾の「むつごろう」のような泥の上を這い歩く魚がいる。木に登るのもこの魚だという。

帰ってから読書をした。腹の具合はよほどよくなったが、なお粥を続けることにする。夕方、大きなスコールが止んだのを待って支局へ行った。昨日から発熱して寝ている二村を見舞うためであった。相変わらず、ものもいわずに寝たっきりであるが、熱は今のところ三十八度七分である。今日、陸軍の軍医に来診してもらったそうであるが、まだ病名はわからない。デング熱の疑いが最も濃いが、あるいはマラリアの場合を考慮して注射をしてもらったという。例の岡山上等兵曹も来て、支局で雑談をしているところへ、ひょっくり佐々木碩哉が、橋野や北に案内されてやってきた。やっと今さっき到着したのだそうである。トラック滞留も一週間になって、ほとほと飽きたなどといっている。ここは目的地である。気分だけでも来た甲斐がある。僕なんか、まだ仕事らしい仕事をはじめるに至らないが、何といっても、ここは目的地である。気分だけでも来た甲斐がある。

佐々木の来着で社のここへ来るべき者が皆揃ったこととなるので、さっそく祝賀の一盞ということにした。支局には酒が二升ある。これは昨朝、僕が手土産を持って影佐中将を訪ねたので「先ほどはどうも」といって、支局まで将軍が届けさしてくれたのである。僕は海老で鯛を釣ったようなことになったが、腹の具合が悪いので、これは今開けることはよくない。それに昨日、一宮が来たとき、彼の休み日の木曜日に、これを材料に宴を催そうと約束しておいたのである。よってその二本のうちの一本を飲む。

十月七日　朝快晴、曇り、雨（ラバウル）

案外涼しかったのに、昨夜は熟睡できなかった。ここは夜通しいろいろな鳥が啼く。鶏も宵の口から時をつくっている。朝食後、支局に二村を見舞った。熱もよほど下がったといって床を離れていたが、まだ安心することはできない。軍医が来てチフスであっては、と血を検査するといっていた。

植物園というのが宿のすぐ近くにあるので行ってみた。ドイツ人がはじめたのか、イギリス人になってからのものなのか、ともかくかなり手入れの行き届いたものであるが、今は戦争のために、いろいろな建物がなかに建てられたり、材料置場になったりして、見る影もない。べらぼうに大きなゴムの木があった。僕たちもいつまでもこうしておっても際限がないので、朝日、読売とも相談して、早く予定表を進めるよう、ここの海軍当局と交渉することとした。帰途インド洋作戦の方を見ることにすれば、どうしてもラバウルを今月の二十三、四日頃に立たないと、十一月いっぱいに帰国するのに間に合わぬこととなる。スラバヤやペナンを見学することは造作ないが、途中の時間をたっぷり見ておく必要があるからだ。午後、やはり海軍報道班員としてここに来ている木村荘十（＊作家）が訪ねてきた。いろいろ彼のこの付近で経験したところを聞く。もう滞留五カ月余りにもなるのだという。

夕方、ホテルの食堂で、ラバウルにいる社の連中の懇親会をやった。これを大いに楽しみにしていた一宮は、公務の都合があったのか出てこなかったし、二村が病気で寝ている。集まる者は佐々木、北、新見、池田、川崎、浅岡、橋野、それに僕で八人。そこへ岡山上等兵曹と木村荘十とが臨時に加わった。案外早く済んだので、部室へ帰って池田から戦争関係のさまざまな話を聞く。そういえば、昨日大鳥島に敵襲があったそうだ。戦艦三、航空母艦二その他という勢力でやってきて、陸上を艦砲と飛行機で攻めたという。この前の南鳥島の場合と同じである。ところが、この報に接して、ここからも攻撃機が現場に急行したそうである。こんな遠いところから、わざわざ飛行機を動かして転用しなければならぬとは、まったく情けないことである。

十月八日　晴れ、午後スコール（ラバウル）

早朝からホテルの前の海軍練兵場で、陸戦隊の二個中隊ばかりが演習している。そのなかに、靴を履かない兵隊がいるのでおかしいと思ったら、高砂族の兵であった。

ホテルで木村荘十と話しているところへ、谷川大佐から電話がかかってきた。これから訪ねてゆくといって、十分も経つか経たぬうちに自動車でやってきた。ニューギニア作戦指導に明日ここを立ってゆき、十一日には帰ってくるという。この間約束しておいた冊子も持ってきてくれた。また戦争の話を聞く。当面の問題を戦術的、戦略的に解剖してゆくのである。一つ一つの話が皆貴重この上もないのである。なぜならば、その一つ一つが日本の興亡に直接繋がりを持っているからである。

谷川大佐が帰ったあと佐々木と池田が来たので、池田から彼の経験したところの話を昨晩に続いて聞いた。ニューギニア方面では谷川大佐の話によると、今日、明日に大きな戦闘がはじまりそうだという。フィンシュハーフェンに上陸した敵も、ここを支えているわが軍部隊も、それぞれ増援部隊を得た。白熱したフィンシュハーフェン争奪戦が、ここにおいてはじまるのである。その上、敵のニューブリテン島に対する上陸作戦も、今晩のうちにはじまるかもしれないという。敵の準備はすっかりでき上がっていると見なければならぬそうだ。ブーゲンビル島方面の状況も慌ただしい。まさに深刻限りない時機だ。ただこのラバウルには、僕たちが到着して一週間、まだ敵が現われてこない。ここ二カ月ばかり、敵機は来襲しないのだそうだ。わが軍が最近、夜間戦闘機の高性能を持ったものを備えたから、敵もうかつに出てこれないのだともいわれる。

午後、支局に行き、浅岡の案内で植物園裏の日本人墓地を訪う。ここは拓南の先人たちが何十人か眠っている。そのなかでも南溟の勇侠として聞こえた小嶺磯吉の墓を参りたかったのである。すでに浅岡はここを訪ねていたので、それはすぐわかった。彼は十年前にここに死んだのである。ゆっくり墓石の裏の刻文などを読みたかったが、大スコールが見舞ったので、早々引き揚げざるを得なかった。

また支局に寄り、ラバウル地区の地図を借りて、それを複写しているところに、大阪の社会部にいて、今は酒井部隊に召集されている角南一等兵が、今日ラバウルに着いたばかりだといって訪ねてきた。ここの戦闘がどうなっているかなどまったく知らない。彼らはこれまで支那の戦線にいて、上海から直路ここに来て非常に懐かしみを覚えたらしく、喜んで雨のなかを帰っていった。雨の止んだあと、清々しく晴れて、十日ばかりの月の美しい夜が来た。

十月九日　晴れ（ラバウル）

夜中頃、かなり強い地震があったことを覚えているが、ぐっすり眠って四時半に起きた。朝食までに、谷川大佐に貰った冊子を読了して、大いに感ずるところあり。七時半、司令部に松本中佐を訪ねたが、儀式のようなものがある様子で、かなり待たされそうだったからひとまず帰った。昨日浅岡と約束しておいたココポ行きを果たす。九時、自動車でラバウルを立った。目的地まで約四十五キロ。まず左手にラバウルの内港を見て、やがて西吹山の裾をすぎ、ケラビエン断崖を越えたところで土人の市場を見物。実に素晴らしい風光を愛でながら南崎、ウバラマをすぎ、ココポに着く。

インド人労務隊を訪ねて、ここの留守隊長をしている谷津とかいう東京上野の出身の少尉に昼食の馳走になり、珍しいいろいろな話を聞く。それから陸軍の洋部隊（＊第六師団）を訪ね、今ニューギニアの爆撃から帰着したばかりという遠藤少佐の話を聞く。そこから車を返して陸軍兵站病院になっている旧教会堂を見た上、一両日この教会に泊まるという浅岡を残して帰途についた。

ラバウルに帰ったら二つの報告が待っていた。一つはブイン行きがいよいよ本極まりとなり、明朝五時、飛行機が僕たち論説の三人と橋野を乗せて飛ぶということ。一つは池田俊雄の日本に帰る病院船が明日出帆するということである。池田に託すべき手紙を豊子、高石会長、奥村社長、上原主筆宛に書き、また司令部にブイン行きの細目打ち合わせに行って軍服を借りる。ところが最前線に行く僕たちと、日本に帰る二、三の報道員のために送別の宴を催すとの声あり。午後七時からホテルの小さな部屋でそれが開かれた。この宴が開かれたのも、社の見習生から昨年主計将校として召集された中村中尉の努力に負うところが多い。

十月十日　晴れ（ラバウルよりブインへ）

今日は僕の一生のうちでも、最も内容に満ちた一日として数えられるであろう。桂の二度めの誕生日である。昨日書いた豊子宛の手紙には、この日をどこかで乾杯をするだろうと書いたが、そういう暇もなかった。それほど多忙であったのだ。しかし盃をあげなくとも、桂の記念日に相応しく、この日を迎えることができたのは嬉しい。

今日は最前線へ出かける日である。今度の南方行きのうちで、最も重要な日程が盛られた日である。四時前に起床した。携行する品物は手帖、日記帳、写真機、洗面具、その他には何もない。同宿している日映（＊日本映画社）の西本が気をきかして、昨夜の酒を少し残しておいて門出の祝いをグラスに注いでくれた。それをグッと飲み干して、出迎えの自動車に投じた。同行者は、僕と橋野と朝日と読売の者の四人である。空は晴れている。四時五十分、東飛行場離陸。飛行機は九六式攻撃機である。

南へ、ブーゲンビル島のブインへ、わが最前線基地へと飛んでゆく。コロンバンガラ島、ベララベラ島と棄てたわが軍は、今やこのブーゲンビルを南方の最前線として、八十五マイルの距離で米軍と対峙しているのである。敵機に対する警戒はすこぶる厳重である。機銃手は八方に眼を配りながら、銃把《じゅうは》を握っている。それでも特別のこともなく、ぐんぐん南へ向かって飛んだ。やがてブカ島を見、ブーゲンビル島にさしかかり、その南端のブインに着いたのは五時四十五分のことであった。

飛行場の周辺、敵空爆の跡はありありとして残っている。とうとう今僕は来るべきところへ来たのだ、という気持ちが強い。迎えの自動車で椰子並木の海岸通りを走って、第二六航空戦隊の司令部に行き手続きをする。僕たちはブイン滞在中ここの厄介になることとなっている。それから第八艦隊司令部に行き、鮫島具重《ともしげ》司令長官、山澄貞次郎参謀長らに挨拶をした。山澄少将には石井少将から紹介状を貰ってある。その山澄少将と話をしていると、幕僚室で大きな男が「ヤーッ」といって起き立ってきた。誰かと思えば木坂義胤《よしたね》中佐である。この艦隊の主任参謀として、大きな責任を担っているのだ。こういうところで突然会って驚きもし、喜びもする。

そこから二六航戦司令部に帰り、司令官酒巻宗孝少将に会って、いろいろの話を聞いていると、午前九時三分、空襲警報である。司令官のところへ頻々として見張り所からの報告が届く。「バラレ島より大型敵機三十北に進む」とバラレからの報告が届けば、以後十分か十五分で敵機は僕たちの頭上に現われるのだ。すぐ防空壕に退避する。一緒に壕のなかにいる酒巻少将のところには続々と新しい報告が届く。艦爆十七機来る……大型四十七機来る……等々。もちろんこれより先に、わが方の邀撃指令は出ていた。彼我の飛行機の爆音が壕内にも響いてくる。そして爆弾の音が響く。高角砲の音もその間に混じる。

戦争は呼吸だ。民族の格闘だ。日本の興亡の岐路だ。ほとんど一時間、壕のなかにいた。一切の騒音が止んでから壕の外に出る。その頃には戦闘経過が伝えられてくる。報告の訂正が来る。結局この空襲で敵はかえって大きな痛手を被ったのである。大型爆撃機二、戦闘機八を撃墜された。そういう大被害の上に戦爆約百機のガソリンを空費し、無駄な爆弾を数十トン、ジャングルのなかに投じたのである。わが方の損害は迎撃に舞い上がった二十五機の戦闘機のうち一機だけであった。また酒巻少将と話す。この司令官は大いに話が好きである。語りもし、いろいろなことをわれわれに聞きもした。話は食事をともにしたあとにまで続いた。

午後は飛行場に行く。朝の戦闘状況について聞くためであったが、二時少し前、指揮所で司令の中野中佐の話を聞いていると、また敵機来襲の報告だ。僕もすぐ壕のなかに潜り込んだ。司令部の壕と違って、その壕は設備が悪く、かつたくさんの者が入るので、暑いこと暑いこと。体中が汗で湯を浴びたようになる。今度の敵機群も撃退された。そこで僕たちは飛行場を出て、山本元帥を荼毘《だび》に付したところを訪う。それは大きなジャングルのなかにあり、自動車を棄てて二十分ばかり歩かねばならなかった。去る四月十八日、元帥はこの場の上空で戦死した。その遺骸を収容して、ここに運び、火葬に付したのである。ジャングルの切り開かれた草むらのなかに、海辺から運んできた砂を盛り上げて、その場所が示されている。兵たちが捧げたのであろう、酒瓶を筒にして熱帯の野草の花が供えられている。二本のパパイアの木が土盛りの両側に植えられてあるが、それは元帥がパパイアを好んだので、これを植えたのだそうだ。ブーゲンビル島には元来パパイアがない。おそらくニューブリテン島あたりから移してきたものであろう。そのパパイアはちょうど鈴なりに果実を実らしていた。

二六航戦の宿舎に帰り、また酒巻司令官たちと食事をともにしたあと、風呂に入る。ここの風呂はよろしい。木更津以来、風呂は湯を被るだけで、湯槽に浴したのは、ラバウルの温泉以外にはなかった。それに、この風呂は何という素晴らしさだ。湯槽が二つ並んでいて、一方は湯浴みするため、一方はあがり湯をなみなみと満たしている。その湯槽に入っていると、外の椰子林が涼風を送ってくる。椰子の高い梢の間には南洋の星空が見える。夜鳥が啼いている。浴後、蚊帳に入って二時間ばかりぐっすりと眠った。

それから自動車でまた飛行場に行った。ガダルカナル襲撃に向かう雷撃隊を見送るためである。

司令官も来ていた。午後九時、わが雷撃隊六機は、われわれの打ち振る帽子に送られて、一機また一機と飛び立ち、十二、三日と思われる月明かりの空に堂々たる編隊を組み、一路南の空をめざして去った。武運を祈る。やっつけてきてくれ。そして無事でまた飛行場に帰ってきてくれ。そう念じた。黙然と突っ立っている酒巻司令官の心中もそれに違いなかったであろう。宿舎に帰ったのはほとんど十時であった。寝台に横たわって思う。何という意義の大きな一日であったことか。桂の誕生日としても記念日に値する一日でもあった。しかし僕はへとへとに疲れた。ぐっすり寝込む。

十月十一日　晴れ（ブインよりショートランド）

快く寝ることができた。涼しいのが何よりよかった。四時半にいち早く起きて日記を書く。安延主任参謀がやってきて、昨夜のガダルカナル戦果を伝えてくれた。幸運な戦闘であったということだ。第一、敵は安心しきっていたものか、ガダルカナルに灯火管制を布いていなかった。ラジオ・ロケーター（＊レーダー）も休止していたらしい。そこでわが爆撃は十一時五十五分から大胆にやってのけられた。大型輸送船一隻爆沈、中型二隻撃沈、そしてこちらは全機無事帰還している。

敵はわが空襲がはじまってから七分後に、やっと空襲警報を出したというから、よほどうろたえたものらしい。もう一隻沈めているかもしれないのだが、確認できないので、数えられていない。ともかく行けば獲物があるのだ。しかるに此方に飛行機がないので、どうするわけにもゆかぬ。残念なことである。この快報と同時に、僕たちを世話してくれている二六航戦は、昨夜命令を受けて、今朝ラバウルに移ることを聞いた。朝食を司令官や参謀らとともにしたのち、この人たちを見送る。

そこへまた空襲だ。午前八時十分である。まず戦爆二十がやってきた。続いてコンソリデーテッドB24が三十二機である。壕に入る。落下弾は昨日のものよりは大きい様子だが、近くには落ちていない。飛行場方面であろう。約四十分で敵機は帰っていった。敵のこの攻撃に対して、応戦した友軍戦闘機は、わずかに十九であったのだ。今朝は二六航戦の転駐のあとで、ありったけ掻き集めても、それだけの機数しか揃わなかったのである。何という情けないことだ。今朝やってきた米軍の機数は戦爆合すると百数十機になる。これを邀撃するためには、少なくとも五十機や六十機は飛び立たねばならぬ。しかるにそれができないのである。それでも地上火器で敵の大型機を三つも落とした。空中戦による敵の損害は午後にならなければわからないということであった。

二六航戦司令部が出て行ったので、僕たちは二〇一空（＊第二〇一海軍航空隊）の給養を受けることになった。ここの昼食はやたらに早くて十時だ。それを済まして第一根拠地隊司令部に行く。そこでは今朝来、僕たちをショートランドに案内する計画ができている。もっともそれは第八艦隊司令部によるものである。願ったり叶ったりである。ただこういう時機にこういうところへ行くのだから、途中の安全はある程度まで保証してもらわなければならない。ところがちょうど正午にブインを立ってショートランドに向かう第八艦隊の水雷艇がある。一行はそれに便乗することになった。その水雷艇は、明朝ふたたび僕たちを乗せてブインに帰るというのだから、なおさら都合がよい。

戦域の水面を十八ノットの速力で僕たちの小艇は迅走した。見張りは厳重だ。友軍機らしいものが十数機、編隊で遠くを飛んでいるが、敵機の来襲はなさそうである。遥か彼方がチョイセル島、その左手前がバラレ島だ。その隣が何々島と、とにかく島が多い。二時間五分でめざすショートランド群島中の、わが水艇基地となっているポポラング島に着いた。

すぐ九三八空（＊第九三八海軍航空隊）を訪ねる。司令の寺井邦三中佐が出迎えてくれた。少しの休む暇も取らず司令の話を聞く。この島を基地として、広い戦域にわたって、黙々として任務を遂行しているこの隊の仕事は大きい。すでに感謝状が与えられている。また一つ感謝状が出るそうだ。この隊の任務は地味である。敵の大型艦船を沈めるとか、敵の大型機群に突入して、空戦の火花を散らすとかいうような、ニュース・バリューのある仕事を授けられているのではなく、第一に厄介な偵察と哨戒だ。それから船団の案内だ。さらに敵の快速魚雷艇に対する監視と、これを撃破することが任務なのである。これはブインで聞いてきた話であるが、このあたりに作戦した駆逐艦の乗員などは、九三八空の縁の下の力持ちともいうべきこの働きに満腔の感謝を捧げ、「あの隊のいる方角には、足を向けて寝れない」とまでいっているという。寺井司令に聞いた敵の陣地構築、ことに飛行場建設の話は有益であった。そこから山頂の対空監視所を見に行く。山頂に立って南方を望むと、あれがベララベラ島、あれがコロンバンガラ島と、指呼の間に見ることができる。わが将士がついこの間まで血を流したところである。去る二、三日両日にコロンバンガラを、去る六日の夜ベララベラを皇軍部隊が引き揚げてから、このショートランドが皇軍の拠る最前哨となった。これより南にはわが軍は一兵もいないのである。

山を下って宿舎に着く。夕食は本部の士官たちが取って置きのウイスキーなどを出して饗応してくれた。ここでも野菜は現地栽培で、茄子や南瓜《かぼちゃ》など、兵員の手に育てられたものが食卓に出ている。激烈な戦闘の暇々に野菜が将兵間の競争となってつくられているという。トマトもできるそうだ。そして収穫されたものが品評会に出て、よいものには賞が出るそうだ。のどかな——それにしても涙ぐましい戦争風景である。湯に入り、海岸の指揮所に出て涼を納れる。月も星も明らかで、入り海は凪いでいる。月光に椰子の葉が濡れたように光っている。そうしている間にも飛行艇は一機飛び立ち、また一機帰り、休む暇ない活動ぶりである。

十月十二日　晴れ、夜スコール（ショートランドよりブイン）

総員起こしの三時半に起きた。宿舎の裏庭で顔を洗っていると、南十字星があくまでも美しく見えている。庭に野菜の手入れをしている司令に別れを告げた。この人はこの旅に会ったいろいろな人々のうちでも、特に僕の魂にこたえた人であった。物腰のやわらかな、静かに落ち着いた感情をその言葉のうちにありありと表わした人であった。昨日の話に「ここの搭乗兵はざっと四十名の定員ですが、そのうち三十数名が戦死しました。最初からずっと生き残っている者はほとんどありません。新しい補充員が来て、ここの名札掛けの名札が新しく取り替えられてゆくのです」と感慨を述べたように、ここは今、前方の敵の脅威にさらされている。こう語る寺井司令の武運を祈らないではおられなかった。

　昨日僕たちを乗せてきた水雷艇は、四時半にこの基地を立つ。見送りの本部の人と帽子を振って別れた。朝食は艇でつくってくれた。それは現地でできた大根のおろしと、その葉の漬けものと、やはり現地産の茄子を浮かばした味噌汁であったが、それがまたたまらなくうまかった。昨日と同じく二時間五分でブインに安着した。まず一根司令部に行くと、そこで「毎日の森さん」と訪ねてきた兵がいる。それは東京急行電鉄社長の息である五島主計少尉であった。息子がどんなにしているか見届けてきてくれ、と五島慶太社長から東京で頼まれたのであるが、彼の勤務地のブカには連絡の取りようがなかったのである。今日はブカからこちらへ所用があって来たところ、偶然僕のいることを聞いたそうだ。

　しばらく話し、それから少しの休む間もなく、日程を追った。まず、海軍関係の座談会である。第八艦隊の山澄参謀長、第十七軍の参謀を兼ねている池上参謀、その他各参謀、一根から垣盛《さかん》司令官以下が出た。二時間に余るこの会は有意義であった。続いて自動車で第八連合特別陸戦隊（八連特と呼ばれている）司令部に行った。ここでは司令官の大田実少将（＊のち沖縄戦で戦死）ほか各隊長が、いろいろな話をしてくれた。この隊はコロンバンガラ、ニュージョージア、ベララベラ島から撤退してきたばかりであって、その猛戦の経験談は切実に聞く者の胸を打つ。皇軍将兵の勇敢無比な働きが、一つ一つ話のうちに折り込まれている。大田司令官は僕たちのために午餐の準備をしてくれた。話をしているうちに、司令官は呉鎮守府の水交社で、僕の講演を聞いたことがあると、それを想い出してまたひとしきり親しみを深くした。

八連特から次の訪問先に向かう。これは第十七軍と呼ばれる陸軍の部隊である。ジャングル中を切り開いてつくられた道を五十分ばかりも走った。この道は堂々たるものである。よくもこんな難しい工事をやってのけたものだと感心するばかりではない。立派な橋梁がワニの棲む川の上に架かっている。兵舎が点々として、そのジャングルのなかに建っている。農園があって、そこには野菜類や陸稲などがつくってある。「桃太郎農園」などと入口の門に名を掲げたものもあった。パパイアの果樹園もある。これを見ていると人力の偉大なことに驚かざるを得ない。

第十七軍司令部では、まず百武晴吉司令官に会った。百武中将は満州事変のはじめ、ハルビンの特務機関長をしていた。その頃ハルビンにいた僕とは旧知の関係である。それから参謀室で情報参謀の宮川中佐や、ガダルカナルからニュージョージアに退き、さらに最近そこを引き揚げて徹頭徹尾困難な作戦を続けてきた神尾参謀の話を聞く。ここでもこの戦いが尋常の戦いでないことを痛感する。この話を聞くためには一時間だけ時間を振り当てていたのに、ほとんど二時間かかった。辞去してもと来た道を引き返し、一根司令部に着くと、第八艦隊司令長官鮫島中将招待の食事の準備ができている。僕たち四人を客として、鮫島中将、板垣、山澄両少将その他の士官たちが一堂に会した。僕は木坂中佐と特にいろいろな話をした。山澄少将の語るところによると、ブイン名物の料理はトカゲの肉だそうだが、今夕はそれが出ない。ここまで来ると一般に給養が悪くなっているので、この宴でも現地産の野菜のほかは、少々の缶詰類があるばかり。日本酒も出たが、木坂君の話によると、今夜はよほど奮発して多量に出したのだそうである。明日は出発の予定だから、一応別辞を述べて宿舎に帰ったが、明日の出発は不可能となったようだ。

ラバウルが爆撃を受けたのである。ブインは珍しく爆撃がなかった。昨日のブインの空襲では、敵は大型二機その他一機を地上火器で落とされた上、なお五機を失ったという。そこで今日は方面を代えてラバウルを狙ったものらしい。

七時に床に入った。すっかり疲れてしまったので、すぐ深い眠りに落ち込んだ。

十月十三日　雨（ブイン）

夜来の雨は猛烈である。それはスコールというようなものでなく、やや風を交えつつ小止みなしにじゃんじゃん降る。四時に起きて日記を書いた。昨夜の予想通り今日のラバウル行き輸送機は飛ばないので、終日ブインで休養することとなる。そのためには雨はかえって都合がよい。第一に涼しいことが嬉しい。話好きの軍医中佐と世間話をしたり、午前と午後と二回も昼寝をしたりするのであるが、こういうとき、ただ待たれるのは食事である。ここの食事は朝が五時半、昼十時半、夕四時半だ。今日は敵機も飛んでこない。この雨ではやってきても効果なしと思っているのであろう。

宿舎の前は海だが、裏には川があって、暇な兵隊が釣糸を垂れたり、船でわけもなく行き来したりしている。この川をのぞいてみると、魚はいろいろなのがいる。それが皆まだ見たことのない恰好と色彩を持ってひょうひょうと泳いでいる。うまく生かして持って帰ったら、東京ではいい売物になることであろう。この川にはワニが棲んでいるそうだ。僕はまだお目にかからない。ワニは生肉は食べないという。人間を殺しても、それを四肢バラバラに離しておいて、マングローブの根などにさらしておく。時日が経って、適当に腐敗したところを食うのだそうだ。

宿舎の便所は、その川の上に差し掛け式に建てられている。下をのぞきながら用をしていると、川のなかに落ちたばかりの糞を、今いったような魚が突っつきに来る。それを見ていると飽きない。夜、椰子の木の上でクケックケッと啼くものがある。聞いてみると蛙だそうだ。

夕食後、例の軍医中佐や京都出身で二〇一空の中野司令らも交えて雑談の花を咲かせる。今、ブインには酒というものがほとんどない。というのは、ついこの間、愛国丸という輸送船がこの島のすぐ近くまで来て敵機に沈められた。その船にはビールが四千本とその他の酒も積んであったのだそうだが、皆ふいになってしまった。同じ船の積荷であった薬品や医療品のことはちっともいわないで、ビールを沈めたことを何度となく繰り返して残念がっているところを見ると、この軍医はよほど酒好きらしい。この雑談陣のなかにはレントバ戦の生き残りで、そこからチョイセルを経てようやくこの島まで退いた呉六特（＊呉鎮守府第六特別陸戦隊）の士官たちがいる。その話はまた面白かった。なかにも長田という五十三歳の老少尉がいた。ほとんど白毛ばかりの関羽髯（長いあごヒゲ）を生やしている。この人の話は特に味わいが深かった。この雑談会を終わって食堂から宿所に戻ろうとすると、いつの間にか雨はすっかり止んで、皎々の月が中天にかかっている。そして椰子林は真昼のように明るかった。思えば今日は満月である。故国を立ってから半月余りが極めてて慌ただしくすぎた。その間幾度か危険を身近に感じた。けれどもまずまず無事である。

十月十四日　快晴（ブインよりラバウルへ）

空襲警報のサイレンで飛び起きたのは一時二十分であった。身支度を急いでして戸外に出ると月が美しい。しかし月を鑑賞しているわけにもゆかぬので、防空壕に入った。十分、二十分と待つが一向爆音も聞こえないし、高角砲を射つ音も聞こえない。やがて警報は解除された。たぶんチョイセル島のわが監視所を襲ったのだろうということである。また床に入り四時に起きる。ラバウルに帰る飛行機に便乗できるかどうかは、多少の疑問があったが、ともかく朝食を早く終えて飛行場へ出かけてみた。案じていたよりも簡単に乗ることができて、中野中佐に別れを告げ、七時十五分離陸。

きれいに空が晴れて、見透しのよくきくなかを一路ラバウルに飛ぶ。途中の心配は一昨日もラバウルを襲ったという敵機の編隊などに出くわすことである。ブカをすぎ、グリーン島をすぎて、ニューアイルランド島にさしかかった頃、前方に戦闘機を三機発見した。すわ来たかと思ったが、その危惧も一瞬、友軍機の哨戒であることがわかって、逆に心丈夫を覚え、間もなくラバウルに着いた。九時十分である。一昨日の空爆の跡か、東飛行場の後ろの山を赤く焼き払っている。被害のより大きかったのは西飛行場だそうである。船舶も二隻やられたという。そんな話を聞きつつ、南東方面艦隊司令部に行って帰着のことを報告した。三、四日も離れておれば、それでも何か懐かしみを覚える。ラバウルホテルに入る。ホッと一息というところである。

最前線の食事よりも、この宿の昼飯はよほどまずい。食後、汚れものの洗濯をして一休みしているところへ、佐々木と北とに案内されて五島少尉がやってきたのでしばらく話す。彼も僕たちと前後してブインからラバウルに着いたのである。このホテルには階下の海軍休憩所に珈琲などを売っている男がいて、それが床屋もやる。ナウル島にいて此方へ転職したのだそうだ。その男に頭を刈らせた。頭髪もヨモギのようになり、ヒゲも伸び放題に伸びて、ムンダの落武者と変わらぬ相貌でいたのが、これで一応さっぱりした。それから明日内地へ行く託送便があるというので、豊子、高田元さん、論説連中、報道部の富永少佐などに宛てて手紙を書いたが、のちほどこの便は駄目だとわかる。夕方支局へ行き、椰子漿《やししょう》（＊ココナッツジュース）を馳走になる。決してうまいものではなかった。

十月十五日　晴れ、のち曇り、雨（ラバウル）
西飛行場の海軍航空部隊に配属されている、社の西尾彪夫《とらお》が訪ねてきた。彼の海軍報道班員もかなり長いので、いろいろその体験から得た知識を持っていて、話は面白かった。昼食は南東方面艦隊司令部長官草鹿任一中将に招かれる。参謀長中原義正少将、参謀副長富岡定俊大佐が席をともにする。久しぶりに洋食料理を食った。ビールが出、またウイスキーが出るかと思うと、甘い方ではデザートにフルーツサラダやアイスクリームがあり、食後にはチョコレートなど、絶えて久しく口にしなかったものにお目にかかる。
草鹿中将もなかなかの話好きで、雑談に花を咲かしているところへ、すでになじみの二六航戦主任参謀安延中佐が報告にやってきた。今日決行したモロ湾空襲の戦果についてである。敵の大型輸送船四隻を沈め、一隻を焼き敵機十機を落としたのは大成功であったが、わが方の艦爆未帰還十四機、同じく戦闘機も五機帰ってこないという。敵が今にもニューギニア東海岸からニューブリテン島への上陸作戦を決行しようと、その機を狙っているとき、その出端をくじいたこの戦果は大きな効用を持つ。しかし、わが方の少ない飛行機が一挙にこれほどの損害を受けたことは痛手である。

間もなく二六航戦の酒巻司令官がやってきた。飛行機と部下とを失ったことを嘆いている。それを草鹿司令長官は慰撫していた。昨日書いた家郷への便りは、西尾が確実な託送社に頼んでくれることになったので、無駄にはならなかった。夕食後、八根司令部に松本中佐を訪ねる。ラバウルで、以前東京で貰った天ぷら油のお礼をいうのも妙であったが、今日はケビエンでできた鰹の砂ずりの塩ものので、ビールを勧められ、その珍味を賞した。

十月十六日（靖国神社臨時大祭）　晴れ、曇る（ラバウル）

慶応大学医学部の小泉丹博士が熱帯病の研究で海軍から嘱託されてここへ来ている。朝、佐々木を伴って、それを東の町はずれにある草鹿部隊衛生研究所に訪ねた。ところが博士は熱病で臥床していた。マラリアでもなく、デングでもなく、まだ病名が決定していない一種の風土病だと博士はいっている。蚊帳の内外で一時間ばかり話した。博士の弟子で同じ研究で来ている中山一郎という若い博士も話に加わった。この研究所の仕事は一カ月前にはじまったばかりのところへ、博士が病気したので、まだ見るべき成果をあげていない。この研究所では熱帯病の病原体、病気の予防、蚊の駆除等にわたる研究を続けているのだという。ともかく小泉博士のような六十一歳の老学者が、こんな戦場に来て働いているということは意義が大きい。僕たち一行中、日映の大源が真っ先に罹病した。海軍の病院で診断を受けたら、疑似赤痢だということである。これだから油断できない。夕方、支局で南洋開拓の今村という青年と一緒に馳走になる。ビールも酒もあった。この今村という青年は、今度この島のワイドの彼方の椰子林に転勤するのだそうだ。同じ島のなかで陸続きだからといって、交通が楽なわけではない。それは海を隔てたところよりも一層交通に不便なのである。樹海のなかの島というのであろう。

トラック島に敵機が来襲したという風評が立ったが、間もなく事実無根とわかる。ところが十二日のラバウル空襲については、大本営から内地でも大きく発表されたそうだ。皆いろいろ心配しているに違いない。

十月十七日（神嘗祭）　スコール、晴れ（ラバウル）

今日は神嘗祭で、普通ならば新聞の休刊日だが、どうなっていることか。午前七時十五分、宿で北方に向かって遥拝する。海軍の部隊も宿の前の練兵場に集合して遥拝式を行なった。「国の鎮め」の喇叭が晴れた南国の空に響いた。散歩をする。また植物園裏の日本人墓地へ行った。この前はスコールに遭って、ゆっくりすることができなかったが、今日は墓地のなかを独りで小一時間も逍遥した。入口には外人の墓碑が二十ばかり並び、その先に日本人の墓が三十数基、御影石、大理石、コンクリートなどさまざまに立っている。さらにその奥は新しくできた陸海軍将兵、軍属などの陣没者を葬った墓標がおびただしい。日本人在住民の墓碑の一番奥に、小嶺磯吉の墓

がある。扁平な磨き御影石で、その表面には、

Isokichi　Komine
Who lived in New Guinia
and
helped it to be grown
1866 — 1934

と書かれている。その裏面には龍江義信という人の撰で小嶺翁の略歴が記されていた。肥前島原の生まれ。朝鮮事変後、同志と豪州に渡る。木曜島での真珠貝採取、近海の富源調査。一九〇一年、自ら帆船を艤装してニューギニアを出航、ラバウルを永住の地とす。爾来三十余年の開拓生活に入る。第一次大戦中に独艦コメット号（＊砲艦）の鹵獲を独力でやってのけ、それからマヌス島の椰子園を経営。ラバウルに造船所を持ち、食中毒によって一九三四年十月三日、この地に死んでいる。偉大な一生であったということができる。墓地を去り、大王椰子の並木道を通ってホテルの前まで帰ってきたところが、突如空襲警報のサイレンが鳴った。高角砲の音も三発聞こえた。そばの防空壕に入ろうかとしたが、友軍の戦闘機だけが雲間を縫うのを見るだけで、敵機らしいものは姿を見せない。十五分経った午前十時四十分、警報は解除された。

午後、木村荘十が山の飛行場（二五航戦司令部）から降りてきたので、階下の休憩所で珈琲を飲みながら、時局と文学について語り合う。

夜の七時から方面艦隊参謀副長富岡大佐をその宿舎に訪ねて、現在この方面の戦局、その戦局

に対する差し当たっての方策、今後の戦局推移に対する見透しなどについて、約二時間話を聞いた。

十月十八日　曇り、雨、時々晴れ（ラバウル）

五島少尉と会う。いよいよ明日ブカに出発することとなったそうだ。元気でやってこいといって別れる。それから谷川大佐を剛部隊（＊第八方面軍）司令部に訪ねたらちょうどいたので、またしばらく話す。ニューギニア方面の戦況について聞く。写真機を持っていたので記念撮影をした。

ホテルに帰って一休みしていたところへ、空襲警報が出た。十時二十五分である。表の防空壕のそばまで行ったが、飛んでいるのは友軍の戦闘機ばかりで、敵機らしいものは見えない。しばらく空を仰いでいる。いつまで経っても状態は変わらないので、結局壕には入らず、ホテルに帰って昼食を済ました。すると突然また高角砲が立て続けに聞こえたので表へ飛び出した。それもそのまま、正午になって警報解除のサイレンが鳴った。そこでさっそく昼寝をする。明日僕たちはカビエンに行くことと決まったので、その準備を昼寝起きにはじめた。

この宿も食事があまり悪いので、このままおっては栄養不良に陥るおそれが多い。だから明朝でここを引き揚げて、カビエンから帰ったら、第八艦隊の給養を受け、宿も報道班員倶楽部に移すこととした。それにラバウルでの仕事も一応済んだようだから、なるべく早くここを立って次の旅程を追いたい。十一月いっぱいに日本に帰るためには、そしてスラバヤ、昭南あたりまで足を伸ばすためには、相当の期間の余裕を持って歩かなければならない。

ラップラップ（＊バナナの葉）で装を凝らす上に、ここの土人たち、草花や羽毛などを頭に挿して飾りとする。そのためにホトトギスは尻尾など、むしり取られてなくなっている。椰子の葉でつくったハンドバッグを持ったり、大の男が夢中にハーモニカを吹いたりして大いに粋ぶりを見せている。またどういう薬品を用いるのか、髪の毛を赤、黄といろいろ染めている者が多い。

土人どもは空襲に敏感である。敵機の爆音をよく聞き分けて、これはいよいよ危ういとなると、逃げ出す。だから空襲ともなれば、土人の動作を見ていると退避の時機を失しないといわれる。

さて、夜に入って前途についての諸計画が大変化を来した。カビエン行き飛行機の座席が取れたから、明朝四時十五分に迎えの自動車を送ると方面艦隊司令部から通知があったが、その後、同司令部に行った橋野にカビエン行き飛行機は明後日に延期と知らせたのである。それはそれとして仕方がないが、もっと困ったことは南西方面行きの飛行機である。今日まで便乗を狙っていて、その可能性充分であった。ところがラバウル―ウェワク―ホーランジア―マナクワリ―アン

ボン行きの陸軍徴用日航便が、このところしばらく運行をやめていて、当分の間復活の見込みも立たないということである。事実を確かめるために、谷川大佐に電話したら、今朝僕と会ったあと出張したので不在。広瀬大佐に調べてもらったら果たしてそうであった。復旧したら最優先的に僕を乗せるようにすると広瀬大佐はいってくれたが、復旧の見込みがはっきりしない以上、漫然とこれを待っている

わけにもゆかない。残る途は明日早くトラック回りの航空便を手配することである。この線を選ぶと南西方面に行き着くまでに相当の時日を必要とするが、それもやむを得ぬ。

今日の空襲では地上火器でコンソリデーテッドB24一機を落とし、空中戦でも戦果があったという。昨日わが戦闘機群がニューギニアを襲った結果は、敵戦闘機十六を落とし、わが方も八機が還ってこなかったそうである。十六日の夜以来フィンシュハーフェン地区で、彼我の陸戦がはじまっているが、状況はまだ判然としない。

十月十九日　晴れ（ラバウル）

カビエン行きは、結局取りやめることとした。惜しい気もするが、今度の旅行目的からすると、必ずしも行くことを必要としない。そんなわけで朝は五時までゆっくり眠った。朝食には昨夜支局から貰ってきた鶏卵を食って、数日来の栄養不良の償《つぐな》いをする。食事はまずいが、あと一両日でラバウルを出発する以上、宿の方もここでずっと我慢することとして、倶楽部へ移ることはやめた。

午前八時半頃、空襲警報が出た、敵ロッキード三機が偵察にやってきたのだそうだ。そのうち一機はわが地上火器で撃墜されたといわれる。ラバウルホテルに泊まるか倶楽部に移るかでぐずぐずしていたら双方に昼食の注文が手抜かりになっていて、食事ができない。そこで支局へ出かけて何か食わさないかといったら、珍しく汁粉と雑煮とを食わしてくれた。神嘗祭のお供えの餅を岡山上等兵曹から貰ったのだそうだ。支局から報道班員倶楽部に行く。ここには佐々木が床についている。この間来、日映の大源が発病して赤痢らしいというところへ、佐々木と日映の西本とがデング熱の疑いが濃いのである。佐々木は解熱しないので苦しんでいる。食事も通らないのだそうだ。

十月二十日　晴れ、スコール雷電（ラバウル）

フィンシュハーフェン方面の戦況は、昨日あたりからやや有利に展開している模様である。この方面のわが作戦部隊は精鋭の第二十師団である。これでうまくゆかなければ諦めてしまうより仕方がない。ラバウルにおれば、こういう当面の戦局を目の当たりに見ることができる。しかしいつまでもそういうことを続けているのが僕のこのたびの任務ではない。その上、現在のような給養で、ここにいつまでもいることは健康上の大きな問題でもある。便があり次第、ここを出発して次の行程に移りたい。明日、巡洋艦の木曽と球磨《くま》とが入港する。それが出港するのは明夕だそうだが、もしそれがトラックへ向かうのであって、便乗することを許されるなら、この好機を利用したいと思う。そう思っているところへ、この間から欠航中であった陸軍の南西回り便の飛行機が、久しぶりに今日到着したということを聞いた。かねがね狙っていたところであるが、この便を利用して出発するのを待つ人も相当多いと聞いているから、ものになるかどうかはわからない。

昼食後、二六航戦司令部に酒巻少将を訪ねた。いつ出発するかも知れないので、別れを告げておいた。先任参謀の安延中佐にも挨拶をする。三時から南東方面艦隊の首席参謀大前大佐と会見して、局部的、大局的の戦争の話を聞く。この間の富岡大佐の話、今日の大前大佐の話、陸軍の谷川大佐の話などが、当面の戦争を観る上のオーソドックスというところであろう。もっと先走った話、それとは反対にうんと消極的な話も多く聞くのであるが、それにはどうしても首肯することができないのである。

夕方からのスコールは驚くべきものであった。あるいはこういうのはスコールと呼ばないのかもしれない。こんな雨はまだ経験したことがない。家を押し潰すように降り続いて止まないのである。雷電もしきりである。風も加わって、三メートルばかりのベランダと深いひさしが設けられてあるのに、雨のしぶきは部室まで入ってくる。外に出ることもできないし、電灯が暗いので書物を読むこともできない。何とも仕様がないから、七時にはもう床に入った。それでも雨は降りしきって止まない。

十月二十一日　晴れ（ラバウル）

雨は止んだが、むしむしする天気である。四時半に起きて「和蘭《オランダ》の旧海外領土」を読む。食後、南東方面司令部に谷川大佐を訪ねた。ニューギニアのクレチン岬地域における戦況は、今の段階ではわが軍に有利に展開している模様で、フィンシュハーフェン北部アントの敵に対し、わが軍が山上から降りてその退路を遮断し、一方わが舟艇作戦部隊が北方よりこれを攻め、敵は退却を水際に向かってはじめたということである。ところが昨夜、敵の一部隊が当ニューブリテン島に上陸したそうである。地点はダンピール岬付近。勢力は極めて少ないが、この企図は軽々しく見られない。そこでわが軍はこれを掃討するために部隊の出動を命じたという。

そんな話を聞いた上、例の陸軍の南西方面連絡機のことを調べてもらうと、明朝か明後日朝ここを出るものがあるとのこと。さっそくそれに僕だけは是非とも乗せてもらうよう約束した。それを決めて宿に帰ると間もなく、方面艦隊の副官から通知があって、今朝入港した巡洋艦球磨に三人の便乗を許すから、正午までに乗船しろといってきた。いずれを取るかといえば、僕としては航空便の方に決定せざるを得ない。そこでそのことを方面艦隊司令部へ告げに行ったら、矢倉という副官がカンカンになって怒る。いろいろ心配しているのに、個人的なツテを辿って別に話を決めてきたのだから、いささか心外であろうが、こちらからも事情を説明するために、わざわざ出かけていったことであるし、そんなにいきり立つことはおかしい。この副官は所詮、よい軍人になれる男ではないと思う。

読売子は昨日ココポへ行ったまま、まだ帰ってこないので、朝日子だけが、まず軍艦に乗り込むこととなった。報道班員倶楽部の病人はだんだん多くなって、うちの社の北もデングらしいという。ほとんど同じ生活条件でいながら僕のかからないのは、むしろ不思議である。夕食後、根拠地隊司令部に松本中佐を訪ねた。近く出発することを告げると、アンボン、マカッサル等の関係筋へ紹介状を幾通も書いてくれた。いつもながらよく気のつく人である。それから浅岡に車で送ってもらって、谷川大佐の宿舎に行った。広瀬大佐を交えて、僕の送別会をしてくれたのである。僕が宿の料理では栄養が損なうといっていたからか、またいろいろと御馳走してくれた。「なるべくなら生きて還ってほしい」という別辞を述べて帰る。宿に帰ったら置いてきぼりの形となった読売子がココポから帰っていた。

十月二十二日　晴れ、大雨（ラバウル）

社の中村主計中尉がやってきた。明日、新任地のカビエンに出発するそうである。「じゃあ、元気でしっかり」といって別れた。おしなべて戦地の別辞は言葉が簡単なほど、こめる思いが強く出る。言葉には表われていないが、命を大切にしてくれとか、死ぬるのならば立派に死んでくれとかいう心をこめた希望もそのなかに含まれているのだ。今日は西飛行場を訪ねようと思っていたところが、そこにいる社の西尾が出かけたというので、取りやめにする。

また猛烈な雨だ。宿の前の道路は大きな川になっている。練兵場にいくつもの沼のような水溜まりができて、華僑の子供たちが、そこで水遊びをしている。そんなに雨も降るし、西飛行場行きも駄目だし、終日部室に籠もって読書をした。こういう日には、家郷のことが何彼《なにか》に触れて想いに浮かぶのである。茶の間の朝食のことが一つの構図になって出るかと思うと、次は書斎の場面が現われる。あの書物は本棚のあの位置に置いておくのではなかったというようなことさえ、何ということなしに考えに浮かぶのである。そういうわが家の風景図のなかに、絶えず現われてくるのは桂である。どんな場所にも出てくる。そして僕の傍らに擦り寄り、しがみつき笑っている。今度会うとき——戦場にいる僕としては、そのときを確かに期することができないのであるが、そのときにはどんなに変わっていることであろうか。僕の二カ月という時間も、あの子供にとっては大きいことであろう。昭南方面へ行ったら桂にどんな土産を買うことができるのであろうか。それも今の僕にとっては一つの楽しい希望である。

夕食後、支局へ行った。終日の籠居に飽き飽きしているところへ、浅岡が車をもって迎えに来たので、それを好機に出かけたのである。川崎と浅岡が（二村は不在であった）取って置きの日本酒を二本出した。そのうちの一本は福山の酒でミヨシ正宗というあまり性来の知れていないものであったが、次に飲んだのは正真正銘の日本盛であった。肴といっては蟹の缶詰と生葱があるだけだが、酒の味はその妙たとうべくもない。

今日も空襲があったが、敵機は街の上空にはやってこなかった。

十月二十三日　曇り、スコールあり（西飛行場に行く）
西飛行場に行くべく、西尾彪夫に電話をかけて、昼食の準備を頼んでおいた。ところがいよいよ支局を出かけようとしたとき、突然の空襲警報である。「黒龍」と呼んでいる柳条様の煙を出す警戒の花火があがった。空は曇っているが、その雲の間から五機、七機と編隊を組んでゆく敵機。それを追う友軍の戦闘機の姿が見え、射撃と投弾の轟音は小止みもなく続く。僕たちの真上には敵機が来ないので、ほとんど壕のなかには入らなかった。しかし待てども待てども警報解除とはならない。そこで支局で準備をした昼食をしたためた上、ほとんど十時近くになって敵機が見えなくなるのを待ち、浅岡を伴ってようやく西飛行場に向かう。
目的地までは約三十キロにすぎないが、いくつもの急坂と迂回路とで繋がった山間の道である。この間ココポへ行ったときと同じ道をラバウル南部の海岸沿いに取り、そこから間もなく右折して山に入る。道路の両側は原始のジャングル地帯が主で、所々、西洋人の企業家が手に入れた椰子畑がある。登るにつれて眺望が開け、ラバウル湾が眼下に闊然《かつぜん》として広がる。天気がよかったら眺めは実に素晴らしいことであろう。港には軍艦と商船がたくさん入っている。敵が襲いかかるのも無理のないことだが、それにしては敵の攻撃の効果は少ないものである。

一時間足らずして西尾のいる佐多部隊本部というのに着く。西尾は僕たちの来るのを待ちあぐんでいたらしい。冷たいサイダーを馳走してくれた。同じ隊にいる社の太田は折悪しくいなかった。飛行場の指揮所に佐多司令を訪ねたり、近くにある技研自慢の電探（*レーダー）や十二糎半連装の高角新銃砲を見たり、山中の支那人集落で鶏卵を買ったりしてから帰途につく。しばらくして西尾も酒を二升提げて山から降りてきた。西飛行場のある山は海抜三百二十メートルあって、湿度も少なく、爽やかな空気が涼しかったが、山を降りてみると下界はなかなか暑い。夜、支局で西尾のもたらした酒で宴が張られたが、僕は胃の調子が今朝以来よくないので、早めに宿に帰って床に入った。

今日の空襲は約百三十機の戦爆連合でやってきて、東飛行場やガバンガ方面を狙ったらしい。大型、小型二十数機を撃墜したともいわれている。それから敵軍の三、四百が昨夜またシャッキノット付近に上陸したとの報もある。

十月二十四日　晴れ、時々曇り（ラバウル）

ブカにいた五島少尉がひょっくり訪ねてきた。資材を取りに来て、今、桟橋でその荷役をしているのだという。珈琲を飲んで話をし、記念撮影などをする。そこへ空襲警報があった。表に出てみると、東飛行場の方で行なわれている空中戦闘がありありと見える。それがいつまで経っても止みそうになく、一時間半もかかったであろうか。しまいには見ている方で根負けがして、部室に帰ったほどである。今日もわが方の戦果は相当大きかった様子である。空戦の結果ははっきりとしないが、地上火器で撃墜した機数は十機に及ぶという。

昼食後支局に行き、パパイアを食い、山から降りてきて今日はまだ滞留していた西尾や支局の者たちと雑談する。読売子は明朝の大艇でトラックに立つこととなったが、僕の乗るべきニューギニア経由の飛行機はまだやってこない。今日も近藤大尉と連絡を取ったところ、いつ来るかということも確実にはわからないが、もうしばらく待ってくれという話である。この間来、長歌をでっちあげたが、その反歌がまだできない。

長歌「死戦」

雄たけびてつひには起ちし
すめろぎの大御軍《おおみいくさ》の
洋《なだ》わたり陸《くぬが》うち越え
島を統《す》べ海をおしなべ
米といひ英といひぬる
夷《えみし》ばらひしぎ懲らしめ
二とせを戦ひ来《こ》しを

戦ひは今にはげしく
仇《てき》の勢なほ逞しく
大君の詔《しょう》のまにまに
わづらいのなからん御世《みよ》を
常《とこ》しへのくしき境に
うちたてん日はなほ遠きだに
あた（＊米英軍）軍力《いくさ》をすぐり
数《すう》あまた集めかためて
わたつみの水もたぎれる
赤道のみんなみの涯
すめら御国を返りうたんは
ここなりとたくらみもふけ
きほい立ち寄せくるさまの
しかすがに凄《はげ》しきものを
大君の醜《しこ》の御楯と
ここ守るみいくさ人は
くはしさいあたに劣れど
糧《かて》さへも乏しかれども

山を抜き砦をかため
みつからの手もて田つくり
重き病みしてたふるるも
矛をとる手に休みなく
夷ばら来らば来たれ
千《ち》よろひの勢寄するとも
うち際に殺《あや》めきはめて
　ここよりは一足たりと
越えしむることやあるかと
おのおのに死する誓ひも
おごそかに交はしあひけん
天晴《あは》れわが大和男子《おのこ》
国まもる姿は神か
仰ぎみてあたもひるまめ
伝へ聞く誰《た》こそ泣かめやも

反歌には、この方面に来てから詠んだ歌をいろいろ引き当ててみたが面白くない。「いのち死にあとに栄《さかえ》ん御世《ぎよせい》こそ、勝たずて生くる思はぬぞ天晴れ」というものもあるが、これとても感心できない。当分の間保留しておくこととしよう。

十月二十五日　晴れ、スコール（ラバウル）

朝からかなり大きなスコールがあって涼しい。そのスコールが止んだ頃、谷川大佐が宿へ訪ねてきてくれた。何もないので例の珈琲と茶で話し込む。戦争の話もしたが家庭の話なども出た。早くラバウルを出発して次の仕事へ移りたいと焦っている僕の気持ちを察してくれているところが見えてありがたかった。その気持ちのあることも間違いないが、一日一日と延びてゆくラバウルの生活も決して無駄ではない。これほど近く戦争の呼吸の感じられるところは、今どこにだってないのである。

谷川大佐が小一時間もいて帰ったあとに支局へ行ったら、警戒警報の「紅龍」の煙火があがった。間もなく「黒龍」が打ち上げられサイレンが響く。もう友軍の戦闘機は高い空を縦横に飛び回っている。海軍側から伝えられた情報によると、今日の空襲の規模は、かなり大きな様子だという。支局のあたりでは視野がきかないので、急いで宿に帰って練兵場際の防空壕のそばで時を待つ。空は雲と晴れ間とが半分半分というところである。

やがて市の背後の母山の上に七、八機の編隊が見える。大型の敵機であることは間違いない。たちまち山上の高角砲は一斉に射ち出した。弾煙は点々と空に現われるが、なかなか命中しない。そのあとからさらに新しい敵機群が現われてきた。最初の編隊は僕たちの頭上に来る。辛うじて写真を撮ったが、こうなると敵の爆弾も怖ろしいし友軍の高角砲の破片も危ない。だから壕のなかに潜った。その瞬間、物凄く轟く投弾音である。高角砲の響きと交錯して、グワングワン壕のなかに聞こえ、空気を揺るがす。わずかに見える外の草が爆風に慴伏している。敵弾の落ちているのは、主として東飛行場と港内らしい。二十分ばかりは壕から一歩も外へ出ることができなかった。砲声も小止みになり爆音も遠のいてから出てみると、東飛行場の方角に当たる空一面は、濛々たる黒煙である。大きな爆発音がひっきりなしに轟く。

あれは石油がやられているのらしい。その黒煙の間に白灰色の煙が盛り上がる。あれは火薬がやられたのであろう。この煙がやや収まった頃、新しい爆発が褐色を吹き上げた。そういうのは二度三度と繰り返されたが、おそらく時限爆弾が炸裂したのであろう。何という無念なことだ。われわれにもう少しの戦闘機があったなら、こんな跳梁は許しておくものではないのだが、すべてある者は有利だ。持つ者は勝つのだ。一時間四十分経ち、十一時に警報は解除されたが、飛行場の上まで帰ってきた友軍飛行機が編隊のまま、また何処かへ飛んでゆくのは、たぶん飛行場が破壊されて着陸することもできないのであろう。あとで聞いてみると東飛行場では、地上にあった飛行機がかなりたくさん炎上したそうである。黒煙はその飛行場のガソリンが燃えたらしい。港内でも投弾による水柱で一時は何も見えなかったというが、艦船の被害はほとんどなかった。夜に入って草鹿部隊司令部前の岡山上等兵曹の宿舎を訪問した。ビールを出されたが、まだ胃がよくないので浅酌する。話は彼の故郷である雪深い北江州金吾中ノ郷のことに及んだ。

十月二十六日　晴れ、夕方スコール（ラバウル）

橋野が報道班員倶楽部に移り、朝日子、読売子はトラックへ立ち、ラバウルホテルに残るのは僕一人になった。孤独はものを考える場合に最も都合がよい。いろいろなことを思索する。過去ほとんど一カ月、日本を出発してから、あちらこちらで集めることができたさまざまな資料は、雑然として手帖にしるされたり、脳裏に残ったりしていたが、今はそれらを充分に整理することができる。敵味方の爆弾、砲弾の轟音を聞き、戦争の実相を目の当たりにしながら、これらの資料から一つのまとまった戦争観を引き出すことは、僕の一生を通じて、またと得がたい尊い体験であろう。こうしてまとまってゆくものを、その場で文章にしておくことも無駄ではない。実感を充分に盛ったものは尊いのである。

そこで今日は、朝起きるなり、開戦記念日の前に本紙に載せる読み物を書きはじめた。一回分二百行ばかりで、五回連続くらいとしたい。そしてそのなかでは、直接読者に対して「こうだからこうしろ」というようなことを要求せずに、事情の許す限り、ありのまま戦争の実態を多くの角度から見つめて、列記してゆく。そして「そういうことならば、こうもしなければならぬ。ああもしなければならぬ」という自発心を国民から呼び起こすように持ってゆきたい。それは容易ならぬ業《わざ》であるが、力の限りその線で筆を進めてゆこう。朝食が終わってからも、また書き続けたが、九時頃になって警戒警報が出た。また昨日の続きかと退避の用意をしたのであるが、それきりで敵機の来る様子も見えなかった。

これまでに実に方々を旅行した。ずいぶん危険な場所にも進んで乗り込んだものである。ところが今度の旅行では、僕自身の旅行に対する気の持ち方が、非常に変わってきていることを発見するのである。それは僕の年齢のせいであろうか。家庭的の条件が異なってきているからであろうか。それとも戦争という絶対的なものが、僕の考えをこれほど左右したのかもしれない。ともかく僕は非常に慎重になっている。仕事以外が命ずる一切の冒険は、その冒険に対する意欲がかなり激しく働いている場合においても、努めて避けようとするのである。それは僕の弱さの表われかとも思うが、また決してそんなものではないという判断も出てくる。いずれにしても、この傾向は後戻りはしないであろう。

一昨々日の爆撃でブインは大変な損害を被ったと伝えられる。あそこに残っていた戦闘機の一部隊もブカに後退したそうだ。僕たちはよいときにブインに行ったものだ。この分ではもういつあそこへ行けることやらわからないのである。

宿の電灯は暗く、夜に入ると読書も書き物もできない。所在なさにスコールの止んだのを幸いに支局へ行ったら酒があった。それを少々飲む。今日は東京を出発してから、ちょうど一カ月になる。速い。

十月二十七日　晴れ、スコール（ラバウル）

昨日は宿舎で、夜半に飛行機で前線に立つ人がいたらしく、その連中がガヤガヤして安眠できなかったが、普通に起きて昨日に続いて原稿を書く。海軍報道班員倶楽部の仲間が来て知らせるところによると、敵は艦船十七隻をもって昨夜ブーゲンビル島の南西モノ島に上陸をはじめたということである。モノ島は、この間僕も行ったショートランド島のすぐ西にあって、ショートランド島、ファウロ島などとともに、ブーゲンビル島のわが軍の前衛をなしているのである。守備の部隊はいるが数は少ない。早晩やってくるものと思っていたが、あまりに早かった。どういう対策が講じられるものであろうか。航空部隊はすでに出撃したといわれ、駆逐隊も今夕ここを出港して夜襲をかけるのだともいわれるが、諸説いまだはっきりとしない。

この間中、連日にわたるラバウルに対する敵の空襲も、このたびの企図に密接な関連のあることが読めた。そういう状況にあったので、今日行なわれるはずであった方面艦隊参謀部と報道班の定例会見は取りやめとなり、そのため山の飛行場からわざわざ降りてきた木村荘十が宿に訪ねてきて、食後の二時間ばかりを話し込んでゆく。満州生活の懐旧談などをした。夕方、南の戦況について新しい情報でも入っていないかと倶楽部に行ったが、これという目新しいことなし。宿に帰ったら大きなスコールが来た。

今度の旅行では、豊かな旅情というものに恵まれない。それは戦争のせいであろうと思っていたのであるが、必ずしもそうではないことがわかった。どういう原因かというと音楽がないからである。これまではどこを旅行してもその土地、その民族の音楽があった。ここでの土人の口笛や歌ともつかぬ歌を音楽というわけにはゆかぬ。鳥の啼き声さえ熱帯では非音楽的である。潯陽江《じんようこう》の蘇東坡《そとうば》が糸竹《しちく》三声に、遠ざかった淋しさを訴えているのがよくわかる。今日は敵も忙しいと見えて、さすがにラバウルの空襲には来なかった。

十月二十八日　晴れ、スコール（ラバウル）

昨日の敵のモノ島上陸に対するわが軍の攻撃は、結局水雷戦隊の出動はなかったらしい。飛行機の方は戦爆四十七機で襲撃して、午後一時三十五分から敵の乙巡一隻轟沈、同一隻を小破し、敵の飛行機五十と渡り合って一機を撃墜した。そしてわが方の未帰還六機、大破一機という損害を出している。

午後一時発のランチで潜水母艦長鯨に行き、司令官原田覚少将に会う。あまり戦争の話や潜水艦の話などはしなかったが、酒をうんと飲ましてくれた。ウイスキーは下等品で一グラス飲んでやめたが、ビールが適当に冷えていたし、日本酒は白鷹であった。野菜に飢えているので、出された野菜サラダが何より嬉しかった。三時四十五分に特別仕立てのランチを出してもらって宿に帰ると西尾がやってきた。僕はもう船の御馳走で満腹しているから、僕の食事を西尾に食わしてしばらく雑談する。西尾が帰ってから支局に行き、川崎も浅岡もいないので二村と無駄話をして宿に戻った。少し早いが寝ようとしているところへ佐々木と北がやってきたので、また起き出して話をする。今朝は空襲警報が出たきりで、敵の空襲は終日なし。

十月二十九日　晴れ（ラバウル）

空襲警報のサイレンが鳴ったのは三時半であった。手帖、日記帳、書きかけの原稿、写真機などを持って表へ出る。星は少なく日の出にはまだかなりの時間がある。待避壕のなかに入るまでもないから、夜半のスコールに濡れた草の上に腰を下ろして、空を眺めていたが、結局飛行機は飛んでこず、三十分で警報も解除された。まだ起きてしまうには早いので、もう一度床のなかに潜ったが、今度は四時半に、またサイレンでうとうとしかかったところを覚まされ、もう一度外に出る。しかしこれもやがて解除となり、そのまま起きてしまう。

そんなわけで朝食を済ましたあとも、睡眠不足のために頭がぼやけている。大体こちらでは仕事の上でインタビューをしたり、実のある書物を読んだり、書き物をしたりするのは、朝のうちの涼しい間に片づけてしまわなければいけないのだが、今日はどうしても原稿を書く気持ちにならないので、もう一眠りしようと思い、蚊取線香を枕元に置いていぶし、うとうとしたかと思うとまた空襲警報である。すぐ身支度を急いで表へ飛び出す。

今度は朝の場合とは違って、大編隊の敵機が一隊また一隊とやってくる。味方の戦闘機は早くから舞い上がっていて、地上火器の呼応によってこれを邀撃する。ホテルの前の退避所前からは、その空戦の模様がよく見える。敵機の高度は六、七千というところであろう。煙を吐いて落ちるものもある。約一時間ばかりして、十時半には解除のサイレンが鳴った。あとは何ごともなかったという静けさで、宿の前の広場では兵隊たちが野球をはじめて騒いでいた。のちほど聞いたのであるが、この空襲は敵コンソリデーテッドB24をはじめとする爆撃大型機約四十、それに同数以上の戦闘機がやってきたのであるが、夕方までに聞き知ったところによると、そのB24を四機と戦闘機一機が落とされているそうである。なおほかにも打撃を与えたらしい。わが方でも戦闘機数機が還ってこないが、地上の損害は極めて少なかったという。

今日は敵機に何度となく邪魔される、おかしな日だと思いながら、夕食後、宿のベランダで涼を納れているところへ、軍司令部からの電話だといってくる。出てみると近藤大尉で、待ちかねていた飛行機がたった今着いて、明朝出発するから準備をしてくれとのことである。まさに待ちに待った吉報である。すぐ支局に行き自動車を出してもらって司令部に行った。便乗手続きを済ます。谷川大佐に別れの挨拶をする。谷川大佐には思いがけぬ厄介になったものである。広瀬大佐は前線に出ているので会えなかった。海軍関係はもうすでに別れの挨拶をしたのだから、それまでとし、倶楽部に行く。居合わした人々に別れを述べて、帰ろうとしているところへ、また空襲警報である。今日はこれで四度めだ。壕に入ったが、蒸し暑いので外に出て、星座の美しさを賞しながら納涼する。一時間足らずでその警報も解かれた。倶楽部で出された酒を少々飲み、岡山上等兵曹にお礼やら別れを述べて宿に帰り、豊子などに宛てた手紙を書く。これは明日乗る飛行機の搭乗員に日本まで託送するつもりである。

ラバウル最後の夜を眠る。僕の出発を見送る敵の贈り物が、今日のようなおびただしい爆弾であったことは、この旅行の意義からいって面白い。

十月三十日　晴れ（ラバウルよりホーランジアを経てアンボンに至る）

別に興奮したわけでもないが、夜中の二時に立つ泊まり客などがあって、ざわざわしたせいか充分睡眠を取ることができぬままに夜明けとなる。支局の三人が自動車をもって迎えに来てくれた。四時に宿を立ち飛行場に行く。離陸が五時十分。皆の別れの挨拶も受けていられないあっけなさだ。飛行機はダグラスの武装機「手稲号」（機長岡本操縦士）というのだが、ただダグラスということだけを聞いていたのが、機銃の掩蓋《えんがい》を持っていて、その掩蓋の周りから容赦なく寒い風が入ってくる。高度もかなり高く飛んだせいもあり、ダグラス旅客機のつもりで乗り込んだ僕は途中で風邪を引いてしまった。

さて機はニューブリテン島の椰子畑に朝の炊事の煙のたなびくのを下に見ながら、進路を大きく北方に振ってゆく。というのは敵機の哨戒を避けるためなのである。そしてニューギニアの北方の洋上を、赤道を這うようにして西へ西へと進むのである。ニューギニアの戦争地域、それはフィンシュハーフェンやシオなどでないとしても、せめてウェワクかマダンあたりまで行きたかったが、それはできなかった。左方に遠くそこを偲びつつ、かなり進むとはじめてニューギニアの山脈が見える。しかし、世界の高峰の並ぶ山脈は雲を冠《かぶ》っていて頭を見せない。ニューギニアの北岸に沿って進む。怖ろしい樹海だ。樹木のほかには何ものもない至って変化に乏しい海岸線であるが、やがてその間に椰子林がちらほらと見えたり、飛び飛びに民家が見えたりして、何分か文化の匂いがしてきたと思うと、ホーランジアに着く。ここまで五時間十分かかった。

ホーランジアはウェワクとマスクワリの間に存する大きな村である。といっても人家はあたりのものを掻き集めて二百にも足りぬ。機上から見たその風景はなかなか美しく、非常に複雑な海岸線と、いくつもの丘陵を持っていて、その間にバラバラと人家がある。また水上の住家が五つ、十と集団しているのが見える。今度の飛行でこういうものを見るのははじめてである。

飛行場は暑く、そのなかで何ということもなしに給油が終わるまで待たされた。そして零時二十分また出発。今度はいよいよ西部ニューギニアの縦断である。ここは島というよりも大陸の感じがする。驚くのはその樹海だ。先ほど見てきたようなものではない。その樹海を見て進んでゆく間に、僕は寒くてすっかり風邪を引いてしまったのである。同乗の将校の外套を貸してもらって羽織ったが、時すでにおそかった。ベラウ湾に入り北に遠くミソール諸島を望み、爬虫動物のような形をしているあたりで、ニューギニアの最後の陸地を越える。バンダ海の一部をすぎて、アンボン諸島の最大のセラム島をかすめ、五時十五分にアンボン飛行場に着陸した。ホーランジアで休んだ二時間を加えて、ラバウルを立ってからまさに十二時間である。

アンボンの飛行場はルサという小島にあって、アンボン島までは発動機船で五十分ばかり海を越えるのである。アンボンの桟橋にあがって、二四根司令部に電話をかけ、自動車を迎えによこしてもらおうとしたら、そばにいる士官が私も司令部に行くからといって、その自動車に乗せてくれた。これは牛窪敏夫という予備学生の少尉で、ここの飛行隊長をやっているという。社の藤井の一家とは親交が深いなどと話す。二四根には司令官も首席参謀も、もういなかったので、副官に会った。そしてとりあえず宿のことを頼んだら水交社を世話してくれた。今日は旅客が立て込んでいるので、本館はいっぱいだと別館に案内された。例の牛窪少尉と同宿である。そうこうしているうちに七時半にもなった。同じ七時半でもラバウルが東京標準時を使い、それより経度が二十五度も西に当たるアンボンが同じ東京標準時を使っているのだから、だいぶ勝手が違う。日没はラバウルより二時間ほどおそい。

さてアンボンの街は、もう暗くて何がどうなっているのかわからないが、ここではじめてぶつかった生活の様式は、昨日までのと何という相違であろうか。二四根司令部へ行ったら、磨き立ての床とシャンデリアがあって、おやおやと比興《ひきよう》したのであるが、水交社本館で、おそく取った晩餐は少なくとも僕の胃の腑をどぎまぎさせたに違いない。牛窪少尉は自分は酒を嗜《たしな》まないのに、どこかへ行って主計の人から貰ってきてくれた冷えたビールもさることながら、豊富な材料でつくった、その料理は、ラバウルでは夢にさえ見ることのできなかったものである。日本の澄まし汁風に鶏卵と新鮮な野菜を使ったコンソメ、何という料理か鶏卵を唐辛子や葱と一緒に煮込んで輪切りにしたもの、鰹をいったん焼いた上で味つけをしたもの、鶏肉を糸切りにして煮た支那料理風なもの、そしてカレーライスが出た上に、デザートには氷菓、珈琲、パイナップルというのである。

夕食を食った牛窪少尉は、所用があって席をはずした。瀟洒なバンガロー風の食堂でこういったものを飲みかつ食っていると、隣室からピアノの音が聞こえてきた。これも絶えて久しいものである上に、それはかなりしっかりした技量を持った弾き手であることがわかる。食堂の支配人であるインドネシア人に「誰が弾いているのか」と問うたら「私の家内です」と答えた。ともかくラバウルからここに来ては、暗黒から光明へ、地獄から極楽へ、野蛮から文化へ、一飛びに飛んできたものとしか感じられない。かなり道のりのあるところを別館に帰り、飛行機で引いた風邪のせいか、少々熱が出てきたので、早く寝る。

十月三十一日　晴れ（アンボン）

いろんな夢を見た。疲労と発熱のせいかもしれない。朝起きてみるとまだ微熱が残っている。胃の調子が悪くなることなどいっておられないから、解熱のために塩酸キニーネを飲み、頭痛の気配もあるので、これまた佐藤薬剤師が整えておいてくれた頭痛止めの薬を飲む。この熱はマラリアとかデングとかいうものではなさそうである。自分では単なる風邪と決めている。大体マラリアにしろデングにしろ医者に診てもらっても、すぐその病気がわかるようなことはほとんどない。それはラバウルの例が実証している。だからここで医者に診せて、知人もほとんどないところで臥床するよりは、病気が如何であるにせよ、早くスラバヤかマカッサルに行き着くことである。そういう決心をした。今日はその手配をしよう。

牛窪少尉と朝食をともにした。本館まで行くと、もっと気のきいたものが食えるのだそうだが、ここでもパンとバターとザラメ砂糖に珈琲とバナナがついている。バターなどというものは実にしばらくぶりでお目にかかる品である。牛窪少尉を見送ってからまた床に入る。今日は二四根司令官の柴田弥一郎少将に会いたいのだが、彼は午前中は飛行場に巡察に行き、午後は第二南遣艦隊司令長官三川軍一中将が来るのを出迎えるので忙しいということである。ただ飛行機の座席の方は、明朝ここを立ってスラバヤに行く臨時便があるので、それに是非とも乗せてもらうよう約束した。

昼食を本館に食いに行き、その前の海岸に出る。海岸には薄紅色の昼顔の花としょんぼりしたような鶏頭が咲き、波打ち際には椰子の実が波に打たれていた。宿に帰ってまた寝る。熱は充分冷めないが、四時頃に宿を出てアンボンの街の風情にはじめて接した。ラバウルなどとは比較にならぬ文化的施設がある。建築の一つ一つも本格的なものである。コンクリートと鉄とがふんだんに使ってある。湿度がそれほどないせいか、ラバウル方面のように床を高くあげるようなことはしていない。インドネシアの家は、日本の農家を想わせる。草ぶきの家屋が笹竹の生垣の向こうに見えたりするのだ。

　二四根では高崎という若い報道参謀に会い、それから柴田少将に会う。柴田少将は満州事変のはじめ頃、あちらでしばしば会っている。僕の書いているものは、懐かしいから皆読んでいるというのには恐縮した。柴田少将は企画院第五部長をやっていて、潜水艦対策、補給線問題には一見識を持っている。そうした話を約一時間にわたって交わした。今度は自動車で宿へ送られる。そして本館で夕食をしているところへ、司令部から電話があって、明朝の飛行機は間違いなく乗れるから、六時に桟橋を出る大発（＊大発動機艇）に乗ってくれといってきた。万事好調である。ただこの熱がいけない。夕食には支那料理が出たが、やっぱりうまく感じないし、煙草を喫んでも一向うまくないので、熱が去るまでやめることとした。

　旅人木《りよじんぼく》という植物はアンボンに来てはじめて見た。サゴ椰子というのも、これまでは見なかったものである。

十一月一日　晴れ（アンボンよりスンバワを経てスラバヤへ）
　朝食はかなりうまいと思って食ったが、熱はまだ少し残っているようである。携行した体温計はラバウル支局のものが、壊れて補充がつかぬというので寄付してきたから、検温することもできない。だが何といっても今日一日の辛抱でスラバヤまで行ったらすべては解決する。水交社別館を、そこの番頭とボーイに荷物を持たして出た。この宿も僕にとっては、懐かしい記憶を将来に残すことであろう。何しろ昨日の朝、他の旅客が出発してからは、泊まるのは僕一人であったからだ。かなり気のきいた調度品を備えてあるすべての部室を、僕一人で自由に使った。この宿にいるその二人のイスラムの使用人も、僕一人のためによく働いた。まるで僕がこの家の主人公という形であった。

発動機艇は六時に桟橋を出てルサ島に僕たちを運んだ。そして七時には飛行機が出発した。今日の飛行機は同じダグラスであっても大型で純旅客機。十五の席は座り心地がよい。「桃号」(岩堀という機長)といい海軍の徴用した日航機である。ラバウル、アンボン間の飛行では何でもいいから早く着陸してくれればいいと思ったが、今日は少しでも長く飛んでいるほど、僕の体が休まるような気がする。

バンダ海、フローレス海、いずれも戦争初頭の戦場を越えて、フローレス島からスンダ列島にかかり、スンバワ島のタラピウというところに着陸する。ここでは軍人を数十人拾ってゆくことになっている。タラピウなどという地名ははじめて聞くのだが、この島の主村ビマの南にあって、飛行場ができたことだけで、重要性を持ったにすぎぬ。その飛行場は目下拡張工事の最中で、その工事に使われている土民の労働者たちが、飛行機の着くのを見るとワッとばかりに押し寄せてくる。何百人いたであろうか。こんな大型の飛行機がここに着くのははじめてのことで、よほど珍しかったものらしい。地上にある飛行機の方向を換えるのに、彼らは機体に取りついて労力を出したが、これほど集まると人間の力も怖ろしいもので、苦もなく方向を換えることができる。このあたりは一面に水田が多く、馬もいる、豚もいる、牛もいる。タラピウを出た機は、スンバワ島からロンボク島を越え、バリ島のデンパサルにちょっと着陸した上、午後五時十分スラバヤに安着した。

思えば恐るべき強行軍を続けてきたものである。ラバウルを立ってから四千五百キロを三日間で翔破してきた。健康がよければそれほどでもなかったであろうが、大いに疲れた。しかし任務を第一として考えると、この行程は非常な成功である。僕よりも一週間も以前にラバウルを立って、トラックに回った読売子と朝日子とは、やっと明二日にトラックからパラオへ行く便を掴むことができるそうであるが、パラオで何日間か、次の便を待たねばならぬかも知れぬ。新聞記者の旅行は新聞記者らしく進捗せねばならぬのである。

さて、スラバヤの飛行場に着いて、まず支局へ電話をかけてみたが、篠崎も支局員も不在で、オランダ人かインド人らしいのが電話口に出た。一向要領を得ない。そこで日航の自動車でまずともかく支局に乗り込むことにした。果たして留守をしているのは、太っちょのインド人で、篠崎は友人を案内して山の避暑地へ行っているという。そこで中村の行方を捜したら家にいたので、それと連絡して支局に来てもらう。ともかく疲れているので、早く宿を取らねばならぬのだが、中村のいうのにホテルはあってもよくないから、篠崎の家に泊まることとしろという。空巣狙いのようではあるが、その言葉に従って支局長宅へ行く。かねがね聞き及んではいたが、これはまことに豪華な住まいである。エア・コンディションの設備のある建物そのものもよいし、家具類などもひとかどのものが揃えてある。

使用人も四人ばかり使っているらしい。その使用人たちは一室を僕のために準備してくれた。風呂は立てることができるが、夕食の用意はないというので、入浴後また中村に案内されて、海軍士官休憩所の「さくら」という店に行く。そこには下手な英語を使うインドネシアの女たちがいた。軽い酒を少し飲んで、そこを出て、今度は中村の家で夕食を馳走になる。かくして忙しかった一日を終え、くたくたに疲れた体を冷房のきいた部屋のベッドに横たえる。熱はまだ去らないが、ともかく疲労がひどいので、熱のことなど気にしてもいられなかった。

十一月二日　晴れ（スラバヤよりトサリへ）

朝食は篠崎のコックが、なかなか気のきいたものをつくって食わしてくれた。なかでもよく冷えたオレンジジュースがよかった。大切なことは仕事の方の順序を立てることであるが、この体の具合では、ここで今すぐ原稿を書き上げてしまうわけにもゆくまい。そして最近までわが海軍の大きな根拠地であったこの地も、二南遣（＊第二南遣艦隊）がアンボンに移り、肝心の南西方面艦隊がペナンに移ってしまったのでは、ここで間に合う仕事というものはないわけである。だから、ともかくもペナンまではどうしても行く必要がある。

支局に行き、古田という連絡員に案内してもらって二一根拠地隊司令部に行き、そこの黒田という副官に会ってペナン行きの飛行機便乗のことを頼む。来る五日にその便があるというので、もうしばらく休養したくもあったが、次の機会がいつになるやらわからぬので、ともかくそれに乗せてもらうよう輸送機係に申し込む。街の写真など撮りながら支局へ帰ったら、篠崎が山から戻って待っていてくれた。昨夜中村が僕の来たのを電話で知らせたので、大急ぎで帰ってきたのだという。誰も彼もが僕が突然に現われてきたことについて驚いたといっている。篠崎は昨日マカッサルから来たセレベス新聞（＊毎日系）関係の男を、トサリという保養地へ連れていったのであるが、そこは海抜千メートルもあって非常に涼しい、僕の疲れた肉体を休めるためには特にいいと思うから、今日からそこへ行かぬかと奨めてくれる。まったくスラバヤというところは街中に熱気がこもっていてやりきれない。ここで疲れを癒そうとするのは無理かもしれぬので、篠崎の言葉に従うこととした。

昼食は「もみぢ」という店で、篠崎が軽い日本食の馳走をしてくれて、それから差し当たって必要な品物を買い集めるために街を案内してくれた。戦塵に汚れた衣類だけでも早く着替えないと人に会うこともできない。ついでに少しばかり土産物なども買う。こうして街を歩いていると、さすがにスラバヤは暑い。もう一カ月もすると雨季に入って、少しは気温も下がるのだそうだが、今は一年のうちで一番暑いシーズンというのだから、やりきれない。山の保養所へ行く決心をいよいよ固める。イタリア人の経営する店でアイスクリームを食って渇きを癒した。コッフェ・グラッセなどという、欧米旅行で食って以来口にしないものを賞味する。

篠崎の宅で小憩したあと、いよいよ山へ行く。四時に出発した。そのトサリというところまでは、百キロばかりの距離があって、あとの三十キロばかりが山路であるが、道路はなかなかよくできている。スラバヤの郊外を走って驚嘆したことは、行っても行っても人家の絶えないことと、人間の往来のしきりなことである。この人間の量をどう処理するかが、統治上の最も大きな問題といえる。トサリに近くなると、住民はいよいよ純朴になって、走り通る僕たちの車に敬礼をしている。山を登るに従って霧が立ちこめてきた。山気は次第に冷たくなる。二時間でトサリのグランドホテルというのに到着した。

このドライブをしながら回想したのは、ルーマニアのブカレストから郊外へ行ったときのことである。あの道路には及ばないが、オランダ人もよくこの道をつくったものである。走行距離といい、到着した山中の幽境といい、バルカンの夏の日の記憶を甦らせるに充分なものがある。ホテルは大きな本館のほかに、数人ずつ別居して暮らせるいくつかのバンガローを持っていた。僕たちは何彼に便利なので、本館のなかに二人別の部室を取った。晴れてさえいたら、風光はすこぶるよいのだそうだが、この霧では何とも仕方がない。持ってきたセーターを着ても、まだ寒い。戸外の気温を見たら十九度であった。

夕食に鶏のすき焼ができるというので、それを注文したら、これは失敗であった。そばにいて、煮炊き味つけなどをする給仕人が、万事を心得ているものと思って、それに任したのであったが、それがめちゃくちゃで、味がやたらに辛くてやりきれない。休養所としてのこの場所はよいが、今日の二時間のドライブでまたかなり疲労の度を加えたので、食後風呂に入って早く床につく。毛布を三枚も重ねてそのなかに潜った。今日スラバヤで体温を計ったら三十八度二分あった。それくらいの熱はまだ残っていそうだ。

十一月三日（明治節）　晴れ、曇り、雨（トサリ）

床を離れるなり窓から外を眺めると、霧は晴れて、雄大な山岳風景が眼の前に展開している。今日は明治節であるが、思い設けぬところで、この祭日を迎えたものである。それもジャワの山中で迎えたというだけではなかった。というのは朝の十時頃、ホテルの前のテニスコートへ、このトサリの街の学童たちが続々列をつくって集まってきた。十人ほどの男女の教員が、それを引率している。彼らはここで明治節遥拝式をあげているのである。僕もこの奇縁をまざまざ無駄にしては惜しいと思ったので、これらの新付《しんぷ》の民の子供たちと一緒に北方に向かって宮城を遥拝したのであった。この学童たちは陛下の万歳を三唱した。「君が代」を斉唱もした。なかなか鮮やかなものである。ただ、そういう一通りの儀式が終わったあとで、トサリの日本人の警察署長とかいう男が、一時間に近い大演説をはじめた。いくらこの山中であり、また暑気には慣れた子供たちであるとはいえ、日本建国の歴史から大東亜共栄圏の建設にわたって、一向諒解もできぬことを聞かされてはやりきれまい。こういう行きすぎはどこにでもあるのであろう。

昼食後、篠崎や他の同行者二、三と付近を散歩した。この時分から、また靄が立ちこめてきて眺望がきかない。しかしその靄のこめた渓谷の底から、流れの音に混じって、土民の女の歌う声が聞こえている。声もよく節《ふし》もまた妙である。つい小路に従って渓間の方に降りてみると、牛を繋ぎ放しにした女たちが、草を刈ったり薪を取ったりしながら歌っているのであった。天気はだんだん怪しくなる。夕方前から雨となった。毛布にくるまって静臥する。

さて、このトサリについての感想であるが、場所もよい、道路やホテルの設備もよい、それだけのものをつくり上げる努力は尋常一通りではなかったに違いない。しかし、日本人の手に委ねられた今日、それがどうなっているか。「兵站指定宿舎」という肩書きをつけて「グランドホテル・トサリ」と書いた隣に「光風閣」とか何とか和名がついている。いくつかの本館以外にあるといったバンガローにも「青嵐荘」とか「松籟荘」とかいう名がついて、下手な文字でペンキ塗りの札がかかっている。ちっとも状況に即していないのだ。むしろ一号、二号という風に呼んだ方がずっとすっきりしている。

食事もいけない。日本食なら日本食で、もう少し筋道の通ったものを食わしたらよさそうなものだが、なっていない。昨夕はすき焼で失敗した。今夕は水炊きができるというから注文すると、水炊きではなく寄せ鍋であった。日本料理の名前など知っていないし、味のつけ方など何から何まででたらめである。それからここに集まる客の種類もいかがわしいのが多い。僕は彼らを「前線の遊民」といったらいいと思う。日本人はこういうものの経営もまずいが、こういうものの利用の仕方も知らない。保養地と歓楽境とをごっちゃにしてしまう。日本内地でそういう方面の取り締まりが具体化しているとき、前線がこれでは困ったものだ。

十一月四日　晴れ（トサリ―スラバヤ）

朝飯にオートミールをつくらせて食った。バターに塩が入っていたので調味を害したが、ここの料理で、うまかったのは、このオートミールくらいのものだった。

親父の命日である。指を折って数えてみなかったら、何年前のことであったのか忘れてしまっている。今まで生かしておくということは――今生きていたら九十二だから、普通に考えて難しいことであったろう。またこういう時世にも生かしておくことがよいかどうかも考えねばならぬ。僕の孝行も今日だからといって親父の死ぬ以前と比べて一向手があがっていそうにないのである。

山を降る。篠崎は少し回り道をしてマランの街を見に行こうかといったが、ともかく真っ直ぐに帰ってくれと注文する。運転手が道を間違えたり、タイヤがパンクしたりして三十分も無駄な時間を費やしたが、それを償うつもりの運転手は非常な速力を出す。山の生活も健康にはよいだろうが、今の僕のような体でぶっ通し二時間という高速度旅行は無理である。休養の効果よりも、この自動車旅行からの疲労の方が大きいように感ずる。

スラバヤへ帰るなり、支那料理店で昼食を食った。僕は食欲が少なかったので、ほんの箸をつけたという程度であったが、まずい料理ではなかったようである。支局長宿舎に帰るなりすぐ横になって寝てしまう。この状態では先の旅行も少々延期した方がいいように思う。しかし、海軍の方には明日出発の飛行機が頼んである。もしそれが取れなければだが、飛行機の座席があるときに立たないと、次の機会がいつになるやら知れない。ペナンまで行くことは今度の旅行の眼目の一つなのだから、多少苦しい思いをしても押し通して、仕事の段落だけはつけてしまわないと申し訳が立たぬ。五時頃だったか目を覚ますと階下で大きな談笑の声が聞こえる。そこへ篠崎が来て、井上マツ子がジャカルタの池田支局長と一緒に着いたことを知らせた。階下へ降りてしばらく話す。夕食にも僕だけは外出せず。

十一月五日　晴れ、雨（スラバヤよりジャカルタを経て昭南）

飛行機の出るのが早いので、自動車だけ借りて一人で出発しようと思っていたら、篠崎がいち早く起き出して見送るという。セレベスの安井や、池田、井上なども飛行場まで行くというので、暗闇の街をそうした人々と一緒に出かける。すると別の自動車で中村、大田、マダン通信部の宮川などという人々も見送りに来てくれた。恐縮する。ひょろひょろした病人の旅行に見送る人だけは素晴らしい。七時に出航する。

飛行機はスラバヤを立ってから、二時間半でジャカルタに到着。ここで給油かたがた半時間休憩。さらにスマトラ島の南半をかすめて三時間飛び、午後一時には昭南に着くのである。ところが、この間僕はただ一回小便に行ったほかは席を立たなかった。ジャカルタでも外には出なかった。弁当もかなり立派なものを朝食分、昼食分ともに日航で入れてくれたが、篠崎のところから持ってきたバナナ二本を食ったきりで、それには結局手を触れなかった。食ってみようという気が起こらないのである。

昭南に着いたら雨が降っていた。そのせいか少しも暑さを感じない。海軍のバスがあるからそれに乗れというから乗ると、それはまずセレター軍港内の根拠地隊司令部に僕を運んでいった。そこで電話を借りて支局に電話をかけて出迎えの自動車を頼む。支局長も支局員もおらず、連絡員らしいのが出てきたので、どうかしらと思っていたが、果たして出迎えの車はなかなかやってこない。ほとんど一時間それを待った上で、支局からの連絡員に案内されて街の方向へ走った。この道のりがまたなかなか遠い。支局に行ったところで仕方がないので、自動車を水交社へつけて部室の交渉をしてみると、空いた部屋があるというので、さっそくそこに落ち着くこととした。

また休養だ。ベッドに横になる。そうしているところへ支局の池松、鮎川、高木が揃ってやってきた。皆僕の痩せたのに驚いている。昨日以来、飯らしい飯を食っていないので、痩せているうちに衰弱が表情に表われているのである。三、四十分話し合った上で、皆は帰った。夕食には粥をつくらせて食った。いやに塩をたくさん入れたので、辛いのに驚いたが、我慢してスープ皿にほとんどいっぱい食った。

十一月六日　曇り、雨（昭南）

ジャカルタだ、昭南だ、というと、戦争下の遊覧客たちが、夜の女を求めて寝ずに街のなかをまさぐり歩くところである。体のせいもあるが、そんな気持ちは微塵も起こってこない。宿泊所に水交社を選んだことは成功だったと思う。環境が静かであること、食物に安心できること、街との往来が制限されていることなどは、今の僕にとって何よりありがたい。今朝になってからは熱はすっかりなくなっていたが、体が立ち上がるとまだふらふらした。食い物が思うように入っていないせいであろう。努めて何かを食うように心がける。

戦争の情報にはずいぶん遠ざかっていたが、このところ南東方面では非常な戦果があがっている。先月二十七日のモノ島攻撃戦の結果は、当時発表されていたよりも倍の戦果が確認されたし、十月三十一日から十一月二日にかけては、ニュージョージア島南方の敵艦船団に対する、わが空軍の強襲があって、大型輸送船二隻の轟沈をはじめとして、巡洋艦、駆逐艦を交えた計四隻を沈め、飛行機十を落とし、さらに大小多数の舟艇を撃破している。わが方も十五の未帰還機を出しているが、思うにこのたびは敵は内容のある船団を撃破されたものらしい。

十一月一日の夜はブーゲンビル島沖海戦である。同島オーガスタ湾外に展開されたこの夜戦において、敵は大型巡洋艦一、大型駆逐艦二の轟沈をはじめとして、九ないし十隻の艦艇を撃沈破され、一隻を同士討ちで失っている。わが方は駆逐艦一隻の沈没、巡艦一の小破。その翌二日がラバウルの大空戦であった。ここにまたまた来襲した二百数十機をわが空中、地上、海上の勢力は邀撃して、うち二百一機を撃墜したのだ。近来例のない記録である。続いて現われたのは去る五日のブーゲンビル島南方における大航空戦である。敵有力艦隊の北上を、この付近に発見したわが海軍航空部隊は、ただちに出撃。轟沈＝大空母一、撃沈＝中空母一、大巡一、巡もしくは駆二、という大戦果をあげ、わが方の損害わずかに三機の犠牲であった。この一週間は非常な一週間であったといえる。

午後、支局に行き、床屋に行き、久我豊雄に電話したら、宿に訪ねてきたのでしばらく話す。

十一月七日　雨（昭南）

昭南は今、雨季にあるのだそうだ。緑道に降る雨はよい。体の調子も次第によくなってきたところを見ると、結局極度の疲労が、あんなにも僕をさいなめたもとしか考えられない。努めて栄養を取ることにしているが、なし崩しに悪くなった体は一日や二日で急に回復するものではなく、眼窩《がんか》のくぼみなどいつ元通りになるものやらと気になる。

池松が電話をかけてきて、昼食に誘ってくれる。昨日は外食を一切辞退したが、今日はその気になって行くことにした。高木と佐藤とが迎えに来てくれた。水交社のすぐ近くの「五十鈴」という店で、魚一式の料理を食わした。うまいと思うものもあり、感心しないものもあった。それから街の見物をする。案内には本社の写真班員としてシンガポールに真っ先に入った佐藤が当たってくれた。まず昭南神社に参拝する。神苑、社殿のいずれも天恵の勝地のなかに見事につくられていた。日本人は占領地にすぐ宮づくりをする。神社を造営するにはよほどの強い信念によらなければならぬし、またこれを引き継ぐ者の責任は一層大きかるべきものである。昭南神社が鎮座ましますということだけで、この地は永劫に外手の一触だに許してはならぬのである。忠霊塔に登り、それから、元フォード工場の山下・パーシバル会見の歴史的な一室を訪い、佐藤から当時の模様を手に取るように聞く。さらにブキ・テマの三叉路に立ち、当時の凄烈な戦況を偲び、柳重徳の戦死の跡に孤影を残す白石の碑に低頭す。雨がひどくなったので支局に帰った。

夕方、ラングーンの氏森、スマトラの山口が宿に訪ねてきて、戦争の話をする。

十一月八日（大詔奉戴日）　晴れ（昭南）

支局から車を回してもらって、一〇根司令部に行き、川村という副官に会って、ペナン行きの乗り物について頼んだ。ところが海軍の定期空便は、ここととペナンの間は二週間に一往復あるきりで、急ぐ場合は汽車の方が早いということである。その汽車というのが二十八時間もかかるそうだから、二時間余りで行ける飛行機とは大変な相違であるが、マレー半島の汽車旅行も時には興趣と考えて、それを選ぶこととし、根拠地隊の証明でさっそくその乗車券を運輸部から発行してもらった。しかし念のために永淵司政長官を訪ねて、南航の飛行機に便乗ができないかと交渉してみた。ところが南航便は昭南―ペナン間は原則として搭乗券を発行せぬことになっているという。永淵氏とは一別以来の話、戦争の話、欧州の話などをする。

またそのあとで市政府に内藤寛一市長を訪ねる。彼とは昭和九年であったか、ハルビンにいた僕を訪ねてきて以来会わなかったのである。彼は大達茂雄が東京都長官となったあとを受けて、昭南市長の拾い物をしたような形であるが、悪ずれをしていない役人であるところを僕は以前から買っている。池松の案内で商店街を歩く。物価は怖ろしく高いが、物資はなかなか豊富である。特に化粧品と皮革製品とが多い。これといって欲しいものもないが、ペーパーナイフの収集を、この際補足してみようと思って、支那人の骨董屋数軒をのぞいて、収蔵品のなかにまだ揃っていないような型のもの二本を得た。ジャワにもきっと面白いものがあるだろうと思う。

六日、ドイツ軍はキエフを退却したと伝えられる。

十一月九日　晴れ（昭南を立つ）

永淵司政長官が昼食に天ぷらを馳走するという。浅草の何とかという天ぷら屋をわざわざ連れてきているそうだ。その上に銀座の「亀八鮨」をも連れてきて寿司を握らしている。永淵邸の天ぷらと寿司といえば、今、昭南社交界で評判になっていて、総軍司令官の宴会の場合などには、この職人を借用に来るのだそうだ。池松と鮎川とを同伴して出かけたが、マウント・プレザント街の永淵邸というものが、そもそも豪壮な構えであって、これに少なからず驚かされ、十八世紀時代にオランダやイギリスがこの地方で使った武器類の収集に驚かされた上、その天ぷらなるものが、自慢だけの値打ちの充分にあるものであった。海老を二十尾余りも食って、堪能した。油は胡麻の油、落花生の油、その他いろいろな植物油を調合したものだといっていた。
いろいろ心配してくれたがペナン行きの飛行機の座席は結局取れないこととなったので、いよいよ汽車で出かけることとした。その汽車は七時に昭南駅を出る。魔法瓶の水筒を、この旅に持っていこうと思って、街を探し求めたが恰好なものはなかった。水交社の勘定があまりに安いので驚いた。それを済まし、池松に見送られて出発する。ジョホールバルでは夕日が沈んだ。ジョホール水道の波は静かであった。夕月が出た。駅ごとに虫が啼いている。汽車の脚は怖ろしくおそい。

十一月十日　晴れ（マレー旅中）

寝台もない鈍行のこの汽車の夜はつらかった。一つ一つの駅ごとに停車するのであるが、坂でないところで、列車はスイッチ・バックをしたりしていた。朝の七時半頃センバレン駅に着く。クアラルンプールまではもう一息であるのに、汽車はここで止まってしまって動こうとしない。なぜ動き出さないのか、誰も知る者がない。やっとしてから貨物列車の事故であることが判明した。いろいろなものを売りに来る。バナナと鶏卵の茹でたのを買って食う。二時間で復旧するといわれていたが、三時間経っても、四時間経っても頑として動き出さないのである。車室の内部には扇風機がかかっているからそんなにも暑くはないが、退屈しきる。同じプラットホームを何度となく散歩してみたり、仮睡をしてみたりしているうちに二時すぎとなり、やっと汽車は行動を起こした。列車事故の現場へ来てみると、簡単な転覆ぐらいではなく、数輛折り重なって車輛がひしゃげていた。

クアラルンプールに到着したのは五時。何か食べ物でもないかと物色していたところが、この列車は今日はここで運行打ち切りと決まったという。えらいことになったものだ。こんなことなら昭南発をもう一日延ばせば、あるいは飛行機便などがあったかもしれない。それよりも問題は今夜の寝所だ。駅前の兵站宿舎申込所というところへ行って交渉したら、文句なしに許可してくれた。揚輝旅館というかなり気のきいた宿があって、一夜の休息には申し分ない。あるいは一気に汽車でペナンまで行くよりは、今の僕の体にはこの方が都合がよかった。

十一月十一日　晴れ、雨（クアラルンプールよりペナンへ）

旅をしているとニュースを知るのに疎くなる。第二次ブーゲンビル島沖航空戦の結果を昨夜まで知らないでいたのはひどい。この戦いは八日の朝来戦われたものであって、戦果は九日と十日の午後、両日にわたって大本営から発表されている。左の通りだ。

撃沈＝戦艦四、巡二（轟）、駆三、輸四

撃破＝大巡六以上（大破）、巡（もしくは大駆）四炎上大破、大輸一

撃墜＝十五機以上

わが方も二十機の尊い犠牲を出しているが、実に素晴らしい戦果である。帝国海軍、このところ有卦《うけい》に入ったのだ。

昨夕は風呂に入ったし、さっぱりした気持ちで旅行を続けることができる。ただどこの食堂に入っても、料理や食器のどこかに椰子油の変に青くさい臭いがつきまとっているのには弱る。こ

とに朝の食欲などが、これによって減殺されることとおびただしい。僕たちの乗り継いでゆく列車は所定の時刻にクアラルンプールに入って、所定の十時十五分に出発した。昭南以来一緒の車室に座を占めていた海軍の若い少尉さんたちと、また室をともにした。三人とも潜水艦学校を出たばかりでペナンに赴任するのだという。清川、久良知、河崎という、揃って眉目に秀でた若者である。いろいろと話をしながら旅の無聊《ぶりよう》を慰した。

雨となる。イポーをすぎたあたり、雨はかなりひどかったものと見えて出水の跡がある。列車も緩徐行をするという有様である。昼は列車で売っている焼飯《チャーハン》を食ったが、夕食はとうとう食いはぐった。それでも夕方からは非常に涼しく、むしろ寒さを覚えるほどで、セーターを着た上に雨外套を羽織り、うとうとしているうちにタイピンをすぎ、プライに着いた。零時二十分である。

ここで僕たちはペナン行きの渡船に乗り移るのであるが、その薄暗い駅の構内を、例の青年士官たちと荷物を提げて歩いてゆくとき「森君！」と呼ぶ者がいる。「空耳かな？」と思いつつ振り返ったが、僕の方からも口をついて「青木じゃないか！」と叫んだ。朝日のバンコク支局長の青木真である。彼とは神戸支局勤務以来十六、七年も会わなかった。あるいはその後一度くらいはどこかで会っているかもしれない。ゆっくり話し込んでいる暇もなく、今までペナンにいて、これから僕の今乗り棄てたばかりの列車でバンコクに帰るのだという彼と手を握って別れた。「グッド・ラック」などと別れ際にいうところなど、ここはペナンへの渡し場で状況柄だとはいえ、昔ながらの彼らしい。僕はこれに対して「一路平安《イールーピンアン》」といってやった。

真夜中の渡し場はごたごたとしていた。華僑の女とインド人の女とが、荷物を開いて何だかわめいていた。僕たちを乗せた四、五百トンの渡船は、音もなく海に滑り出して、途中ちょっとした島の波止場に立ち寄り、小半時間もしてペナンの港に着いた。夜目でよくはわからないが、小ざっぱりした埠頭である。例の青年士官たちは「ここまで来たらわれわれの縄張りだ」といわんばかりに要領よく立ち回って、海軍の標識の入った一台の自動車を捕まえてきて僕にも乗れという。これは大助かりであった。彼らは潜水艦隊の士官宿舎に行った。僕は水交社に送り込まれた。時計は午前二時をすぎていたが、当直の者が起きて出て、ローン（＊芝生）が夜露に濡れている庭を横切った十五号室というのに案内してくれた。かくして僕は今度の旅行の一つの終端であるペナンに安着し、安らかな眠りを取る場所を得ることができた。寝室の後ろは海になっているらしく、波の音が近くに聞こえる。

十一月十二日　晴れ、小雨（ペナン）

空腹のため目が覚めた。七時である。こんなことは最近珍しい。健康が少しずつ回復してきた証拠であろう。朝飯をかなりうまく食って、日記をつけたり、読書室で手当たり次第に書物を読んだりしたあげく、南西方面艦隊司令部に行く。最初はかなり遠いところで、少なくとも自動車でも乗らなければ行けないところかと思ったのだが、水交社のすぐ隣にあったのには驚いた。副官に会っていろいろ事情を聞いてみたが、要するところ方面艦隊司令部は、ここに看板はかけてはいるものの、別に参考になる材料などはないらしい。昭南の一南遣司令部に行った方がまとまった話が聞けそうである。それならばまたそれでいいのである。昭南へ帰るべき乗り物のことだけを頼んでおいた。

　ペナンの涼しいことには驚いた。さすがはマレーの避暑地だけのことはある。午後その街をあてどなく散歩してみたが、目抜きの通りであるペナン・ロードは侘しい港町の盛り場という感じにすぎぬ。そこの市場というのをのぞいてみたが、生肉、生魚、生野菜などの売店よりも、人間の数のごたごたと多いのに感心した。一体支那の街という気分に溢れている。昭南よりも以東にあるべき街である。住宅街を歩いてみても、街路に面して広い芝生を持った堂々たる構えの住宅は、いずれも華僑の家である。いずれも南洋各地でしこたま儲けた連中が、この土地を卜《ぼく》して楽居してきたのであろう。

　インド人もマレー人も、ここではすっかり支那人に含まれてしまっている。宿に帰ってみると、昭南行きの飛行機は明日は飛ばないこととなったという知らせが艦隊司令部から届いていた。いずれにしても、あの汽車にもう一度乗って帰るという元気は出ない。夕食にはここへ来る途中の道づれの、例の若い士官三人をすき焼に招いたが、久良知少尉だけは急用で同席しなかった。

十一月十三日　晴れ、雨（ペナン）
　ペナンというような街は、ちょっと歩けば行き詰まりになって、ここで退屈を凌げるような暮らしをするのは、大変なことだろうと思う。うまいものでも食って、水泳をやった

り、ヨットを走らせたり、馬にでも乗ったりして、仕事や金のことに何の屈託のない生活ができるとしたら、そういうことには適した場所であるに違いない。ともかく赤道から五、六度しか北に離れていないのに、涼しいのが何よりも、そういう生活には向いている。

水交社の社交室などに座って書物を読んでいると、日本内地の避暑地にだってめったにないような涼風がふんだんに海を渡って吹いてくる。水交社の自動車を借りて極楽寺というところまで行ってみたが、ありふれた支那寺で取るに足りないところだった。極端な小乗仏教の見本を見るようなものだ。要するに支那人の間では、金を儲けて溜め込むことが安心立命の第一要諦で、その方面に利益のあるものでなければ、信仰の対象とはならないのである。とても斬新な身なりをした若い娘が、大理石づくりの恰好の悪いお釈迦さんの前に、何をお願いしているか、せっせと線香をあげていた。

雨が降ったので、そこそこに引き揚げて帰った。僕の昭南に移る飛行機については、艦隊の司令部でも気にしてくれているらしく、今日も電話の連絡があった。早く次の旅程に移ることも大切であるが、ここにいると食い物は悪くないし、気候もいいし、めちゃめちゃに壊した体を元に取り戻す上には都合がよい。だから焦ることもあるまい。夕食にはまたすき焼をやった。第三次ブーゲンビル島沖航空戦というのが戦われたということを聞くが、詳細はわからない。先ほど来の南太平洋方面における連合艦隊航空部隊の殊勲について、畏くも勅語を賜ったそうである。

十一月十四日　晴れ（ペナンより昭南へ）

朝っぱらから、橋本大佐というだけで詳しくは素性を聞きもしなかったが、海軍の人と戦局と時局について論議をした。結論がつかないうちに僕のところに電話がかかってきて、海軍輸送機隊の飛行機に乗れることとなって、十時半に迎えの自動車が水交社に行くと知らせてきた。どこもかしこも水交社の勘定の安いのには驚くのであるが、その勘定を済まし、艦隊司令部には電話で挨拶を述べて飛行場に向かう。飛行機は正午頃アンダマンのサバンから着いた。それには同盟とジーチーサンから出ている海軍報道班員が乗っていた。給油をして飛び出したのが零時四十分。それを待つ間に輸送機隊の方で出してくれた弁当の握り寿司を食ったりする。

飛行機はマラッカ海峡の上をほんのしばらく飛んで、マレー半島の陸の上を飛んだが、雲が多くて視野はほとんどきかない。しかし何の彼のという暇もなく、三時には昭南のセンバワン飛行場に着いてしまった。行きには、あの悠長極まる汽車で五十三時間もかかってプライに着き、渡しの厄介になったりして難行苦行の旅行であったが、それをほとんど二十分の一の時間で翔破するのだから飛行機はありがたい。とはいえ行きのあの汽車の旅も僕にとっては、またとない得がたい経験となった。あの記憶はいつまでも残ることであろう。

センバワン飛行場から司令部に行って、そこで社の自動車を待ったが、連絡がうまくゆかないので、二時間近い時を空費した。もっともその間に一〇根司令部へ挨拶に行ったり、ジャワに戻る飛行機の申し込みをしたりしたのであったが、今晩泊まる予定をしていた水交社は、一足違いで先約の客があって、室の空いたのがないという。そこで今晩のところは支局の宿舎に一泊することにした。それは鮎川が現に住んでいる棟で、着いてみると鮎川はいなかったが、ボーイが風呂まで沸かしてくれた。

夕食には池松が「明記」という支那料理屋に連れていってくれた。ここは何という街に当たるのか知らないが、「南天飯店」という五層楼の大料理屋の近くにある小店で、料理はなかなかうまかった。この近くに料理屋市場とでもいうべき場所がある。安い屋台店が何十軒、あるいは何百軒かもしれない、ぎっしり並んでいるのである。支那人の生活の盛んなのは、この一局面からもうかがえる。ゆっくりこのあたりを歩いてみたら、さぞ面白かろうと思う。

「明記」では池松持参のビールを飲んだが、それよりも五加皮酒《ウーカーピーチュー》を買ってこさせて飲んだのがうまかった。遠い昔のチチハルの旅舎のことなどを想う。「明記」を出て大世界に行った。ここは昭南での歓楽境である。映画館、レビュー座、闇博場、見世物、芝居、売店、飲食店、商品展示場、遊技場など、そういったありとあらゆる設備が取り揃えてある。売店の商品は豊富で、食糧品店にはデルモンテの缶詰などがどっさりある。しかし、その値段は目の玉が飛び出るほど高い。僕は煙草を喫み尽くしたので一箱を買ったが、この間クアラルンプールで「みづほ」という土地出来の二十本入りが五十銭であったのが、ここでは二円三十銭もする。他は推して知るべし。レビューを観に、とある小舎へ入ったが、くだらなさに程度を越して

いる。しかしこれが面白いのである。いろいろなインチキで一つの雰囲気をつくってしまう。ここも日本人がやってきてから、妙にしかつめらしくなって、面目を変えてしまったというのだが、支那人のやることはでたらめがあり、インチキがあっても、それがあればあるほど、その無秩序のなかに一定の規律というものが織り込まれている。そこへ日本人がやってくると、規律を恰好の上でつくろうとして、かえって底なしの無秩序を生む結果に終わるのである。

十一月十五日　未明雨、晴れ（昭南）

この宿は四辺に樹木が多いので、昨夜の雨の音は特に激しかった。その雨とともに部室のなかにまで冷気が襲ってきたので、起き出してセーターを着たり、トラウザーを穿《は》いたりして改めて寝たのである。朝は珈琲を二杯飲んだきり。ここのパンは例の米でつくったもので、とても食えない。

支局へ行く。ペナンからの帰りの飛行機のことで手配を頼んであった南航（結局そのせっかくの手配を利用しないで済んだのであるが）へお礼の電話をかけたり、水交社へ室を予約したりする。一〇根へジャカルタ行きの飛行機については依頼しておいたが、なかなか混んでいる様子で、十七日をミスすると二十二日になるというから、是が非でも十七日には座席を占めなければならぬ。鮎川と佐藤を誘って「興南倶楽部」というところへ昼食に行った。ここはイギリス当時のクリケット・クラブを邦人の倶楽部として流用したもので、設備は相当よくできている。日本食を食わせたが、ただ鰆の照り焼だけが日本で食う味に近かった。

昭南に帰って、しばらく遠ざかっていた戦況ニュースに接した。その後、十一日の昼から夜にかけて第三次、十三日の未明には第四次のブーゲンビル島沖航空戦というのが戦われている。第三次の戦いでは、戦艦以下九隻の軍艦を撃沈して、わが方では三十機の未帰還機を出した。第四次の戦いでは戦艦以下五隻の軍艦を撃沈破して、わが方に二機の損害を出した。戦果とわが犠牲のバランスでは第一次、第二次には及ばないが、よくやったものである。それにしても敵もなかなかのものだ。よくも次から次へとこれだけのものを繰り出してくるものだと、感服せざるを得ない。ブーゲンビル島上の戦況については、一向伝えられていないが、これほどの大がかりな作戦を立ててきた以上、相当の兵力量を敵はこの島にあげたのではないか——と漫然とながら考える。

午後、街へ買物に出かけた。白羅紗《しろらしや》のベルトが薄汚れて見るにたえないので、皮革のものを買う。豊子のために少々の化粧品を買い、桂のために小型のボールを一個買った。十八円というのを十五円に値切った。長持ちのする健康的な玩具としてこれを選んだのである。それから鮎川の車で引っ越しをした。今度の水交社の部室は別館の六十四号というので、かなり不便な位置にあるが、べらぼうに広くて、また静かである。窓を開いたまま休んでいると、雀がその部室のなかまで入ってきて、床の上で遊んでいる。

夕方、支局の連中を食事に招待した。最初は日本料理屋ですき焼を食うつもりであったが、どこも休みでそれができなくなったので、大世界のなかの「詠春閣」という、おつな名前の支那料理店に席を設けた。僕は昨晩に次いで今晩も支那料理であるが、日本食よりこの方がいい。池松、鮎川、高木、佐藤、小山が来た。料理はなかなかうまかった。酒は老酒も清酒もここにはない。五加皮は昨晩飲んだので、玫瑰露酒《メイクイルチュー》というのを今晩はやったが、これは焼酎を何か薬草のようなもので味つけした酒である。うまいと思ったが、他の者は池松と佐藤が少々飲むだけで、あとはあまり酒を好まない。それにしても一卓六十円で、ふんだんに、またどの皿も満足して食うことができたが、物価が高いという昭南でも、こういう結構なことがある。

その飯店を出てから昨夜と同じように、大世界の雑踏のなかを歩いた。そして大世界跳舞庁というダンシング・ホールに入って、高橋の昭南時代に生活をともにした女性に会った。いやそういう女性がいるから会ってゆけといって、支局の若い者たちが僕を無理に引っ張り込んだのである。他人のことだから批評する方が馬鹿な話だが、どこがいいのかと思われる痩せぎすなインドネイシアンであった。この踊り場にはマレー人、支那人に混じって日本人がいて、所狭しと踊っていたが、欧州人も少々いるのが見えた。聞けば今この港にドイツの船が入っているので、その乗組員たちであるということであった。

池松に送られて水交社へ帰った。そして眠ろうとしたが、なかなか寝つかれない。食いすぎたせいであろう。寝つかれないままに蚊帳のなかにいると、仕事のことが考えに出てくる。半分書いてしまった原稿のあそこのところは訂正しなければならぬとか、次に使う材料の配列だとか、最近の戦況をどう解釈するべきものであろうかだとかいうことが次々に頭のなかを去来して、いよいよ眠りにくくなる。こういう際、酒を一杯飲めばいいのだが、それもない。鮎川のところに置き忘れてきた五加皮酒の残りが急に惜しくなってくる。便所には何度も行って便通をはかった。

夜鳥がしきりに啼く。一つは暑いせいがあるのだろうと思って、天井の扇風機を回転させたら、うとうとと眠りに陥ることができた。それはもうそろそろ三時に近い時刻であったろう。その後、嵐が来て室内が急に寒くなったので、起き出して扇風機を止めたのを覚えている。

十一月十六日　朝雨、のち晴れ（昭南）

同じ宿の海軍大尉と話をしていたところが、それは、前は南洋海運の船の船長をしていて、応召となった小寺という第九号駆潜艇の艦長であった。神戸の出身で社の坂上とは小学校時代の友人であるという。今度は自分の乗る艇がサイゴンにいるので、サバンからそちらへ行く途中にあるということだった。明日の飛行機で立つというので、サイゴンの黒木大佐に手紙を書いて託した。この旅行中サイゴンにも行って黒木大佐と会うつもりでいたが、それができなくなったという旨を書いた。

海軍の定期バスで軍港へ行き、一〇根と第一南遣の司令部を訪ねる。このバスを利用したことはよかった。その往路はブキ・テマ道路を真っ直ぐに走って、この前通った鉄道とほとんど併行して、ブキ・パンジャン、マンダイ等を通り、ジョホール堤通りのそばを右に折れ、有名な浮きドックを遠望してセレター軍港に至るという、僕のまだ経験しない道をすぎるからである。一〇根では機関参謀に会ってジャカルタ行き飛行機便乗のことを頼んだが、だいぶ立て込んでいるそうで、日取りも明日と聞いていたのが十八日だそうである。

第一南遣では首席参謀の国府田清大佐に会って、インド洋方面の状況を聞いた。インド洋作戦という言葉はかねてから耳にしているが、こちらを歩きながら、それは急激に動き出す問題にはないという考えを漫然とながら抱いていたのである。そういう僕の考えがあまり間違っていなかったことを、国府田参謀の話で信ぜられた。南東方面の戦争がアメリカ相手であるのに対して、この方面の戦争がイギリス相手であるということは、面白い問題であり、大きな意味を持っている。国府田参謀との話は、世界戦局にも伸びて、僕の所見を問われたりしているうちに時間が経ち、バスの出る時刻をはずしてしまった。そこで支局に電話をかけて迎えの自動車を求めて帰る。

晩には内藤昭南市長に招かれる。永淵司政長官も一緒に呼んでくれといっておいたが、永淵氏は風邪で寝ているので出られないということであった。今晩の会場は「近松」である。「近松」というのはハルビンの「近松」の姉妹店で、今井仙広がやっている。あの女にそれだけの力量があったとは夢にも思わなかったが、ハルビンの店で成功したあげく、今度は昭南でなかなか盛大にやっているということをかねがね聞いていた。来てみると果たして大変な構えである。堂々たるものだ。残念なことには当の仙広は内地に帰っていて不在だったが、お春とかいうハルビンの店にもいたという女中頭がいて、仙広の近況について話した。

内藤の会は、僕と池松の三人きりで、渋谷の道玄坂にいたという女が出て、東京急行の小滝さんならよく知っていますなどという話にもなった。胆石病の傾向があるという内藤がシェリー酒（これは本物の上等）と、土地出来の飛びきり上等品という日本酒（実際いい酒であった）を持参してきて、自分も大いに飲んだ。飲ましては悪いと思いつつ、お互いに飲み、そこから市長官舎へ行ってまた飲む。さすがに昭南市長の住まいは怖ろしく立派なもので、日本でなら内務大臣になってもこんな構えの邸に入ることはできない。内藤に、それだけでも悪くはないじゃないかといってやる。なお内藤には、一等県の知事なら帰るなどというケチな料簡を棄てて占領地吏道の範をつくれ、そして日本のクライヴ（＊ベンガル総督）になり、ヘースティングズ（＊インド総督）になれ、と、酔った上での壮語ではなしに、うんといってやった。帰りには雨がじゃんじゃん降っていた。泊まってゆけという内藤の勧めだったが、二時近くになって宿に帰った。

十一月十七日　曇り、雨（昭南）

朝食を済ましてから、もう一度ぐっすりと眠った。そして散歩がてらに支局まで歩いていったら四十分かかった。その途中インド人の店でトースト・パン立てを一つ買った。銀でできている。八円というのを五円で買ったのである。昼食を支局の共同食堂で食って、一〇根の輸送機係へ電話をかけてみたら、明日のジャカルタ行き飛行機に便乗できることになったという。そこでその搭乗券を取るため、セレターの一〇根司令部まで行く。この商港と軍港とを繋ぐ道もずいぶん往復したものである。自動車で片道三十五分は充分かかるのだから、昭南も広い。支局へ帰って朝日支局に電話をかけた。それはラバウルで別れた朝日子に、先に行った者が相手新聞のその土地の支局に連絡を取っておくことという申し合わせをしておいたからである。ところがその電話を切ったあとにまた朝日支局から電話がかかってきて、今電話をくれた毎日の森という人は森正蔵さんではないかという。そうだと返事をすると、こちらは西野だというのである。昭南支局長として最近着任したのだということで奇遇に驚いた。

支局から宿への帰りに、インド人骨董店に寄って、珍しいペーパーナイフを二本買った。二本で五円五十銭もしたが、二本とも真鍮製だが、そのうちの一本は、形が収集品のなかにはまだ一本もない種類である。図で示すとこの通りのものだ。下の柄のようになっているところが紙切りである。これでこの旅行中、収集のうちへ四本を加えた。

さていよいよ明日は特別の事故がない限り、昭南を出発することとなった。昭南、ペナンの旅行は仕事の上からいっては、直接役に立つような大きな収穫はなかったといわなければならぬ。しかしマレー、ことに昭南を一瞥《いちべつ》しておくことは、今日の新聞人にとっては是非とも必要なことである。それができた。その上あまり仕事に没頭もしないで、この旅行を続けているうちに、あんなにまで衰えた僕の健康を、かなりの程度にまで取り戻すことができたのは何よりのことである。もう心配することはない。日本に帰り着くまで、あとざっと二週間ある。その間にもう少し、この健康度を引き上げたいものである。夕食は宿で一人で取った。ビールを二本飲み、風呂に入って早めに床に入る。明朝は六時に起こすよう頼んでおいた。今日、豊子に電報を打つ。

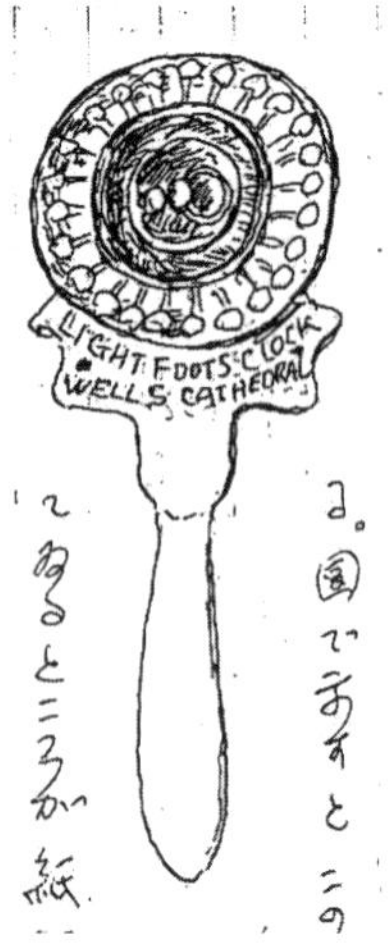

十一月十八日　曇り、時々晴れ、驟雨（昭南よりジャカルタへ）

起こされる前に目が覚めた。五時すぎである。昨晩一通り始末しておいた荷物を整え、時間が余るので永淵氏に手紙を書く。昨日連絡が取れなかったから、離別の挨拶をしたためて、それにこの間撮った写真を封入した。これは支局から届けてもらうこととする。六時にはもう朝食の準備ができていたので、鶏卵二個にオートミールと珈琲でそれを済まし、そこへ出迎えに来てくれた支局の自動車で飛行場に行く。池松と高木が同車して見送ってくれた。このセンバワン飛行場も発着三回という、なじみの場所になった。

八時三十五分離陸。昭南の街は朝餉《あさげ》の煙をなびかしている。これで前後一週間を送ったこの街に別れ、ふたたび赤道を南に越して飛ぶ。空は晴れず、所々に積乱雲が待ち構えているという天気であったが、平穏な空の旅で、右にバンカ島を臨み、スマトラの一角を突っ切り、三時間とほんの少しの時間で、十一時四十五分にはジャカルタに着いた。昨日、昭南から池田のところへ電報を打っておいたのに出迎えに来ていない。支局に電話をかけたらすぐに来てくれた。飛行機が予定より少々早く着いたので遅れたという池田の話である。

自動車で駆けて見るジャカルタの街は、スラバヤに似てはいるが、さすがにそれよりも大都会らしい。まず真っ先に海軍武官府に行く。吉岡という司政官に会って、スラバヤ行きの汽車の件を依頼した。このところ軍人の往来がしきりにあって、汽車の寝台もなかなか取れぬそうである。すでに僕の希望した明夕ジャカルタ発の列車には、一つも寝台が残っていないという。万事は吉岡司政官に任せることとする。武官の前田大佐に会おうとしたが、来客が立て込んでいるというので、今日はやめにして支局に行く。この支局もなかなかよい。昭南やスラバヤのように堂々と事務所らしくしてはいないが、小ぢんまりとまとまっている。そこから僕の宿所ホテル・デス・インデスに行った。実に立派なホテルである。六十八号という僕の部室もなかなかよろしい。オランダ植民地時代には日本人はここに泊まることを許されなかったのだそうだ。

部室で池田と話をしているところへ石田が来た。間もなく二人が帰り、水を浴びて着替えをして食堂に行く。ジャワがマレーよりも物資に恵まれていることは、ここの食事でもわかる。少しカレーの入ったポタージュ、茄子に鶏のひき肉を詰めたもの、ビーフステーキには馬鈴薯とトマトがついている。デザートにはザボン、パイナップル、蜜柑、バナナなど、より取りの果物と香りの高い珈琲がクリームを添えて出された。これで最近料理の程度を低めたというのだが、豪勢なものである。また太れる。

ジャカルタに来て第五次ブーゲンビル島沖航空戦の戦果をはじめて知った。それは昨十七日未明のことで、ブーゲンビル島南方海面で、敵の大型航空母艦一隻が轟沈、中型空母二隻、巡洋艦三隻、艦型未詳の大型艦一隻が撃沈され、わが方にも五機未帰還という犠牲を出したというのである。こちらの強さにも驚くが、敵の執拗なことと、その物を持っていることの大変なのにあきれざるを得ない。ノックス（＊米海軍長官）は先般来のわが戦果発表について、「日本は国民の委縮した気分を昂揚するために、開戦以来未曾有の大法螺《おおぼら》を吹いて、戦果の誇大発表をしている」と公言したそうである。最後の帳尻でいずれの公言が確実であったかを立証するまでであろう。

昼食後、大驟雨がやってきた。それを居室の寝椅子に横たわり眺めながら休養する。五時になったら支局から連絡員の浅野がやってきて、買物をするために街を案内しようという。実は着替えもほとんど持たないで約二週間の旅行をしてきたので、人前に出られないような服装である。そのために衣料を買ったり、桂のシャツや着物を買ったり、タオル、ハンカチ、靴、それらの物を入れる鞄などを買う。軍の酒保品である煙草を八百本買った。そこでパーカーの万年筆を十二円で譲ってもらった。僕の持ってきたウォーターマンが高度飛行で気圧のために壊れて困ったが、これで大助かりである。ペーパーナイフを二本買った。地方色が出ていてこれもよろしい。家への土産には銀の肉焼串を半ダース買う。そして宿に帰り、ちょうど居合わした支局の亀井と、案内で骨を折ってくれた浅野と一緒にホテルで夕食をともにしたあと、雨あがりの街を歩いて「ジャカルタ会館」という日本流のカフェに行く。ここがジャカルタかと思われる風景であるのに驚く。

十一月十九日　晴れ、驟雨（ジャカルタ）（ボイテンゾルグ行き）

今日は終日ジャカルタ見物に費やした。朝、支局に行って、朝日新聞支局に電話をかけてみたら、ラバウルで別れた朝日子はやっと四日前にジャカルタに到着したそうで、読売子はその後どうしているのかと聞くと、パラオで熱を出していたという以外はわからぬそうである。こういう例に比べると、僕の旅程は、ずっと調子よく進んできたものである。

午前中は池田に案内されて、パッサル・イカンに行った。ここは旧ジャカルタである。街の北方の華僑街や商社街を越えた、さらに向こうの海岸にあって、タンジョン・プリオリの築港ができるまでは、外との貿易もここで行なわれた。ジャガタラ文《ぶみ》の主人公も、ここから上陸したものであろう。今は漁港にすぎないが、大きな魚市場があって、それを中心になかなか殷盛である。規模は小さいが水族館があって、そこではこの付近の魚族を見せている。熱帯魚の美しさは、かつてホノルルの水族館で見たのと同様、眼を奪うものがある。

雨が降ってきた。大変なスコールである。そのなかをカッパラ・ジャガタラ（ジャカルタの首塚）を通って帰る。首塚というのはオランダ政庁が土民の反徒を処刑して、その首をさらしておいたところだそうだ。本物の首の代わりに、最近は銅製の首が台の上に飾ってあったのだそうだが、日本軍が入ってから、それも取り除いたのだという。ジャカルタの街を通って驚くのはマンデー（沐浴）風景である。これはかねがね聞いてはいたが、現実を見て、これではかなわぬと思う。街には縦横に運河がある。その運河の水で土着民たちは洗濯をしたり、沐浴をしたりするのだが、なかなか濁った泥水であって、こんなもので第一ものがきれいになるわけがない。この運河には竹でつくった筏とも舟とも区別のつかぬものがたくさん浮かんでいて、その上から、人前をもはばからず、白昼大小便を垂れ流しているのである。その便をしている場所とマンデーをしている場所とが、ものの一間も離れていないのだから、あきれざるを得ない。

昼食は池田と亀井との三人でホテル・デス・インデスで食い、それから水浴びをして、ボイテンゾルグ植物園を見に行く。支局の自動車を借りて一人で行った。ジャカルタの街を離れて南へ、前方に見えるジャワ背梁山脈の方角をめざして車を走らせると、日本の農村さながらの水田が開けた風景が続き、村童が水牛の群れを追ったりしている。幾度かスコールが来て、またたちまち止む。ボイテンゾルグは山の中にある。海抜二、三百メートルもあろうか。非常に涼しい。ボゴール州庁に行って、植物園に入る許可証を貰って入口に回ると、たどたどしい日本語を使うジャワ人がいて、案内をしましょうという。何かの足しになるだろうと思って案内しろと頼んだ。

この植物園は聞きしに勝る広さで、見物にはそのなかへ自動車で乗り入れて走らせるのである。

正面は旧蘭印総督の官邸で、今ではわがジャワ方面軍司令官の官舎に当てられているが、広い庭、それも植物園の一部をなしているところには、インドから移したのだという鹿が無数に遊んでいる。奈良公園に見るような光景である。植物園では有名な大鬼蓮《おおおにばす》も見た。ありとあらゆる熱帯植物を見た。そして雑多な知識を与えられた。たとえばマレーなどで見た、ゴム林のゴムの木というものは、僕たちが植木などにして部室に置いたゴムとは違っている。ここへ来て僕たちの鑑賞しているゴムは、インドゴムというのだとわかった。

また、今度の旅行中、至るところで根の恰好が女の夜会服の裾のように、深いひだをつくっている樹木を見た。ブーゲンビルのジャングルのなかにも、その大きなのがあった。誰に聞いてもその木の名称がわからない。池田は「イタネというのだ」といったが、おそらくこれは根元が、そのひだで板のようになっているから、日本人が仮称したものであろう。ところがここへ来てみて、その樹木は一種類ではないことがわかった。案内人はマレー語で「カナリというのだ」といった。この種類の樹木には学名も標されてあった。ここには総督官邸と反対の方角にボゴール州長官の邸もあり、園内に植物園従事員たちの街があり、渓流があり、山があり、谷があるという有様で、ゆっくり見物していたら、時間がいくらあっても足りない。そこでいい加減に引き揚げて、ジャカルタに帰った。

夜、池田が「九玉」とかいう日本料亭に招待してくれた。僕たち（池田、石田、亀井、社の連絡部にいた岡）はホテル・デス・インデスのテラスで洋酒を飲んでからそこへ行ったが、酒がかなり豊富にあって、久しぶりに酔った。「ベチャ」と呼ぶ三輪車に乗せられて帰る。

十一月二十日　晴れ、驟雨（ジャカルタ、夕よりスラバヤに向かう）

ふらふら街を散歩しながら支局に行った。そして自動車を借りて海軍武官府へ行く。僕のスラバヤ行き汽車の搭乗許可を頼んでいる関係筋の輸送課長というのが、同窓の寺辺であることは幸いであった。その寺辺に会い、前田武官、吉岡司政官に挨拶をした。寺辺の連絡で陸軍司政官の伊藤、同じく塩井、丸善からここの敵産（＊敵国財産）書店コルフを経営に来ている佐久間などが、皆そこに集まる。すべて取材に同意である。それらと陸軍の将校集会所に行って昼食の招待を受けた。ここもなかなか物資が豊富である。庭で記念撮影をする。そこから宿へ帰ったところへ大変なスコールがやってきた。注文しておいた剃刀、ライターの石、巻ゲートルなどを整えた上に、ライ・ウイスキーを一本手に入れてくれた。寺辺にはいろんな厄介になったものだ。

海軍武官室に雨の小降りになるのを待って行き、汽車の切符を受け取り、支局で時間潰しをした上、停車場に行く。停車場はガンビルという始発駅の次の駅である。支局の池田、石田、亀井、浅野のほか、伊藤祥端が見送ってくれた。そしてここで僕と同じ汽車でバンドンまで行く朝日の森恭三と会い、彼を見送りに来ていたジャワ新聞（＊朝日系）の野村（＊秀雄、戦後朝日新聞代表取締役）社長、田畑支配人などに会う。森恭三は僕のあとを約十日間遅れて旅しているのである。汽車は五時四十五分に出た。

近藤という海軍の老大尉と一緒の車室を占める。このスラバヤ行き列車は、昼行はジャワ海岸沿いにチリボン、スマランを経て東行するが、夜行はチカンペリからその線と別れ、背梁山脈を南に越えてバンドン、ソロなどを経由、インド洋岸沿いに走るのである。
窓外の風景はジャカルタを出ていくばくもなく山地を遠望し、その山が追い追い近くなり、突として天を衝く火山の周りを雨雲が巻いているところ、南画に見るようである。二人用のコンパートメントはなかなかゆったりしている。八時半に食堂車で夕食を食い、九時すぎには寝台に横たわった。かなりの動揺である。池田が忠告してくれたように、扇風機が閉じ込んだ部室に一晩中回っているのだから、うっかりすると寝冷えしたり、風邪を引いたりするので用心をする。

十一月二十一日　曇り、雨あり（スラバヤ到着）
朝は七時すぎに起きた。窓外は昨夕とはまったく異なった風景が展開している。もう近くに山は見えない。一面の水田が広がり、細かい雨がそぼ降っているなかに、百姓たちは、もう田圃に出て働いている。ジャワの民衆も決して怠惰ではないと思う。水田、砂糖畑、煙草畑、そして無数の燕、鷺か鵠《くぐい》か、白い水禽《すいきん》の群れ、そして至るところの水牛。そうしたものが田園風景の点景となっている。
十時四十五分にスラバヤに着いた。篠崎が迎えに来てくれた。出迎えの来ていない大尉を僕たちの車に乗せて、海軍病院に送り届けた上、また篠崎の住まいの客となる。井上マツ子はまだスラバヤにいて、何か買物に出ていたが間もなく帰ってくる。これもまた篠崎宅の客人である。三人で雑談をしたり、風呂を浴びたりして、昼食を取る。この前はここの食事も充分咽喉に通らなかった。健康のせいであったのだが、今は非常にうまい。飯を三膳食い、おかずも皆たいらげ、食後の果物もうんと食った。驚くべき進歩である。品物の整理をしたり、篠崎、井上などと雑談をしたりして日中を費やし、夕方から日本人倶楽部で僕が支局の篠崎、中村の二人と井上、マカッサルの安井などを招待する。酒は安井がもたらしたジンが一本、その他にシェリーのよいものがクラブにあって、それを飲む。スラバヤの街は僕のいない間に空襲に遭い、今は厳重な灯火管制で、夜に入ると真っ暗である。そのなかを篠崎の住まいに帰り、篠崎の同宿の井上、安井らと四方山の話をして十一時に及ぶ。

ところで僕の帰京は、本社機が月末にはここに着くというから、それによることとしようか、そうなれば十二月八日にはかつかつに間に合うであろう。その場合は原稿だけはさっそく書き上げて、最も速い便で送らなければならぬ。最も速い便というのは海軍の輸送機によるもので、それでも一週間くらいはかかるというから、結局原稿は三、四日のうちに稿了しなければならぬこととなるのだ。

十一月二十二日　曇り、雨あり（スラバヤ）

ここもよく降る。全般に雨季に入っているのであろう。朝から篠崎、井上とともに洋服屋に行く。実はこの前、洋服を注文して断たせたきり旅行に出たので、仮縫いもしていなかったのである。その仮縫いをした。これはすでに冬に入った内地へ帰るので、台北から着込んでゆくべき冬服である。黒羅紗の丈夫一方の地味な服である。それから二、三軒を回って店を冷やかし、支局の隣の支那飯屋で支那そばを食った。極めて軽い昼食であるが、これだけのものでも、今は内地で食うことはできない。午後は篠崎の机を借りて原稿書きをした。先にラバウルで書いたのは二回分で約四百行、その上、今日はさらに一回分二百行ばかり書いたが、ラバウルとここでは環境が違うので、書いたものの調子が一致しない。夕食後なお続けて書くつもりでいたが、雑談に時を移してとうとうそれができなかった。

十一月二十三日（新嘗祭）　晴れ、のち雨（スラバヤ）

日本人の家はもちろん、インドネシアの家も、ハーフ・カーストの家も、皆日の丸の旗を掲げている。今日は新嘗祭である。朝から珍しく天気がよい。また原稿の続きを書いた。朝のうちは緒言が、その後の戦況によって変更を加えなければならぬこととなったので、その点を訂正して書き直す。昼食後、一時間余り昼寝をしてから、四回めの二百行ばかりを書き上げる。この四回めには戦勝の途が敵兵を短期間に大量的に斃すことになるということを論じた。第一回めと第二回めとが航空機の増強整備、第三回めが上陸用舟艇と渡洋輸送に必要な快速船の建造の急務を説いたのである。明日は五回めを書き上げて完成ということになる。

井上マツ子は今日、バリ島に行った。僕も一度は行ってみたいものと思っているが、この仕事の都合では、このたびはとても行けそうにもない。夜、ラジオニュースでギルバート諸島方面の海空部隊による戦果発表を知る。敵中型空母一、駆一が轟沈せられ、大型空母、戦艦もしくは大巡一が大破ののち沈没、その他の成績であったというが、わが方も十五機を失い、タラワ、マキン両島には敵陸戦部隊の上陸を許した様子である。

十一月二十四日　晴れ、雨（スラバヤ）

海軍の輸送機に原稿を託しても、東京までは三、四日かかるというから、僕のものも急がなければならぬ。そこですでに書き上げている三回分を先に送り、続いて二回分を送ることとして、その三回分を清書した。清書している間にいろいろ欲気が出て、訂正また訂正をしたものだから、ついに午後三時に及んだ。それを持って海軍の郵便所に行き、委託を終わる。それから篠崎の案内でスラバヤ動物園に散歩した。なかなか広い。そして南方の鳥類がたくさん集められている。ちょっと面白かった。その動物園に行く前に読売支局に電話をかけて、坂野の動静を聞いてみたら、病気で邦人病院に入っているという。そこでその病院へ見舞いに行った。パラオで発熱したが、それはいったん治って、二度めにはスラバヤに着いてから悪くなったのだそうだ。僕より半月以上も遅れて十七日にスラバヤ着。それからこの厄に遭っているのだから気の毒である。

十一月二十五日　雨、のち晴れ（スラバヤ）

マカッサルの安井が朝の飛行機で帰るのを、同宿のよしみで飛行場まで見送る。六時に起きて雨のなかを出かけたのである。その雨も八時頃から止んでいい天気になった。家に籠もって原稿の続きを書く。今日は第五回めの分で、戦場における軍隊内部、軍人と非軍人、陸軍部隊と海軍部隊との間の渾然たる調和、協力一体ぶりというものを書いて、この姿の銃後に移すことの必要を述べ、最後に必ず勝たねばならぬ戦争だということを強調して、国民の士気を盛り立てることに努力した。これで約千行十段ができ上がったわけである。
夕方、支局に行き海軍輸送機隊へ、来る二十九日マカッサル行き飛行機に搭乗のことを申し込む。それから支局の近所を買物にぶらつき、さらに篠崎と自動車で旧市街の方面を一巡する。スラバヤの街もなかなか広い。夕食には、今日見つけてきたラムを飲む。いろいろ酒もあったが、それだけがジャマイカ産の本物であった。

十一月二十六日　晴れ、曇る（スラバヤ）
開戦二周年記念日用の原稿――それは僕の今度の旅行の決算のようなものであるが、それも脱稿して一息という形である。この旅行も、ちょうど二カ月となった。そして今はもう祖国へ帰るばかりである。たかが占領地域を一巡したにすぎぬというが、戦争の第一線で弾雨を浴びてきた。そして命を無事に繋ぎとめて帰るのであるから、「祖国へ……」という気分が何となしに湧いてくる。それで原稿を持って海軍郵便所へ行き、大本営海軍報道部を経て社へ送った。
それから海軍の根拠地隊司令部へ行き、依頼してあるマカッサル行きの飛行機のことを責任者の参謀に会って念を押したが、念を押すまでもなく、それは明日早朝当地発の飛行機に乗れるよう決定済みだという。仕事も終わったので、セレクタの避暑地にでも行って、山の空気を吸ってこようかと思っていたのに、二十九日の飛行機に乗る心づもりが、一便早くなって二十七日土曜日発となったわけだ。早いに越したことはないと、その通り出発することに決める。そこで土産物の買い集めなどをする。にわかのこととて欲しいものが集まらない。篠崎に頼んで、是非とも欲しいものはあとから送ってもらうこととし、いい加減に切り上げて篠崎宅に帰る。
それから大量の荷物ごしらえだ。昼食は支那街の菜館で食ったが、夕食は篠崎宅で最後の晩餐ということにして、昨日のラムなどを飲む。ところがそこへ電報がマカッサルから来て、マカッサルで東京行きの海軍機に便乗することは受け付けないので、スラバヤから本社機で東京まで直行せよと大森富からいってくる。そんなはずはないのだが、どうしたことか。ともかくそのことはマカッサルに行ってから直接の交渉に移すこととして、明朝はスラバヤを出発しよう。スラバヤの最後は慌ただしかった。明朝は早いので十一時に就寝する。

十一月二十七日　曇り、雨あり（スラバヤよりマカッサルへ）
昨晩は食いすぎのせいか、なかなか眠られずに弱った。午前一時頃から眠りに落ちたと思うが、篠崎が起こすので、もう朝になったのかと起き上がると、空襲警報だという。二時ややすぎたところだ。暗がりのなかで洋服を着て、貴重品だけ持ち外に出る。ラバウルでたびたび経験したので動作はすこぶる速い。防空壕にはまだ早いからとて入らず、椅子を持ち出してそこに座り、蚊取線香をいぶしながら待機する。一時間余りそうして待ったが敵機の来る気配は見えない。そこでいったん家に入り、そのままの服装で寝台に横たわりぐっすり寝込んでしまう。警報が解除されるのと目が覚めるのと同時であった。五時である。携帯荷物のキロ数がどう考えても重すぎるので、それを詰め替えたり、持ち帰る荷物を二個、あとに残して本社機に託する荷物を三個としたりして、簡単な朝食を取る。篠崎と飛行場に向かう。輸送機隊が指示していた六時四十分には飛行場に着いた。そこへ中村も見送りに来てくれた。いよいよスラバヤもさらばだ。前後二度、篠崎にはいろいろ厄介になった。彼の行き届いた親切には感佩《かんぱい》するばかりだ。

七時半離陸。雲が深いので、飛行機は海上をスレスレに飛んでマヅラ島にかかる。依然低空飛行だ。また海上に出たが、ガスはいよいよ濃い。そしてやがて雨となった。雨を切り抜けると雲の峰、雲の谷、雲の原、そして空が晴れ、日が照ってきた。今日も雲の美しさを味わう。かなりの悪天候だったので、普通なら三時間ばかりで着くところを、ほとんど四時間かかってマカッサルに着く。機上から見てもマカッサルの街がどこにあるのか、なかなか見当たらなかったが、飛行場から街まではかなりの距離だ。自動車で二十分余りもかかった。沿道の住民も家の構えを見ると、ジャワと違ってまた面白い。竹葺きの屋根に千木《ちぎ》を置いている。床が怖ろしく高く、階段を登って家に出入りしている。そしてその二階のような一階には、ちょっとしたテラスのようなものがついている。そんな風景を見ながら行くと、道が舗装され、並木が美しくなり、そしてマカッサルの市街だ。

水交社で大和ホテルというのがよいと聞いて、まずそこに落ち着き、昼食を済ましてからセレベス新聞（＊毎日系）に行く。大森、金子、井上など旧知の顔がずらりと並んでいる。卓を囲んで四方山の話をする。それから東京へ電話を申し込んで、海軍報道部から、僕の飛行機便乗に関する手配を、現地の関係筋へしてくれるように依頼する。政治部の高橋が電話に出た。こうしておいて二三根に行き、副官に会って便乗方斡旋を申し入れ、所定の申し込み手続きも済ます。東京から何とか電報を打ってくれたら話はうまくゆくと思う。二三根には柿本が案内してくれた。

夕食も宿でする。材料はあるようだが料理がまずい。今晩はこのホテルで婚儀があるとのこと。何でも在留邦人最初の現地での催しだといっている。その宴会へ花嫁と同僚の会社の女事務員たちが自転車で続々とホテルに集まった。食後、一人で夕闇の街を三十分ばかり散歩する。気がつかなかったが、ホテルの前を右に折れてしばらく行くと海であった。夜になると人の通りがほとんどなくなる。水浴びをして日記をつけて早く床に入った。何しろこの間来、原稿を書き続けた上に、昨日の慌ただしさ、昨夜の空襲警報騒ぎ、その上今日の空の旅と重なっているので、すっかり疲れてしまった。

十一月二十八日　曇り、雨、時々晴れ（マカッサル滞在）

どうしたのか昨晩は二、三度も目が覚めた。大変な大雨が降っていた。このあたりも雨季にあるらしい。このホテルもオランダ資本家が経営していたのであろう。大小、優劣の差こそあれ、ジャカルタのデス・インデスなどと、その構えの様式がそっくりである。通路が庭に面していて欄干がある。各部室が三つの部分から成り立っていて、通路に面したところがテラス風の応接間。その次、つまり中の間が居間で、そこには卓と椅子、箪笥、寝台などがある。一番奥が浴場、便所となっていて、そこから裏の通路に抜けられる。洗面所は居間についていたり、浴場についていたりする。ただ、こちらのホテルの違うところは寝台の構えで、蚊帳というものがなく、寝台の周りが檻のように目の細い金網で張り巡らしてあって、ちょうど日本の「蠅入らず」のなかで眠るようなものである。その檻のような寝所から七時に起き出した。

朝食のあとに一時間ばかり市街を散歩する。大体の見当をつけて支那街を歩き、官衙《かんが》街を歩いた。支那街はほとんど全部の店が戸を閉めていた。今日は日曜日だからであろうか、朝が早すぎるからであろうか。あるいは、これが昨今の状態なのであろうか。ホテルの前のトキワ通りと名のついている街、それと直角をなす弥生通りという街など、官衙街は大樹の美しい並木があって、なかなか落ち着いたいい感じを与えている。オランダ時代からの遺風か、公園や街路の樹木に名称の説明を日本語名と地方名と学名とで表わしている試みは、非常によろしい。

日曜日だから、海軍関係の訪ねたい人もあるがそれもできず、秋田の兼ちゃんがいるはずだが、その居所を探すことができない。所在なさにまた街を歩く。そして土産に鼈甲細工を買ったが、そこには昭南で十一円とかしたマックス・ファクターの粉白粉《こなおしろい》が六円五十銭で売っていたので、それも豊子のために買う。午後は書籍か雑誌を買おうと思って「清月堂」とかいう書店を訪ねたが、トキワ通りのその書店は他へ引っ越して、跡が喫茶店になっていた。久しぶりで紅茶をそこで飲んで、書店の引っ越し先のミヤコ通りというところへ「ベチャ」で行く。ベチャというのは土語であって、前に客席のついた三輪車で、内地でいうところの厚生車（＊自転車タクシー）である。ところがそのベチャの馭者《ぎょしゃ》であるセレベス人は景気よく走ったのはよいが、どうも街の方角がおかしい。聞いてみるとミヤコ通りがどこか、よく知らぬらしい。通りすがりの人に尋ねたら、とんでもない方角に来ているらしいので、車を回してミヤコ通りを発見したが、書店は三時まで休んでいて施すべくもない。暇潰しに昼寝をしてその書店にもう一度行ったが、大衆雑誌は十月号、総合雑誌は九月号が最新刊ものであった。驚いたことは、この書店に原住民の若い者たちが来て、日本の雑誌類を漁っていることであった。

夕食をホテルで食っているところへ井上繰次郎から電話があって、飲みに行くから待っておれとのこと。やがて金子義男が来て「大川隊」と称する東京「数寄屋寮」の出店に行く。僕に井上、金子の三人だけである。ジャワ産のブランデーを飲んだ。ここも日本酒、ビール、洋酒などの酒はない様子である。この店は南方の日本料理屋では出色だと聞いていたが、よいといっても程度の知れたもの。ポーク・チャップが甘かった。帰りは雨。乗り物もないので傘を借りて帰る。

十一月二十九日 晴れ、曇り（マカッサル）

朝から民政府に岡田文秀総監を訪ねる。ラバウルの松本中佐からも紹介されていたのである。小一時間にわたってセレベスの民政関係、南方第二線の建設の話や、全般的な戦争の話などをした。それからセレベス新聞社に行く。山中に昭南以来あちらこちらで撮った写真の現像を頼む。ところでここには大朗報が僕を待っていた。それは野原機長の本社機が一日にはスラバヤから当地に着いて、五日までに東京に帰り着くよう飛ぶというのである。野原機のことは去る十八日、東京を立ったという以外、一向消息がわからなかったが、それは昭南方面に回っていたのだということが、やっとわかったわけである。これは願ってもない好便で、これに乗って帰れば万事上々である。

二三根司令部に頼んである便乗機の申し込みは、万一のこともあるので当分はそのままにしておくつもりだが、今度の旅行中、僕は飛行機運に恵まれてきたのだから、今度もおそらく都合よくゆくだろう。そんな気持ちが漫然とながらする。昨夜僕たちと一緒に飲んで帰宅した金子が、盗人に入られて五百円ばかりの金と雑品を盗られたということで、セレベス新聞社内は大いに賑わっていた。そこで僕は金子を慰問するという名目で、金子、井上、山中、そしてスラバヤから来ている連絡員の古田などを、支那街の「大漢」という菜館に午餐に行く。ここにも酒は、おかしなブランデーのほかになかったが、支那料理というものが、どこに行っても一皿一皿バラエティーに富んでいて、何よりありがたい食事であることを痛感する。

午後には秋田の兼ちゃんを訪ねた。東京で秋田家を訪ねたときも、詳しい居所を聞いておかなかったし、ただマカッサルにいるとだけで、果たしてうまく会えるものかどうかと思っていたが、今日セレベス新聞で聞いたらすぐわかった。僕のいるホテルとは、ほんの一丁ばかりの距離にある計見部隊というのに所属していて、主計大尉にこの十一月一日付でなったのだそうだ。訪ねてみると非常に元気で、その隊長というのが司令部の経理部長を兼ねて、ほとんどそちらへ出ているために、隊長代理という恰好で面白く仕事をしているそうだ。今晩一緒に食事をすることとし、慰問の意味で僕が席を設けるから、その席の選定だけはそちらでしておいてもらいたいといって別れたら、のちほどホテルに電話があって、席はできたから七時すぎに迎えに行くといってきた。そしてその時間に怖ろしく立派な自動車で迎えに来てくれた。兼ちゃんこと秋田大尉に連れてゆかれたのが、昨晩の「大川隊」であるが、僕の饗応すべきはずのものが、結局、先方の馳走ということになってしまった。

料理は昨夜と大同小異だったが、今晩は秋田持参の日本酒、それも白鹿黒松が一本あって、これは得がたいものである。日本内地ではかえって口にできないものが、こんなところで飲めるのも面白い。

ギルバート島沖に相次いであがった戦果の発表が、今日の午後三時に行なわれた。わが潜水艦がマキン島付近に敵航空母艦一隻を撃沈した上に、二十六、七日の両日にわたって海軍航空隊はギルバート諸島の西方で、大型航空母艦一隻、航空母艦四隻、巡洋艦二隻を撃沈し、戦艦もしくは大型巡洋艦一隻を大破した上、炎上せしめたという。この間のわが方は、計六機の未帰還もしくは自爆の犠牲を出している。どこまで続く凄い力であろうか。

十一月三十日　曇り、雨（マカッサル）

この小さな街マカッサルは、滞在三日間で見るところもなくなり、これ以上ここにいることは相当の退屈を覚悟しなければならぬ。その上ジャワで贅沢の癖がついたためであろうか、ここのホテルの食事がすこぶるまずい。「Grand Hotel Macassal」と、その昔いったそうだが、今はくだらぬ官宿にすぎぬ。今朝もぼそぼその飯や臭い味噌汁の耐えがたさから、鶏卵を茹でさして、それと珈琲とを朝食にした。所在なさに街を歩き、また例の本屋に行って書籍を買ってきて、読書に日を送る。雨は降っては止み、止んだかと思うとまた降るという調子で、外にもあまり出られないから、宿に籠もって本を読むのもよろしい。

夕方、海軍の民政部へ職員を訪ねて、東京から託されてきた手紙を彼に渡そうとしたが不在。その帰り道をまた散歩して暇をこなそうと思っていると、雨がぼつぼつ来た。例の「清月堂」という喫茶店に入って、雨宿りをしつつ牛乳を飲む。旅だからこんなこともできるのである。夕食後も読書をする。

十二月一日　雨、やや風あり（マカッサル滞在）

師走であるが、日本内地と違って、この暑い国にあっては師走という言葉の持つ感じがいささかも出てこない。今日は待望の本社機がスラバヤから着くはずであるが、朝からあいにくの雨で、その上、風さえ加わり、しばらくは嵐といった空模様であった。セレベス新聞社に電話で問い合わせてみたが、スラバヤからは何の消息もないとのことである。ただ心配なのは天候だが、聞いてみると十二月に入れば完全に雨季で、それは来年の二月頃まで続く、その雨季は降る降らないのという話ではない、どうかすると篠突く雨が、少しの休む間もなく一週間も続くことがある、この三カ月ばかりを通じて太陽の光線を見ることは、皆無といってもさしつかえないということである。降り込められて、昨日買ってきた社の高山底の訳によるハロルド・ラム著「帖木児《チムール》」が面白いので、それを読みふけっていると、床屋だが刈らないかといって部室に訪ねてきたインドネシア人がいる。床屋へ行こうかと思っていたところだから、刈れといってその場でやらせてみたが、下手くそで話にならぬ。ヒゲをすっかり左右不揃いに剃り込まれてしまった。

野原機が九時半にスラバヤを出発したということを聞いたので、昼食を済ましてからセレベス新聞に行ってみると、もう飛行機の搭乗員たちは社に顔を揃えていた。聞けば途中は相当の荒天だったということだが、腕については信望を集めているこの機長は、苦もなくそれを突破してやってきたのであった。さっそくこの飛行機で帰京することを決めた。出発は明朝の八時半で、メナド、ダバオ等は天候がよくないために、一気にマニラまで飛んでしまうのだと機長は自信に満ちて語っている。そこで保留していた海軍機の方を取り消すために、根拠地隊司令部に行って副官に会い、輸送機係にも会い、ホテルに帰って荷ごしらえや勘定をする。

夜に入って大森、金子、井上、後藤その他セレベス新聞の面々、僕と社機搭乗員一行のために、僕はすでになじみの場所となった「大川隊」で宴席を設けてくれた。兼三君と約束してあったので、十時にはそこを引き揚げてホテルに帰ったところへ、兼三君が来訪。表町へ託する手紙と品物とを持参、なお僕の家へもチョコレート一箱をくれた。ほんのしばらく話し合って別れ、彼の内地転勤を待つこととする。雨は夕方から小止みなく降っているが、天気図では行き先に不安もないらしく、明日はともかくマカッサルを出発するそうである。

十二月二日　雨、曇り、晴れ（マカッサルよりマニラへ）

セレベス新聞社に六時半に集合するという申し合わせになっているので、五時に起きて仕度をする。荷物を運ばせるためにジョンゴス（給仕）を呼んでも出てこない。このだらしない宿は誰一人まだ起きていないのである。そこでかなり重い三個の荷物を自分で提げて、セレベス新聞社まで歩く。飛行機の搭乗員たちはもう社に出揃っていた。ここで朝食を食う。それから飛行場へ。雨がしとしと降っているが、北の方の空は明るい。大森社長その他数人が見送りに来る。出発間際にタイヤの空気が抜けて少し遅れはしたが、八時三十分には離陸。

塩田と水田と樹木のまばらな山肌が下に見え、やがて雲のなかに入る。その雲の上に出て飛ぶこと一時間半ばかりで海の上に出る。トミニ湾である。このあたりから空は晴れる。ヒトデの恰好をしたセレベス島の一つの脚である最北の半島にかかり、メナドを遥か右方に見て、セレベス海を越える頃から天気はいよいよよくなったが、気流はかなり悪そうで、飛行機はその悪気流を右に左に避けながら飛んでゆく。

昼の弁当を食いながら赤道を越えた。南へ北へと、この二カ月の間に四度も赤道を乗りきったのだ。スールー海をすぎてミンドロ島を下に見ると、やがてルソン島、マニラの街が見え、バターン半島やコレヒドールが見える。マカッサルからマニラまで二千四百キロ、四時間半を翔破して、四時に着陸した。

福本福一（＊のちルソン島で戦死）が出迎えに来ている。しかし彼は、この飛行機で僕が着くということはまったく知らなかったらしく、非常に驚いていた。福本のいろいろな話を聞きながら、宿のマニラホテルに入る。マニラは先月の中頃に大出水があって、市内の交通機関はもとより、水道も電力もすっかり止まってしまったそうである。その出水を境として物価は怖ろしく騰貴した。今では靴一足が百二十円、背広一着が五百円、別に取り柄のない水呑みコップが一個二円何十銭もするそうである。食糧品もうんと高くなって、牛肉のすき焼などをすれば、一人前十五円はかかるという話だ。

海岸に沿う広い街路を自動車で走っていると、なかなか立派な景観であるが、道路は手入れをされていないために、かなりひどく傷んでいる。マニラホテルというのはアメリカ風のかなり大きな構えである。ここも戦前は日本人はほとんど寄りつけなかったところだそうだ。その一室をマカッサルから同乗してきた社の工務局の久世と一緒に占める。それからホテルの前のルネタ公園（これは写真や映画のなかでなじみのある場所である）、議事堂、市役所などを通り、市街の真ん中を貫くパシグ河を渡り、バグンパナホン区フロレンティノ・トーレス街というところにあるマニラ新聞社（＊毎日系）を訪ねる。

ここは松岡正男社長をはじめ、金子秀三、石川忠行、正富笑入、三池亥佐夫（＊のちルソン島で戦死）その他たくさんの知り人がいた。高松棟一郎が来ていることは意外だった。雑談ののち、マニラホテルで開いてくれた歓迎会に臨み、そこからさらに「広松」という台湾から進出してきた日本料亭に行った。高も知れないが、ホテルの食卓に出た鶏やホワイト・ラベルのウイスキーはうまかった。酒はほとんどなくなったというが、米でつくったというビールはふんだんに飲ませる。南方を旅行してタピオカでつくったビール、米でつくったビールと珍しいものを飲まされた。こうなると「ビール」を「麦酒」と書く日本のあて字は適当ではないこととなるわけだ。

十二月三日　晴れ（マニラ滞在）

高松が迎えに来てくれたので、一緒にホテルを出て海軍警備隊に行き、挨拶をする。副官の原田少佐というのが出てきた。それから支局（マニラ新聞内）に行き、航空部の高石晴夫を通じて、家へ羽田に迎えに来るよう電話してもらうために、伝言を依頼する。家へは昭南から帰途につく旨を打電してのち、スラバヤから大体の帰京予定を飛行便で書き送ったが、その方はうまく届いているかどうかわからない。それからまた高松の案内で、ここの目抜きの商店街エスコルタに行って二、三の買物をする。シガーを買った。これは安いが、他のものは、話にならぬ値段がついている。万年筆一本に三百円、五百円という値段がついているのには驚いた。

昼食はマニラ新聞の共同食堂で食い、午後一時から、そこで社の幹部の者だけを集めて戦争談を一時間ばかりやり、さらに福本の自動車を借りて市街の見物をした。ルネタ公園の周辺を見ると、マニラも堂々たる近代都市であるが、一歩裏に入ってみると、ごみごみした狭い道に人間と馬車（カロッタ）がひしめき合っている。ただ旧城内のスペイン統治時代から残った街は、落着いた一つの風情を持った一角であった。

マニラの夕景色はいい。夕焼けが非常にきれいだ。こんな夕焼けはこの旅行中には見たことがないし、日本内地でもめったにない。夕方はマニラ新聞社の向こうにある「北京菜館」という支那料理屋で飯を食う。鴨井、石川、高松と一緒である。家は汚いし狭いが、そして昭南などで食ったのには及ばないが、なかなかよかった。それからこの連中と一緒にハイアライに行って珈琲を飲み、音に聞いたマニラのアイスクリームを食う。これも比較をすればホノルルで食ったものには遠く及ばないが、またちょっとほかでは食えないものである。

そこからクラブに連れてゆかれる。ここには先着の福本と野原とが待っていた。白系ロシアの女が三人いて、ここへ皆が僕を誘ったということは、これらの女とロシア語でもさせようという心組みだったらしい。しかしこの女たちはロシア語を喋りこそするが、生まれはウラジオストクであったり、タシュケントであったりして、欧露のことを一切知らないばかりか、今のロシアがどうなっているかも知らぬ。この店にフィリピンのピアニストがいて、きれいな音楽を聴かしてくれた。

九時すぎにここを引き揚げ、野原と二人でホテルに帰る。帰ったら桐原真二（＊のちルソン島で戦死）の名刺が届いていて、おそくとも会いたいと書いてある。二、三度、彼の宿所ベイビューホテルの八〇二番というのに電話をかけてみたが不在である。この応召主計少尉は病気で寝ていたそうであるが、もう治ってどこかを飲み歩いているらしい。で、もう寝ようかと思っているところへ、その桐原からまた電話があり、明朝起きられたら、僕が出発するまでにホテルに訪ねてくることにするといっていた。床に入ったのは十二時だったが、支那料理が腹にこたえているせいか、珈琲を飲みすぎたせいか、なかなか眠られず、つい午前二時半頃に及んだ。このところ睡眠を取ること少ない傾きがある。

十二月四日　晴れ、のち曇り（マニラより上海へ）

朝食も六時半に終わり、玄関に車を待っているところへ、昨晩の約束通り桐原真二が訪ねてきた。病気はビタミンBの不足から来る熱病で、病状は脚気と黄疸とを合わせたもののように現われてきたそうだが、それもすっかり回復したといっていた。彼が応召されてから、もう二年半になるのだから早いものである。迎えに来たマニラ新聞の車で福本の宿、渡辺の宿を訪ねて二人を乗せ飛行場（ニコルス）に行く。渡辺は松岡正男社長と同じ家屋にいる、というより松岡邸に寄寓しているのだが、今朝、松岡氏は表に出て僕の来るのを待っていてくれた。そこで別辞を述べたのである。

　マニラで僕の心を残すものは松岡氏の健康である。本人は神経痛だといっていたが、あまりそれにしてはおかしいので、最近医者に診せたら中風症だということがわかった。医者は絶対禁酒を求めているのに、当の本人はなかなかやめようとしないようであるし、今のうちに内地に帰って療養すればいいのだが、それにも応じない――というので社の連中も弱っている。今度、僕が社に帰ったら社の幹部にも話をして、松岡氏東京帰還の方法を考えたいと思う。

　飛行場に行ったらたくさんの捕虜が今日の労働に入るため列をつくって飛行場に集まってきた。アメリカの兵隊などというものが、如何にくだらぬ連中の寄り集まりかということは、これらの捕虜の顔を見ているとよくわかる。馬鹿面か、でなければならず者の面をしている。離陸は遅れて八時五十分。今日も途中は高雄にも台北にも寄らず、一気に上海までを六時間で飛ぼうというのである。マニラの街は下に見える。かつての日、マッカーサーやケソンも、このようにマニラの街を下に見て豪州に逃げたのであろうが、それとはまったく違って今日の僕の気持ちは実に朗らかである。順調にゆけば明日は東京に帰れるのである。気象は台湾付近に低気圧があるが、それをうまく切り抜けたら上海近辺は好調子だとのこと。野原機長の腕なみに任しておけば間違いはない。

　離陸すると間もなく衣替えをした。スラバヤでつくらせた冬の背広がこれから役に立つ。その上セーターも着込んだ。靴下も二足穿いた。もう一着のセーターを襟巻とも肩掛けともつかぬ態様で巻きつけた。それでも高く飛び、北に向かうに従って寒くなる。あとで聞いたことだが、飛行中の最低気温は一度だったそうである。マニラを離れていくばくもなく曇り空となり、その雲を衝き、雲の上に出ると陽の光がまた射し込む。いつの間にかうとうとと眠ってしまった。一時間半ばかり眠ったであろうか、台湾の上空では、かなりの悪気流と飛行機が戦っている模様だったが、東支那海に出てから、それも収まり雲も少なくなってきた。支那沿岸の島々、それから大陸。このわずか数時間のうちに、僕たちは一面の緑に熱い日光の降り注ぐ地帯から、赤ちゃけた山肌、山間の乾田、そのあたりを流れてにぶく光る濁った川の見える支那の冬空のなかを飛ぶのである。杭州湾をすぎる間もなく上海。

午後三時に着陸したのが、大場鎮のなじみの飛行場でなくて海軍徴用の飛行場であった。降りて機外に出ると寒風で震え上がる。この寒さはここでも一両日前からにわかに厳しくなったのだということである。飛行機の格納するのを待って、迎えの車で街に行き、支局を訪ねる。宿は乗務員とともに辰己屋という日本宿に泊まることとした。キャセイ・ホテルも超満員で泊まれなかったからである。辰己屋というところも、偶然南京から来ている宮森が占有する部室に割り込んだ始末だ。夕食は支局長の横田が羊肉を馳走してくれた。ジンギス汗料理の名で日本に通っているこの原始的な料理は、また独自の味わいがある。支那の食い物はうまい。夜の街を散歩して宿に帰る。

上海もマニラに劣らぬインフレーションで、ここにいる社員なんかも弱り抜いている。今日僕たちを飛行場に出迎えに来ていた自動車な

ども、往復で百三十円のガソリン代がつくという話である。防寒のために支局から使いを出して、メリヤスのズボンを買いにやった。あまり上等でもない綿メリヤス製品で、邦貨の二十二円ばかりかかった。こうして邦人はあちらこちらで四苦八苦している。有卦に入っているのは一部の上海商人ばかりである。喘いでいる邦人のなかには、ただ漫然と「儲かる時」の来るのを待っている者が多い。戦争の舞台裏の問題として棄ててはおけぬ大きなものであろう。

宿に帰ってから前田中将に手紙を書いた。宮森から病気で入院していることを聞いたからである。この手紙は宮森に託して送る。上海でも訪ねたい人が多いが、その暇を持たぬし、変貌した上海の街の様子を、もっとゆっくり見もしたいが、それも許されぬ。ただ、われわれにとって「良い上海」ではなくなったことは、しばらくの時間に見て取ることができた。

十二月五日　晴れ（上海より東京へ）

長らく赤道付近を旅行し続けているうちに、昼と夜とがほとんど均分されていることに慣れていたので、ここまで来て昼の短いのに驚かされた。思えば冬至も近いのである。七時前に起きたが、まだ薄暗かった。そんなに早くから僕は飛行場に行かなくてもよかったのだが、自動車を節約するために乗務員と一緒に八時には宿を立った。上海発は十時の予定だったので、その暇に戎基地の指揮官内田大佐を訪ねて、挨拶かたがたいろいろな話をした。その話のうちにはじめて支那方面艦隊司令長官の更迭を知った。その新長官近藤信竹大将は、赴任の途中、昨日上海に着き、今朝出発するのだという。

僕たちの飛行機のいる格納庫前に行ったところが、薄氷を見るような昨晩の寒気のためか、どうしても右のエンジンが回らない。乗務員全員がいろいろ苦心して、それを整備しているうちに出発予定の十時はすぎ、十一時になった。そして近藤司令長官は上海在勤の陸海軍指揮官たちに見送られて飛び立った。それを見送って、また整備にかかる。

正午になったので、宿でつくらせた弁当を食う。十二時半をすぎて、やっとエンジンがかかった。そこで十二時四十分離陸。気象観測係からは、今日僕たちの進むコースは全線快晴というが、出発がそんなにおそくなっては、東京まで飛ぶことが難しい。大阪に一応着陸しようという話もあったが、今晩は確かに八、九夜の月明でもあるし、夜間飛行でどうしても東京へ突破しようというのが、野原機長の最後の断案であった。今日東京着のことは、高石から家へ知らせているはずだから、羽田へ出迎えに来るだろうが、こんなにおそくなっては出迎えの者たちも困るだろう、などと思いながら飛ぶ。機内は非常に寒い。機長の外套まで借りて防寒をする。

二時間飛んだら九州の島と山が見え出した。大牟田から陸にさしかかる。寒いはずだ。九州の山々は日の当たらぬ北面の山肌には薄い雪が斑らである。瀬戸内海にさしかかったあたりで、日は没した。大阪、津などを暮れゆく大気の中に俯瞰し、あとは月光の鈍い淡々たる夜の空を翔ける。それでも富士山は夜空にも実にはっきり、その麗容を浮かべていた。横浜の灯、そして大東京の灯、夜間飛行のことは通告していないので、都市防空関係で敵機と見間違う危険があったが、街に明かりがついている以上、心配はいらぬものと思う。羽田の上空まで来ると、飛行場は夜間着陸の準備を整え、滑走路をあかあかと照明して待っていてくれた。五時四十分、ちょうど上海を立ってから五時間で東京に着いたのである。

機上から降りるとたくさんの出迎え人（そのほとんどすべてが社の連中）のなかに、豊子に抱かれた桂がいた。旅の明け暮れに想い続けたこの子である。大きくなっているのに驚き喜ぶ。高石晴夫が面倒を見て、飛行場に連れてきてくれたのだ。谷川大佐の令嬢道ちゃんも来ていた。それは昨晩から僕の家に泊まり込んでいたのだそうだ。持ってきてくれた外套で体を包んで飛行中の寒さを忘れ、僕たち親子三人と高石、道ちゃん、皆一緒に社の車に乗って帰宅する。

思えば二万一千キロの旅行。しかも戦火の只中で、幾度か死生の間に立ってきた七十日間であった。今、こうして事なく帰り着くことができた。万が一には、というよりも少なからぬ機会が、僕の生命を奪うかもしれなかったのである。それに途中で壊した健康も、すっかりよくなって妻子の顔をふたたび見るのである。赤飯を炊き、不自由ななかでさまざまな料理をつくって、歓迎の宴が張られた。まことに和やかな喜びに溢れた一夕である。道ちゃんは高石に渋谷まで送ってもらった。そのあとでもあれやこれやと旅先の話、留守中の話が出て、就寝は零時をすぎた。隣の床に桂がすやすやと眠っている。

III　敗戦

（昭和十八年十二月六日～昭和二十年九月二日）

十二月六日　曇り、時々晴れ

何しろ二カ月余りも留守にしたのだから、いろいろ雑用が溜まっている。手紙の整理だけでも大変なことだ。朝からそんなことにぼつぼつ手を染めたが、一方、桂のお相手もしなければならぬ。こういう発育途上にある子供の二カ月は恐るべきものがある。わずかに単語を連ねてようやく意思表示をしていたのが、今ではほぼまとまった章句をもって、思うことを訴えるようになった。老人が教え込んだのだそうだが、「君が代」と「白地に赤く」の日の丸の歌を、聞いているとそれらしく聞こえるように歌うし、日の丸の旗と、電車の絵を、その形に見えるように描くこともできる。その一方では我意を通そうという気持ちが濃厚に表われてきた。そういう風であるから、相手になっていても甲斐がある。

昼食を家で食ってから出社。誰彼に歓迎の言葉を浴びせられ、社長、会長、総長、主筆などに挨拶をし、海軍にも挨拶のため出ていったが、栗原大佐は留守。富永中佐は病気で休んでいた。夜は森本太真夫が家に来訪するはずであったが、高石会長がカクテルを飲ませるから来いというので、しばらくの間と思って行ったところ、夫人もいて、カクテルのほかにウイスキー、日本酒なども出て、とうとう夕食も馳走になり、急いで帰宅したら森本は待ちあぐんで、もういなかった。ほんの一歩違いだったらしいが、済まぬことをした。

今日、社の机に久しぶりに座って抽斗《ひきだし》を開くと、旅行の直前に書いた豊子と桂とに宛てた遺書が出てきた。これが無用のものとなったことを喜ぶ。

十二月七日　雨、のち止む

二カ月ばかりの間に、日本内地もいろいろ変わっている。社の内部でさえも、その変わり方が甚だしい。青壮年男子の禁止職業決定から、女の子が多くなり、各部にも女の事務員を幾人も置いている。八階の食堂が米飯もパンも一切出さなくなっている。この寒さにも今冬はヒーターを通さないので、編集局のなかもかなり寒い。そんなわけで、昼食をすることも厄介になった。今日は上原主筆と一緒に下のサロンで食う。ここは依然として料理に米飯かパンをつけて出す。

午後は第一会議室で社の幹部連に旅行談をする。会長、専務、総長、主筆その他三十人ばかりが集まったが、近来南太平洋の戦局から一般戦局を通じて悲観論がかなり甚だしく行なわれているとき、僕の見聞した戦争の実相から帰納した断定として、この戦争は充分に勝てる戦争であるということを説いた。叙述はすべて実際に立脚して進めていったが、あとで聞いてみると一同に相当の感銘を与えたものと思われた。

今日は早く切り上げて帰宅したら、谷川夫人と令嬢が来ていた。桂を取り巻いて大変な賑わいである。鮪で握りと、鉄火がつくってあって、ゆっくりとした夕食をしたためることができた。

十二月八日（開戦記念日）　朝濃霧、曇り

いったん社に出てから秋田家に行く。マカッサルの兼三君から託されてきた手紙と品物とを持参したが、老人は在邸、夫人は千葉の一宮へ行って留守であった。兼三君の近況、その勤務ぶりなどを話したら、さすがに愛児を遠い戦局に出していることとて、涙を湛えて聞いていた。正午、

編集局内で宣戦詔勅の奉読式があり、それを終わってから「大作」に鰻を食いに行く。上原主筆の饗応である。夕方は鹿倉吉次専務に招かれて新橋の「秀花」に行き、家には風呂が立ててあるというので、早めに切り上げて帰る。十日に南方へ出発する高石機に託すべく、マニラやマカッサルで世話になった連中に礼状を書く。

十二月二十三日　晴れ、夕より雨

太平洋協会の金井清、平野義太郎ほか数人と、丸の内会館で夕食をしつつ戦争談をする。その食事が非常にまずくて、しかも少量だったので空腹に困っていたら、今日大阪から飛行機で上京した社長が、弁当を手つけずに残しているというので、それを貰って凌ぐ。情けないようであるが、当今こんな好機はざらにない。夕方から築地の「新喜楽」で五島慶太と会う。彼の息子と南方戦線で会ってきた僕から、息子の消息を聞き、戦争の話を聞きたいといってきたからである。重役の小滝と大川という総務局次長とが同席した。

今朝は、それも南方で会った牛窪少尉の母親が来宅して、息子の近況を聞いて帰った。僕は南方で会った兵や将校の消息をなるべく、その家庭に伝えるようにしている。これは決して無駄なことではない。

十二月三十一日　曇り、時々晴れ

朝のうちに家にいて、いろいろ整理などする。正月を迎える準備とて、これといってない。今年はどこも正月の儀礼的な装飾などを、すっかり廃止することになっている。考えてみれば無駄が多かったものであるが、僕の家などでも今まで行なってきた正月のしきたりを一切抜きにすることはできないらしく、松飾りなどはしなかったが、お重詰めの料理だとか、尾頭つきの魚だとか、床の花を活け代えるとか、いろいろと準備があるらしい。僕はできることならもう少し酒を仕入れたかったが、闇相場の酒を強いて求めるというほどの熱心さもなく、無理をしないで入ってくるもの以外には特別の考慮をしないこととした。

社に出たが、出社している社員の数も少なく、論説席もこれといって仕事もないままに、議論、雑談などに半日を送る。

昨日は国府津の小野田が魚を送ってくれたが、今日は佐藤八郎が河豚と蝦をくれた。この間、丹後の岡田啓治郎が送ってくれた鰤がまだ残っている。豊富なものである。のんびりと家内揃って夕食をしているところへ佐藤八郎がまた電話をかけてきて、つもごりそばを持ってゆくという。間もなくそのそばと調味料、砂糖その他をももたらす。そのそばは更科の上等である。佐藤は昨晩飲みすぎて、今日はあまり飲みたくないといって、小酌ののちに帰っていった。遠慮をする男ではないので、彼にも飲み足りるということがあるものかと不思議である。

湯に入り、佐藤のくれたそばを食って寝る。

昭和十九年一月一日　曇り、時々晴れ、また小雪を催す

年が改まったからといって、今年は何をしようとか、何をしなければならぬとか、特に改まっ

て考えようとは思わない。昨年やってきた通りのことを今年もやってゆけばよいのである。昨年の同日にもその前の一年を回顧して、何を反省しようとも思わなかった。僕の仕事はその日その日で結末がついている。そして、これはという失敗もなかった。特に昨年は南方戦線の巡歴という、僕の生涯にとっての最も偉大な仕事の一つがあった。僕は日常の新聞記者としての生活に恥ずるところがない。くだらぬ功名欲を持たぬ。新聞の仕事を踏み台にしようともせぬ。堂々と純正記者道を歩いてきた。その上にこのほどの南方行きがあった。それは死を決した大きな仕事であった。それを僕は完全に成し遂げた。海軍の当局も僕を南方戦線に送ったことが成功であったといっている。何ごとによらず資性に磨きをかけることと、そのときそのときの仕事に忠実であることが尊いのである。今年もただそれで通してゆくだけのことだ。

ただ生活の問題となると思うに任せぬことが多い。昨年の南方旅行から生きて還ってきたからよかったものの、もし死んでいたら僕の家族はどうなっていたことであろうか。この問題だけは何とか考慮し、方策を講じなければならぬ。桂が数え年四つになった。この子の成育の速いのは驚くばかりである。桂の日常の楽しみの大部分が、そのことに懸かっている。いろいろと優れた素質を備えていることには望みが多い。

朝、家族で座敷に膳を並べて屠蘇を祝う。この席でも昨年の正月の桂と、今の桂との驚くべき相違を感ずる。

社の祝賀会は十一時からはじまった。少々遅れてそれに列席する。冷酒とビールとが出たが、飲み足りないでいると、高田総長が酒があるから総長室に来いという。そこにはウイスキーが一本あった。数人でこれを飲み干し、社から赤坂の秋田家へ行く。老人夫妻は不在で喜久子さんが留守をしていた。老人は湯河原だそうである。

年賀状というものは、きれいになくなった。今日はわずかに二本届いただけである。

一月四日　曇り、寒気特に厳し

延び延びになっていた本紙用記事「戦局総論」を書きはじめる。家にいればいるで、いくら火鉢に炭火を熾してみても、容易に暖かくならないし、社に出てもストーブがないので、寒さに震えながら仕事をしなければならぬ。その上に最近困ったことは、社の給仕難である。十四歳以上の男子の就業種別制限から、こういう若者を給仕に雇うことができなくなったので、その埋め合わせに社では女の給仕を試用したが、能率があがらないくらいならまだしも、一カ月分くらいの月給を貰うと、どんどんやめてしまうので始末に負えない。直接の被害者は僕たちで、茶を一杯飲むのにも不自由をする。

さすがに平時とは違って、正月四日、社内はすでに正月気分など少しもなく、僕も今日はまったく酒杯を遠ざけて、夕方も早く帰り、家族と酒気のない食事をともにする。

一月八日　晴れ、時々曇り

ドイツ海軍に反乱事件があったという風説、あちらこちらから伝わる。真相はまだわからないが、絶無といいきることはできない。本当でないとしても、こういうことが伝えられて、「あるいは」

と人々に思わせるほど、ドイツの前途は危惧をもって見られているのである。
海軍の平出大佐がマニラ駐在武官になって転出するので、夕方から社で送別会をする。会場は「きかく」。社からは高田編集総長、今度マニラ新聞社長になって行く山田取締役、上原主筆、阿部主幹、吉岡、村田、田中、塚田、加茂、後藤などが出た。病気あがりの平出、この頃酒を飲まないので、主人側だけが大いに飲んでしまう。

一月十七日　晴れ

今日は「ふくべ会」のある日だが、後藤基治の送別会があるので「ふくべ」の方は断わって後藤の会に出る。後藤は今度マニラ駐在武官になった平出大佐に頼まれて、海軍の人として、平出大佐を輔けるために明後日マニラへ出発するのである。会には新名、河野、礒江、安達などが出た。そして黒潮会の中島がこれまた近くマーシャル方面に海軍報道班員として出かけるので、それも呼んで行を壮んにした。最初は社の八階、次いで銀座の鴨鍋の店に行き、後藤が他の会のために僕たちと別れたあと、礒江、新名の二人と、ラバウルから帰った川崎を交えて、九段に行ってまた飲む。その帰り、十二時終発とばかり考えていた池上線が、いつの間にやら十一時四十五分限りとなっていたので、それに間に合わず、寒い路を蒲田から歩いた。

一月二十六日　曇り、時々晴れ

十一時前に社に出た。約束によって小菅刑務所から乙坂教誨《きょうかい》課長が出迎えに来て、刑務所の車で小菅に向かう。岡崎刑務所長と雑談ののち、昼食を馳走になってから講演をした。食事は皆受刑者のつくった材料で、受刑者が料理したものであるが、鶏のカツレツ、鶏と野菜の葛煮、オムレツ、椎茸の澄まし汁などで、この頃東京中のレストランなどを探し回っても食うことのできない立派なものである。

講演はここの大講堂でやったが、聴衆はこの刑務所にいる五百余人の経済犯罪者と、五百余人の徴用令（＊国家総動員法に基づく法令、十五歳以上の男子が対象）違反の少年たち、並びに刑務所長以下所内の役人一同である。南太平洋戦線における将兵の労苦、少年飛行兵たちの健気な精神的行動などを話していると、聴衆のなかには流れ出る涙を掌で拭っている者がたくさんいるのが見えた。一時間余り話したのち、少時間、所長以下所内の幹部員と座談を試み、それから所内見学をした。

ここは音に名高い重犯罪人の収容されているところであったが、今は空襲時に対する懸念等から重罪人は他所に移されて、前記のような受刑者でいっぱいになっているのである。府中刑務所と並んで、日本一の称あるだけに、内部の設備はまことに堂々たるもので、まず監房を見ると、一人ずつの寝台、一人ずつ一個の洗面所、水洗便所などよくできている。工場では軍の要求によるものを主としてつくっていた。そのなかには海軍の用いる八メートル伝馬船や落下増槽、爆弾輸送用木箱、軍靴などがある。ほかに各種の木工、織物、印刷なども行なわれていた。乳牛、豚、鶏なども飼ってあるし、菜園もきれいにできていた。刑務所を見学することははじめてであるが、よい体験であった。

二月十二日　晴れ、夜雨

早版用の社説がいることとなったが、誰も書かないので、当番の関係で「農山漁村へ」という一文をものする。都市と地方との人口流動の合理化と都市人口の疎開について述べる。

ラバウルから佐々木碩哉と北が帰ってきた。その後の前線の状況を聞く。社で横山五市と夕食をともにし、それから渋谷の代官山へ五島家の追悼会に行く。五島進少尉と僕が最後に会ったのは昨年の確か十月末頃だった。その五島少尉は十一月六日に、ラバウルからブカに行く船が敵機に襲われて戦死を遂げたのである。五島老にも会っていろいろ話をしたが、あれほど鼻っ柱の強い老人も、今度のことにはよほどこたえたらしく元気がなかった。

二月二十一日　晴れ、曇り寒し（大阪）

大阪へ講演に行く。ところがそれに出かける直前に、トラック島の戦況を聞いたが、まさに大ごとである。講演のやり方も難しくなった。午後、大本営から発表されたところでは、トラック島におけるわが損害は開戦以来最大のものである。なかにもこの際、十三隻の輸送船を沈められたことは特に影響が大きい。午後、社の会合に出たが、列席の奥村社長以下とんと元気がない。

統帥と政務、軍政と軍略との一致という触れ込みで人事更迭の発表あり。東条英機が首相、陸相のほかに参謀総長を兼務し、後宮淳が秦彦三郎とともに次長となり、嶋田繁太郎が軍令部総長兼務、したがって杉山元《はじめ》参謀総長と永野修身《おさみ》軍令部総長の両元帥が、その職を解かれたのである。

両元帥の退職はよし、あとは悪い。

二月二十九日　晴れ

昼食を少々早めに家で済まして社に出る。そしていち早く新名丈夫が応召したことを聞いた。彼の筆になる二十一日付朝刊の記事が問題（＊竹槍事件）となった。問題にしたのは陸軍で、しかもその発頭人が東条だったのだが、「敵はわが本土に上陸するようになったら困る。これを、それまでに洋上で叩くことが必要だ」という論旨を敗戦主義呼ばわりしている。しかしこの記事はそんなことではなく、どうすれば勝つことができるかを突っ込んで説いたものであり、状況的には所定の検閲を受けてそれを通過している。にもかかわらず当日の新聞は発禁処分になった。だが紙は配達されたあとのことで実害はなく、かえってこの処分で読者がその記事に関する関心を深めたのが落ちであった。

勝利か滅亡か

戰局は茲まで來た

眦決して見よ、敵の鋏狀侵寇

竹槍では間に合はぬ

飛行機だ、海洋航空機だ

しかし陸軍当局はこれで事を済まそうとしない。高田編集総長が大阪から帰る早々、情報当局と折衝し、次いで奥村社長も上京して陸軍に釈明したが、陸軍の要求は筆者を処分し、また今度のような記事を書くおそれのある者を一掃しろというのである。この要求に対する社の意見ははっきりしていて、これを拒否する態度に出た。そのことがあってから「あるいは」という一抹の不安がないではなかったが、まさかと思っていたことが実際に現われてきた。それが今度の新名の召集である。彼は未教育国民兵役に属していて、確か二度か三度の近視眼である。それが召集を受ける。召集は畏くも、陛下の御名によってなされるのである。万一にもこれが犬糞的（＊意地悪）な仕打ちであったとしたならば、何という恐懼すべきことであろうか。そういう心がけで国政が運ばれているとしたら、それは何という恐るべきことであろうか。

この事件を巡って、陸軍部内の意見はなかなか硬化している（＊東条大将は毎日新聞の廃刊を要求）。このような紛糾の最中へ高石会長、鹿倉専務の一行が南方旅行から帰り、待ち受けていた奥村社長らと帰社早々重役会議を開いた。それが一通り終わった夕方の六時に、会長らを迎える小会が開かれたが、僕には必ずしも緊要でない会長らの大がかりな今度の旅行が、今さらのように苦々しく思われた。

そういうことはさておいて、僕たちは新名を送ってやらなければならぬ。十三日にパラオに赴任する海軍の富永中佐の壮行会を兼ねてこれを行なうこととし、加茂と僕の二人が新名を連れて、報道部の送別会に出ている富永中佐を「久保田」に迎えに行くと、そこには栗原大佐らがいて、もう一つ別の席があるから同席しろという。辞退しきれずに赤坂の「小泉」に行く。栗原大佐、高瀬、唐木両中佐、庄田、矢倉両少佐、加茂、僕、そこへ主賓の富永、新名といふ顔ぶれである。そこで一時間余り過ごし、富永、新名を拉して芝浦の「小竹」に行き、おそくまで飲む。帰りは池上電車の終発に乗り遅れ、五十分ばかり歩いて帰宅したが、今日社で新鮮な鰤を手に入れたので、それの刺身でまた酒を飲み、二時すぎてから床に入る。

三月一日　晴れ
心ばかりの品々を持って、松沢の新名の家を訪ねてゆく。案外簡単に家のありかはわかったが、行ってみると小さい子供が四人もいて、そのうちの一人は重い病気にかかっているという。これを残して行くのかと思うといいようのない気持ちが湧く。彼の家の酒も飲み干してないので、そういうこともあろうかと用意していったウイスキーで、南の日当たりのよい縁側で別盃を飲み交わし、一緒に社に出かける。八幡山の駅までは、彼の家族と隣組の人たちのささやかな見送りがあった。彼は今夜の汽車で四国の丸亀に向かい、そこの連隊に入るはずである。社では昨日大本営から発表された、緬印国境シンゼイワで皇軍が英印軍第七師団を包囲撃滅したことについて社説を書く。

三月二日　曇り、晴れ、やや風強し
新名が召集解除になったという報あり。よくもそういう運びになったものだと驚く。他の場合とは違って、今度の入営は決してめでたくはなかったのである。帰ることができてよかった。

三月三日　曇り、風やや強し
新名の召集解除命令が取り消された。丸亀の連隊区司令部で入営には及ばぬといったものを、今度は陸軍省から、そんな命令は効果なしといってきたのである。問題はいよいよ紛糾してきた。昨日社でも今度の問題と関連するごとく、せざるがごとく、編集人に異動を加えた。吉岡、加茂

が退き、阿部賢一が主幹と編集局長を兼ねることとなり、同時に整理部長には堤為章が就任した。しかしこんなことでは及ぶまい。押してくる手が只事ではない。こちらももっと根底から対策を立てなければならぬ。

三月六日　晴れ

雪のあとのぬかるみはひどいがいい天気である。昼食を少々早く家で済ましてから出社した。島田弘毅がかねてから約束してあった大黒ブランデーというものを持ってきてくれたし、社の共済組合では葡萄酒の配給があった。新聞用紙の統制もいよいよ強くなってきて、今日からは全国一斉に夕刊廃止となった。社内には活気次第に去る。

三月九日　晴れ、曇り、夜雨

社に出た。昼食を家で済ましてからだから一時をすぎていた。今日組み込みの社説の予定はすでについているということで安心していたところ、皆の話を聞いていると明日の陸軍記念日の社説のことが話題になっていない。そこでどうしたのかと聞けば、主筆をはじめとして誰もそのことを考えていなかったのである。時も時、陸軍記念日について社説を載せなかった場合はどういうことになるか。そこで大急ぎで僕がそれを半分書き、あとの半分は新井君が疎開の問題について書く。ともに一版組み込みである。

三月十日（陸軍記念日）　雨

各紙の社説を見ると、いずれも陸軍記念日を柱に扱っている。おかしくてならぬ。

今日で海軍報道班員を解かれる。

午後二時から原為雄に頼まれて、彼の娘が在学し、彼の夫人が幹事をしている東洋英和女学校の母の会に講演に行き、その帰り原為雄の家でウイスキーを馳走された。

高橋信三より来信。僕を京都支局長に推すという大阪の意見であるが、承知するかどうかといってくる。承知しないと返事をした。午後六時すぎから浅草の松村の家で「へんのう会」のそばを食う会あり。

三月十一日　曇り、小雪あり

昨日で海軍報道班員を解かれたが、これまで僕は報道班員であるために外地勤務者として徴用されていたので、陸軍の兵役関係にもそれが利いていた。これからは一般動員に準じて応召されることになるのである。それも結構である。しかし僕の能力に応じた御奉公をすることがより望ましい。また海軍としてもいろいろ考えるべきところがあるはずである。それらについて朝、海軍に行き当局と話をする。

四月二十二日　晴れ、時々曇り

古賀峯一連合艦隊司令長官戦死の報、一部に流布さる。前にも一度その噂があった。今度は去る十二日のことだというが真偽定かでない。

五月五日　曇り、夜雨

社に出ると、大本営から、古賀連合艦隊司令長官が前線で殉職したとの発表があった。

五月十二日　曇り

古賀元帥の葬儀があったが、その葬列が大蔵省のそばを通るとき、怪漢一人が現われて列を妨げた。すぐ捕らえられたが、大東塾の者で、元帥の葬儀を仏式でやるのがいけないというのだそうである。おかしな人間のいる国である。

五月二十四日　晴れ

新名丈夫の入っている丸亀の部隊が、近く前線に出ることとなるらしい。彼は少し体を壊しているので、出動の前に除隊となるかもしれないという。人物経済の上からいっても、彼を前線の一兵卒として働かせるよりも、今までの仕事で御奉公するのがいいはずだ。そのようにことが進むやよう手を尽くしてみる。

五月二十七日　雨

海軍記念日である。いろいろな催しもあるが、こういう戦局下にあっては、意気あまりあがらないのを如何ともすることができぬ。最近感ずるところは日本人があまり優良な国民ではないということを露骨に表わしてきたことだ。道義の廃《すた》れたところ、秩序の保てないところ、意気地のないところ、皆そうである。

新名丈夫の除隊が確定した。二十九日の早朝、いよいよ隊を離れることができるそうだ。帰社したのち、社で彼を如何に扱うかについては、充分考慮しなければならぬ。それについて高田編集総長と打ち合わせをする。「戦闘帽」を書く。

五月二十九日　曇り

今日から論説の当番がはじまる。それに社内防空訓練の日であるから防空服装に身を固めて少々早く出社する。社の防空訓練は午後一時からはじまり、二時頃、全社員の退避訓練があった。中部太平洋の海軍報道班員として出ていて、一両日前に帰った社会部の中島の話を聞く。夕方から「大作」でかねての懸案になっていた「ラバウル会」を開く。社会部の高原、福湯、東亜部の川崎、浅岡、写真部の二村、木村、中村（政経部の佐々木、橋野は欠席）が出た。その後のことを聞いてみると、ラバウルで僕たちと知り合った誰彼がたくさん死んでいる。よく生き残ったものだと思い、その意味でお互いの健康を祝し合いながらビールをふんだんに飲み、「大作」の親父の肝煎りになる初鰹を賞味する。

五月三十一日　快晴

　去る二十七日、敵兵新たにニューギニア西北ビアク島に上陸す、との大本営発表があった。多少の戦果はあがっているが、敵はいよいよマリアナ近くに迫ったのである。もう少しの猶予も許されないときである。このような情勢を転換せしめるために兵器、ことに飛行機の増産が急がれなければならぬことを社説に書き、「時は待たず」と題名をつけた。

六月二日　晴れ

　新名が帰ってきた。今朝九時六分に東京に着いて、いったん家に落ち着いたことを出社して聞いたが、午後、社に現われる早々会って、あらましの模様を親しく聞き取った。彼の入隊から三カ月経ったのである。最初は彼があんな具合で引っ張られていったとき、いったいこんなことで、この大切な時期を乗りきってゆけるものかと、当局のやり口を極度に憤るばかりであった。その心持ちは今でも変わらない。しかし今日、新名自身から入営から釈放まで隊内で受けた上官や戦友の兵たちの、彼に対する心やりの温かさを聞くに及んで、軍人政治屋の馬鹿者どもが何もかもを打ち壊そうとしている一方、こうした純な人間味が、皇国のこの厳しい時代を温めていてくれるかと思い、感激の深いものがあった。

　夕方、その新名の無事に帰ってきたことを祝う心持ちを表わすべく、礒江と立石の二人に斡旋を頼んで浅酌をすることとする。今どきそういう場所を得ることが大変な問題であるのに、人を得れば必ずしも困難ではない。銀座一丁目の「ユニオン・クラブ」というビア・ホールに導かれ、そこで一人半リットルのジョッキに四本余りのビールを飲むことができた。驚くべきことである。

六月六日　曇り、夕より雷雨

社へ出たら欧州第二戦線がいよいよはじまったという知らせが入っていた。同盟の電報、外務省からの情報、次々に入ってくる。今度は本当のことに間違いない。夕方までに判明したところでは、海上輸送と落下傘とで四個師団ばかりの米英軍がル・アーヴルからノルマンディー半島のシェルブールに至る一帯に侵入したらしい。いよいよはじまった。六月六日というとダンケルクの悲劇のあった日である。この日の未明に米英軍は歴史的なこの企てに着手した。独軍がこれを迎えて打撃を与えなければ、われらの戦局にも厄介な事態が見舞うことであろう。何よりの重大関心がここにある。欧州第二戦線が六月中にできるか否かについて、僕は太平洋協会の金井清と賭けをしていたが、僕はできるという説を立てていたので、勝ったことになった。一席おごらせるというのが条件である。

夕方、海軍報道部に浜田中佐と松岡大尉とを招くのと合わせて新名の歓迎会を「大作」で開く。新名は結局、改めて報道班員として徴用されることとなり、不日南方に出かけることに決まった。

六月七日　晴れ、時々曇り

午後、珍しくも三好勇が社に訪ねてきた。今度は彼の勧めている理研の大河内子爵に奨められて、甲府に行くことになったのだそうだ。仕事は今度理研がはじめる葡萄から酒石酸を採る事業である。僕なんかもそういう化学に縁のない方で、さっぱりわからないのだが、今、電波兵器のためにロスシャリン塩基というものが要求されている。それは酒石酸から生まれ出るもので、応急のわが所有量六万トンの酒石酸を採るためには、全甲州の葡萄畑を買い上げて、そこで採れる葡萄を酒にし、その酒から酒石酸をまず採ることが必要だという。ともかく三好が今度やる仕事は国家的に大きく、彼がそれほどの仕事を統裁してゆくことは嬉しいが、喜びはそればかりではない。三好のいうところによると、これから葡萄酒のうまいのを存分に飲ましてくれるそうである。三好はまた家族をまとめて甲府へ移ってしまうことになったら、桜上水の今の家に僕が入ってはどうかという話もしていった。

世話をする者があって今日は闇値の牛肉を買って、夕食はそれのすき焼をやったがうまかった。値段は百匁十円で、それを三百匁買ったが、この頃しばしば闇値の物を買う。主として食糧品である。闇取り引きは法律的には罪悪であることに間違いない。しかし物のうまいとかまずいとかいう問題でなく、空腹を逃れるためにも、一通りの健康を保持するためにも、闇の食糧品を小まめに手に入れなければ、やってゆけぬのである。

六月十一日　晴れ

宿直明けの、ことにつまらない日曜日の朝に時間を社で過ごしていると、約束によって豊子と桂とが訪ねてきた。一緒に宮城前に行く。桂は写真で宮城を知っている。「遥かに拝む宮城の……」をよく歌っていたが、今日も宮城に向かう道すがら大声をあげてこの歌を歌うのである。

二重橋前で三人揃って宮城を拝した。それから市電で牛込肴町に行き、正木家を訪ねる。昼飯を馳走になる約束ができていたのである。昼ながら酒が出て軽く飲み、二人を残して僕だけもう一度出社。それからこれも約束の南千束に白石大佐の宅を訪ねる。彼、近くマニラに赴任することとなっているが、取って置きの酒と自慢の鰻で「へんのう会」連中を招いたのである。主客十人で、南方戦線から凱旋した小林英夫中佐も加わった。記念撮影などをして宴に入った。肴は鰻のほかに数々あり。酒はナポレオンのほかに種々の洋酒、土佐の司牡丹、土佐の味醂、ビール等があり、余興も数々出て抱腹絶倒した。おそらく白石家では空前絶後のことであろう。

六月十三日　曇り

昨日書いた僕の記事が今日の紙上に出ている。ところが大切なところが削除してあるので、社に出て聞いてみると、陸軍の検閲官が削ったのだそうである。その箇所は海軍から出た資料によったものであって、海軍ではいってほしいところと思われるものでもある。困ったことだ。

六月十六日　晴れ

警戒管制第二日。このころラジオを馬鹿にしきっているので、そのニュースも聞かなかったが、少々早めに社に出てみると、今朝未明、北九州に敵機の来襲があったと大本営から発表され、昨日からサイパン島に対する敵の上陸作戦も発表されていた。テニアンへの上陸は行なわれていないらしい。社内は緊張している。夕方になって父島と硫黄島に昨日敵機がやってきたことも発表された。昨日、東条首相が「今や攻勢移転の戦機は動き出した。隠忍久しきにわたり、ひたすら戦力を蓄えつつ時機の到来を待っていた皇軍は、今や驕慢な米英に痛撃を開始した」と演説したその夜に、この事態が発生したのである。首相のいい分でおかしなところは、その米英に対する痛撃開始の実例に、支那とビルマ国境の戦争をあげている。第二義的、第三義的の戦線で攻勢を取っても、敵を痛撃しているといえない。しかもその戦闘が必ずしもうまくいっているとは思えないのである。ごまかしで国民を引っ張ってゆこうとする料簡ではどうにもならぬ。しかも敵は来たのだ。総理大臣のでたらめぶりを今さら非難していても間に合わない。社説を書いて「戦場は本土に及ぶ」という題をつけた。こんな騒ぎのうちに午後一時すぎ、最近には珍しく激しい地震があった。震源地は茨城県だということだ。

六月十七日　曇り、雨

その後のサイパンにおける戦況は、決して安心を許されるものではない様子である。支那では長沙の包囲態勢ができ上がったということだが、この方は宣伝ほど実際的効果のある戦闘ではない。一方、欧州から今日はかなりの朗報が入った。これはドイツが無人飛行機（＊V2ロケット）をもって英本土をめちゃくちゃに爆撃したというのである。それは十五日の夜から十六日にかけてのことで、ロンドンをはじめ南英の諸港や海上の船までがやっつけられている。海岸からロンドンの街までは黒煙でいっぱい、ロンドンでは十六時間ぶっ続けに空襲警報の鳴りっ放しだという。ドイツを見直さざるを得ない。

六月二十日　曇り、雨となる

大本営発表がかなりおそくなってから出た。マリアナ方面の戦況についての発表である。戦果も小さくはないが、こちらの損害も数字で表われていないものの、相当大きいらしい。これまでに例のない深刻な戦局となってきた。新しい戦力がこちらからも動き出していったようである。しかし敵にも充分な用意があろう。この一機会に大きな問題が懸かっている。一つ間違えば大変なことととなろう。しかし上原虎重のように流涕《りゅうてい》していても仕方がない。その際どうすれば勝ち目により近くすべてを持ってゆくことができるか、社説にそのことを書いたのだが、筆が及ばない。今の政治が何とも仕方のない難物だ。東条なんかこの重大時局を任しておける男ではない。一般の役人もいけない。国民も戦争に入ってから以来というもの、追い追いぼろを出して、「こんなはずではなかったが」と思わせることが多い。また軍人の無知と頑迷とも困ったものである。さァどうすればよいのか。今に至ってこんな問題に当惑しているということが、そもそもおそい。だがおそくはあっても、やれるだけやることだ。この尊い国家を護り通すか、戦敵の思いのままにさせるか。それが決する日は眼前に迫っているのだ。

六月二十一日　曇り、小雨

マリアナ方面の戦況は海上も陸上も、まだはっきりとしたことがわからない。敵側はどんどん発表しているらしい。

新名が明日早朝、羽田を立つ本社機でマニラに赴任するので、その壮行会を夕方から「大作」で開く。

六月二十二日　快晴

梅雨晴れともいうべき天気である。床屋へ行ったら一層気分がよくなった。よくないのは南方の戦況である。敵側の放送（＊開戦後、軍から短波受信機の保有を禁止されたため毎日新聞では女子トイレに受信機を隠し、海外放送を傍受していた）はあるが、こちらの発表は依然としてない。気を揉むこと甚だしい。

六月二十三日　晴れ

朝から家で「中央公論」の原稿を書く。午後また大本営の発表があり、マリアナ方面における連合艦隊の出動と、その戦果とを報じたが、戦局は依然として危なっかしい。ともかく社説を書く。こういう際になっても陸軍と海軍の反目がいろいろな点で目立って、時には正気の沙汰かと思うことがある。こんなことでは戦争に負けるかもしれない。

六月二十七日　晴れ、蒸し暑い

企画委員会があるので少し早めに社に出たが、そこではじめて政局の緊迫していることを聞き知った。東条の退陣、それはこの危局を救い得る一つの望みであるのだが、頑として退かぬらしい。内閣の一部改造（おそらく海相だけの差し替え工作）で切り抜けられるものならいい。しかしもうそんなことで押しきれる時機ではないのだ。平時の政変とは違う。今はここのところで何とか行き方を変えなくては国が滅びるのである。敗戦、亡国……誰がこんな忌み言葉を使いたくあるものか。しかしそれが現実の問題として眼の前に来たように感じられる。負ける態勢でもなかったし、そんなに弱い国民でもなかった。ただ政治がいけなかったのである。国民を引っ張ってゆく方法が根本的に間違っていたからである。徳富蘇峰一文を起こす。「軍官民各位に訴ふ」という題名がついている。一読するに切言である。この言論が今国内になければならぬと思われるものである。しかるに政府は、これを紙上に発表することを許さない。そこで社から熱海に使いを出して、紙上に掲げることができる程度に論鋒を加減してくれと申し送ったら、蘇峰は「そんなことができる相談か！」といって、一言のもとに断わったという。社のやり方もなっていない。蘇峰すら八十二歳の老人で、なお「これをいわなければ言論人として死してなお余罪あり」という意味のことを書いている。なぜ社では、言論機関として一毎日新聞がぶっ潰されても、これを掲げるだけの勇気と誠実とがないのか。僕は私人蘇峰は嫌いな方に属する人物だと常日頃考えているし、その論説にも感心しないところが多かった。しかし今日読んだ彼の一文は現下貴重なものであり、いろいろな意味で、こういう論説をまず蘇峰の筆によって世に示すことは最もよい方法だとも思う。しかしそれもできないとあっては、何処から時局の危うさを食い止める緒を見出すことができるであろうか。

六月三十日　晴れ

十時から築地本願寺で栗原千代太郎（＊スラバヤ支局長として赴任中、殉職）の告別式があるので、それに列席する。十歳の男の子あって、はじめは元気でいたが、霊前で焼香をしてからあとは悲しさが一時に来たものか、しきりに泣いて泣き止まない。見ているのに忍びなかった。

渡瀬亮輔、金子秀三、正富笑入と会食する。渡瀬は二十二日に支那の戦線から帰り、今日除隊となったもの。正富は昨日高石機でマニラから帰ったのである。政変説は一両日下火になっていたが、今日はまた盛んになっている。内閣一部改造なんかで押しきることなどはできそうにない情勢である。

七月五日　雨

内閣改造の問題も立ち消え、東条はあくまでも現状で押しきろうとして、彼に忠言がましいことを申し出ようとする者は、身辺に寄せつけないそうである。今日も毎日、朝日、読売三紙の代表が言論指導の適正を要請するという建前で進言しようと試みたが、会見を拒否され、阿部信行を通じていうこととなった。阿部を通じて東条にものをいうなどということは、まったく意味をなしていない。今日、政府の声明として、「支那における戦争は、わが軍がアメリカに対するところの戦いである。重慶軍といえども、アメリカとの関係を絶ち切った者は敵として扱わない」という意味を発表した。この政府声明は陸軍声明であることというを俟たぬが、愚劣も甚だしい。陸軍は何はさておき、国民の注意力を支那大陸に向けさせようとしている。そして支那大陸さえ押さえておれば、太平洋は安泰だなどということを公然と述べている。アメリカと戦うというのに、支那の米軍をたとえ全滅させても勝ったことにならぬのは、三つ子でも知っているのだ。アメリカを叩きのめせば支那が斃れるというのなら話がわかるが、それでは話もできない。そんなものは相手にできないので一昨日僕が書いておいた「ソ連と第二戦線」を社説に組み込む。

七月六日　雨

夜中に幾度も目が覚めた。そのつど夢を見ているのである。惨憺たる大本営発表に接して、どう社説に書こうかと苦心している夢もあった。自ら戦線に出て戦っている夢もあった。

社に出てから情報を漁ってみたが、サイパンはいよいよ駄目、犠牲も大きかったし、今後この島を利用して敵がどう動くかも深甚な問題である。マニラに赴任した新名丈夫の妻君が社にやってきて、新名からの伝言だといって礼を述べた。そして鶏卵やトマトをくれた。皆、当今貴重な品ばかりである。夕方、高田総長に招かれて「大作」に飲む。中央協力会議の決議文を社でつくることになったので、それに参画した者たちを招いたのである。永戸（俊）、三宅、東亜部の橘、社会部の古波蔵《こはぐら》などが同席した。今晩は「大作」も政治部が陸軍を招いている会があり、戦時版の会があり、毎日新聞社でこの店を買い占めたような形である。

七月八日　晴れ

昨夜半零時十一分、北九州に警戒警報、同二十分、空襲警報発令。午前二時二十分頃、敵機約

二十が一方は八幡、門司、一方は長崎、佐世保等の諸都市を襲った。投下したのは爆弾と焼夷弾とであったが、被害は極めて少なかったことが本当らしい。二機を撃墜し、わが方も一機を失ったというが、この方は確かにわからない。このために今日東京都下で一斉に行なわれるはずであった防空訓練は取りやめとなる。空襲下の演習でもなかろう。サイパンの発表は今日もなし。救われる見込みはもう絶対にないが、昨夜もわが偵察機が見てきたところでは、夜を徹して戦いはまだ続けられているという。この危局はどこまで深刻化してゆくか。救う途はないか、というよりも救う手立てをなぜ講じようとせぬか。

この間の徳富老人の直言を紙面に掲げることは当局に差し止められた。今度は末次信正大将の一文を載せようとしたが、それも海軍では「よい」というが陸軍では「許さぬ」という。そこで社では僕に何か書けないかということになった。書くことは喜んでいくらでも書く。しかし存分に書きたいことを書いては、また不掲載となることがわかりきっている。筆を投ずべきか、なお初志を貫くべく努力を続けるべきか。

七月十四日　晴れ

サイパンの発表、今日にも行なわれるかと思われるような気配があったが、また沙汰止みとなる。政局の危機を何とかして切り抜けてからサイパン発表をしたいというのが、醜い東条の考え方と見られる。

七月十五日　晴れ

今朝の六時から東京都は戦時警備令と総動員警備令の体制下に入った。しかし発令のことは公表されない。サイパンの戦争はすでに十一日頃完了した模様である。昨日は真珠湾のニミッツ司令部では南雲忠一中将、矢野英雄少将らの死体を収容して、これを確認したと発表している。しかしこれらの内容は日本国民だけがいまだ知らされずにいる始末だ。

正午すぎ、交洵社で講演をする。なかなか暑くて一時間半足らずの講演に汗だくだくだった。帰りは聴講に来ていた牧野良三（＊衆院議員）が自分の自動車で社まで送ってくれた。社の純夫が良三の甥であることをはじめて知った。内閣改造なかなか進捗せず、騒然としている。ただし国民は何がどうなっているのか、一切知らない。サイパンの発表もまだ出ないが、それが出たら各新聞社が共同宣言を出すことが決まった。そしてこの宣言文の起草は毎日が引き受けることになった。その文章をつくることを高田総長から頼まれ永戸俊雄とともにそれに当たる。夕方から「人作」で論説の罰金会あり。清酒一升のほかにビール十五リットル、大いに盛会だった。

七月十八日　晴れ、曇り

企画委員会に出席。サイパン島の発表は三時に内示、五時に正式に出た。第一版から組み込みでその社説を書く。午前十時から正午まで閣議あり。それで東条内閣総辞職が決定した。

このことが今日まで延びてきたことは邦家のため悲しむべき極みであったが、今日でもこのことを憂う。後継内閣がどうなるかというような問題ではない。ここから時局突破の新体制が生まれ出なければならぬ。東条という奸臣を放逐するためには、われらもまた戦ってきた。今年に入ってから東条の政治はいよいよ無軌道になってきて、あの「竹槍事件」にまで発展した。新名丈夫の事件が起こったときは、僕も泣いた。私《し》の野望のために大権を犯したのが東条であったからである。生かしておくべき人間ではないと思った。今度の往生際も極めて悪い。最後の最後まであがきにあがいて、権勢を棄てまいとしたのである。海軍大臣の嶋田がやめたときにやめるべきであったのに、野村直邦を海軍が大臣に送ったのをいいこととしてこれで乗りきろうとした。

しかし海軍は野村を出して表面上倒閣の責任を逃れたが、東条内閣支持の気持ちなどあろうはずがない。それを知って東条は米内光政を無意味の大臣に迎えて海軍と重臣と双方への繋ぎにしようとしたが、米内は動かない。大体東条内閣というものは、二・二六事件を中心とする軍部内、及び部外に広がった下剋上風潮を一掃するために、時の重臣たちが東条の憲兵的手腕を買って組閣をさせたものである。そして東条の憲兵的手法は、そのことに関する限り目的を達成した。しかしそれ以上の力量が、ことにこの大難局を乗りきってゆくだけの力量があるはずがない。

だが重臣たちとしてみれば二・二六事件当時の風潮は重臣たち自身の生命を危殆にしていた。それを東条が現われて事なきに至らしめた。いわば東条は彼らの生命の救い主である。そこに東条に対しては大きな口もきけぬ理由が存在するのである。だが今日に至っては、その重臣たちもこれ以上黙過していることができない。というのは時艱は国家の存亡を決するほどのものであるからである。米内が今入閣を拒んだのは重臣層の意向の存するところを示したものがある。

夕方、社の八階で清酒一本で論説陣の一同が杯をあげる。東条の退陣を祝する意味である。帰宅してからもまた、有り合わせの酒肴で晩餐を楽しむ。

七月十九日　晴れ

防空訓練日で型のごとく防空服装で出社した。しかし今さら防空訓練でもあるまい。後継内閣についてとりどりの噂があって、なかなか難儀のように見られたが、小磯国昭大将に召電が発せられた。明朝飛行機で上京の予定である。それほどになっても東条の新内閣組織に対する妨害的な態度がまだ続いているというから、これはまさに不忠の賊子であろう。

七月二十日　晴れ、曇り、雨

土用の入りであるが、この間中よりはかえって涼しい。東条内閣の総辞職が正式に発表される。東条一派は内閣の保命策としていろいろな手を使い、「東北地方や裏日本方面の民心は東条でなければならぬこととなっていて、万一東条がやめたら暴動が起きるだろう」などという憲兵情報を振り回していたが、実際はそんなものではない。何も知らぬ農民や労務者は、東条の形式主義に一応収攬されていたが、少々ものを知っている者や、中堅層以上の者たちは、すっかり鼻についたという気分であった。「米機を撃て！　英機を倒せ！」というビラが街に出た。

今日も「東条内閣がやめたよ」とある人が話したら、十一歳になる女の子が「あら、まあよかったわネ」といったという小話がある。今日、小磯大将東京着。組閣の大命はその小磯大将と米内海軍大臣の上に降下した。

夕方「汽関車」に行く。主人の赤羽が応召したので、余った酒を古いお得意に飲ました上、店を閉めて入隊するというのである。

七月二十二日 大雷雨、東京の所々に落雷、降雹あり。東北地方に水害の報

小磯、米内連立内閣成立。午後二時半、宮中において親任式が行なわれた。

総理小磯、外務兼大東亜重光、内務大達、大蔵石渡、陸軍杉山、海軍米内、司法松阪、文部二宮、厚生広瀬、農商島田、軍需藤原、運通《うんつう》前田、国務町田、同児玉、同緒方という顔ぶれで、緒方は情報局総裁を兼ねることになった。顔ぶれを見渡すと強力無比などということはいえないが、少なくとも東条内閣よりはよし。ことに小磯と米内との連立というところ、現下の最大難関突破克服の期待が懸けられる。新内閣の発表と前後して、昨日敵がグアム島に上陸したことが大本営から発表された。こうなることは予想していた。おそらくこの次はテニアン島へ来るだろう。それにしてもいよいよ容易ならぬ事態となってきたのである。東条は予備役に編入された。それでよい。もう彼が政務、軍務の表面に出るようなことがあってはならぬ。そして賞罰償わずで、後日に至ってから彼の罪科は必ず糾されなければならぬ。

今夜は産業報国会のビール会が社の大会議室であった。そこで大いに飲み、「汽関車」に行く。下の部室で一通りビールを飲んだあとで、来合わせていた社の連中だけが二階の部室に陣取り、六、七人で日本酒一升とウイスキー二本を飲み干した。ところが戸外に出た途端、暗闇の防空壕に足を滑らして落ち込む。かすり傷一つ受けなかったが、大雨のあとのことで壕のなかは大変な水溜

まりだったから、下半身がぐっしょり濡れて泥まみれとなる。いくらか行きすぎた観あり。

七月二十三日　曇り、雨（郡山へ）

昨晩の失敗は壕に落ちたことだけではない。札入れをなくしたのである。そのなかには金のほかに郡山へ出張するための汽車乗車証明書が入っている。そこで今朝は早めに家を出て有楽町駅に行き、事情を話して乗車券の再発行をしてもらい、上野駅に行く。ところが列車がまさに出発しようとするとき、窓外に声がして「森さん、済まぬ！」という者あり。礒江仁三郎である。見れば失ったと思っていた僕の札入れを持っている。昨晩「汽関車」で金を払うために僕の札入れを彼に渡し、払わしたのを彼はそのまま彼のポケットに入れ、酔っていることとてそのまま忘れていたのである。忘れていたのは彼ばかりではないから文句もいえない。ともかくこれで一つの損失はただ乗車券を二重買いしたことだけで免れたわけだ。

九時四十分上野発の汽車が混んでいるので二等券で三等車に乗り、午後三時四十何分かに郡山に着く。駅には福島支局長の山代と郡山通信部主任の小川とが出迎えていてくれた。安積神社の社務所に行き、そこで座談会、夕食。それから金透国民学校というのが会場となって市民総決起大会というのがあり、そこで一時間半ばかりの講演をする。このあとで小川の宅に行き、ここの翼賛壮年団の幹部などと杯を交わし、太田屋という旅館に投ずる。

七月二十四日　曇り、晴れ（帰京）

郡山を朝の七時三十分に出る汽車に乗り上野へは午後一時半頃、少し延着して帰る。そのまま社に行った。今朝は軍事懇談会を開くこととなっていたが、僕の帰社が午後になるので、谷水真澄が済ましておいてくれた。広島の斎藤正雄来訪。彼が持参するところのウイスキーを飲んでいろいろと語る。

敵、昨日テニアン島に上陸したようだが、大本営からの発表なし。ドイツにヒットラーの暗殺未遂事件あり。二十日のことであるが記事は目下差し止め。

八月十一日　晴れ

「上辷《うわすべ》りを戒む」という社説を書く。これはかねてから一言述べたいと思っていたところであるが、軍や情報局も左様、新聞も同様、皆戦争そのものを上辷りして考え、見ている。用語だけでも「鬼畜の米英」だとか「敵は敗走」「敵は遁走」「小癪にも……」「敵艦隊蠢動」など、およそ知恵もなければ肚もないものが平気で用いられ、何とかして敵を甘く見ることによって、その場限りの気休めをしようとする。こんなことで戦争に勝てるものではない。そういうことを一括して取り上げてみたのであるが、自分でもいわなければならぬことをいいきったという気持は快い。

＊「上辷りを戒む」

戦いに勝つための条件として、敵の正体をはっきり知ることは特に大切である。だがこれは容易な業ではない。殊に今日の戦争のように、世界の国々の殆ど総てが戦陣に加わっていて、中立国というものが極めて少ないことや、各交戦国が総力戦の意義に徹底して、国内機密の保持に努めていること等から、相手国の事情を探ることは一段とむつかしい。いまわれ等が今日までの戦績を顧みるとき、敵の実相を審《つまび》らかにしなかったことに起因する不首尾が、少なからず数えられるのである。だがそれは必ずしも努力の不足によるばかりではなく、十分に努めてもなお及ばなかったという場合もあったであろう。ただここに捨てておけぬのは、よく知れている敵の正体までをも曲げて表現し、理由もなく敵を舐めてかかろうとすることである。

敵の持つ物力が、さまざまな意図から実際以上に宣伝されているところもあろう。だが、その物力が、たとえ彼等の吹聴する通りであるとしても、われ等はいまさら驚くものではない。その力を認め、これを破るべき手段を不抜の努力によって創造し、そして勝利を獲得するのみである。この信念の前に、大きいものを殊さらに小さいと言い、強いものを徒《いたずら》に弱いと言う必要があろうか。現に敵の侵寇作戦は進展している。そこにはこれを可能ならしめただけの大きな力があったのである。然るにも拘わらず、敵側に一つの失策があれば、これが戦局の全面にも影響するかのように説いたり、敵の新型機が現われると、その局部的な欠陥を取りあげて、機全体の機能を軽視したり、一定の作戦目的をもった行動と見るべきものを「蠢動」などと呼んだり、敵部隊が後退すれば、情況如何を究めもせずに「遁走」と言ったりする。

これ等は一体何のためなのか。そこから齎《もたら》されるものはただ安価な気休めのみであり、その気休めの生むものは、戦う者として最も怖るべき心の弛《たる》みである。今日のわれ等の態度として切望されるのは、ごまかしのない真剣味だ。些かでも軽はずみなところがあってはならぬ。そうでなければ戦争には勝てないのである。

八月十二日　晴れ

今朝の紙上に載った僕の社説「上辷りを戒む」は果たして反響があった。社内でもこれを機会に記事作製、見出しのつけ方に工夫をすることとなって、各部は出先へもそれぞれ訓電を発した。

八月十四日　晴れ

一昨日の社説「上辷りを戒む」の反響あって読者より投書舞い込む。朝早く出社。吉岡らと非常時体制の確立について、社内の今までの行き方を刷新するよう協議、十時半より佐々木碩哉のテニアン島、グアム島の戦況談を軍事懇談会で聞き、その発表を契機として、この新聞作製について意見を交換する。午後三時から日本外政協会婦人部の連中がやってきて、それにソ連事情を語る。夕方、上原虎重、佐藤浅五郎の二人と新橋の「花家」に行き飲む。

八月十七日　晴れ、時々曇り

夕方、電話がかかってきて「森整という兵隊さんからの依頼であるが、その兵隊さんが今、横浜の宮谷国民学校にいる。すぐ来てくれとのことである」という。電話の声は女であるが、今すぐ行った方がよいのか明朝になってから行った方がよいかと折り返して聞くと、今来た方がよいという。そこで、疲れ気味で寝ていたのだが起き出して、煙草や塵紙などを持って出かける。家を出たのが七時半、約一時間で宮谷国民学校へ着いた。そこで衛兵所で問い合わせてみたが、面会は許していないという。ただここは屯所が国民学校だから、地方の人がどんどん入ってくる。兵隊の縁者が一地方の人として入ってきて、偶然に兵隊に会ったというなら、隊としても許さないわけにはいかぬという。それにしても消灯が八時で、今はもうその喇叭が鳴ったあとである。三十分ばかりも佇んでいたが、体がふらふらになるし、見込みもないので帰宅する。

八月十八日　晴れ

朝、昼とも家で栄養食を食って午後、社に出た。皆が僕を見て一日のうちに大変やつれたという。これという用事もないので来ている手紙数通を見て、その返事を書いたりして早く帰宅する。帰ったら、また留守中に横浜から電話があって、明日来てくれという。今度は会う方法を詳しく伝えてきた。

八月十九日　晴れ

朝からまた横浜へ行く。整たちの臨時屯所へ着いたのは九時ちょっとすぎであった。昨日の電話の要領に従い、田中敏江という宮谷国民学校の訓導（＊教諭）に会い、整を呼んでもらったら、ちょうど今しがた近所の銭湯へ入浴に行ったところだという。そこでほとんど一時間を待って会うことができた。胃は相変わらずよくないそうだが、なかなか元気に見えた。伊豆七島、八丈島、大島あたりへ出てゆくという話である。いつ出かけるかはまだはっきりしない。また面会に来ることを約して出社する。「戦闘帽」の記事を書く。夕方、今井から頼まれた時局講話のために五反田の北辰電気に行く。

八月二十三日　晴れ、暑し

太平洋協会の例会が正午から大東亜会館であるのに出席し、大河内子爵の化学兵器に関する話を聞く。近く便があるので昭南の平とマカッサルの村田に手紙を書く。整が外出許可を得て家へやってくるというので、夕方早めに帰宅して待ったところ、七時すぎにようやくやってきた。大津商業の教頭をやっていたという主計少尉と一緒である。上等兵の整は一人で許可を得ることができないので、主計を担ぎ出して来たのである。上海から到来したばかりの老酒と、パラオから逆輸入のサントリーなどで宴を張り、何彼と話などして十一時前、二人は帰った。

八月二十四日　驟雨あり、晴れ、また曇る、夜になり大雷雨

パリ、マルセイユともに敵側の手に落ち、ルーマニアではアントネスク内閣辞職とともに戦線からの脱落あり。スウェーデンまた対独経済断交の挙に出た模様。ドイツ最大の危機が到来したものと見なければならぬ。何か奇蹟でも起こらなければドイツが持ち直してゆけるものとは思われない。

上原虎重より焼酎を分譲される。酒類の入手はいよいよ困難となり、あまり上等でない焼酎が

五合で四十円という値だ。

八月二十六日　曇り、雨あり

亀井敏夫からバターと林檎酒とを手に入れ、バターは女中に取りにやらせる。

午後三時半から外交研究会と軍事懇談会合併会を開き、モスクワから帰ったばかりの軍令部第七課長山口大佐の話を聞く。話の幅が広く、資料が豊富である上に、見透しにもさすがに一見識を備えていて面白く聞かれた。終わって山口大佐を「大作」に招き、食事をともにする。

今日、高田総長が部室へ来てくれというので行ってみると、もう一度モスクワへ行ってくれぬかという相談である。モスクワにはまり込んでしまうよりも、日本にいてこの時点でもっといい面の仕事をしたいという希望を有り体に述べ、モスクワには馬場が行くか、森本が行くようにすることを具申しておいた。夜、幹部宿直で社に泊まる。

八月三十一日　晴れ

牛込の正木家からビーフステーキを食わせようといってきたので昼食時をめがけて桂、豊子を連れてゆく。当節なかなか得がたいところの佳味であった。夕方、社の八階で台湾新報の伊藤金次郎を迎える会あり。それから佐藤浅五郎と新橋の「花家」に行く。ここでは焼豚を食わした。

今日、高石会長が会いたいというので部室へ行ってみると、モスクワに行ってくれという話。この話はすでに先日高田総長からも聞かされているのだが、今や日本がこの状態になっているときに当たって、モスクワでもあるまいと思い「是非」という話を一応拒絶しておいた。今日も同様の返事をする。

九月一日　曇り、晴れ

欧州戦争六年目に入る。

ミハイ一世のソ連寝返り以来、赤軍積極的にルーマニア領に入り、三十日にはプロエステ、三十一日にはブカレストが赤軍の手に入ったと伝えられる。パリも敵の手に帰した。結局ドイツ軍はこのまま独領全部を棄てざるを得ないであろう。米英軍の北仏上陸以来、わずか二カ月半のことだから予想以上に早くこの時期が来た。東部戦線も困難の状態が甚だしくなるのみであって、この際、さまざまに伝えられるドイツの新兵器が、本当に現われて奇蹟に等しい効果をあげない限りは、欧州戦局の見透しもおのずから明らかだ。

九月六日　晴れ

ブルガリアの対独断交に追っかけて、今度はソ連がブルガリアに対して戦いを宣言した。いよいよ全バルカンはソ連の手中のものとなることに決まった。

九月八日　雨

煙草市場いよいよ品薄となり入手なかなか困難。いっそのことやめようかと思うがそうもゆきかねる。今朝も五時すぎから近所の煙草屋へ買いに行った。雨中の行列に三十分も立ち、ようやく一個を手に入れる。午後一時頃、満州の鞍山に敵機約四十来襲。

十月二日　曇り

午後一時から総長室でＧＦ（＊連合艦隊）に配属していた報道班員の中島から話を聞く。最近のＧＦの動向など知り得てなかなか面白かった。二時半、社を出て荻窪の末次信正大将の宅に行く。大将と太平洋決戦に関して対談するためであるが、実は赤坂の三会堂で催すべきはずのこの会談が、大将風邪を引いたため、自宅に移されたのである。自動車で四、五十分もかかる。話は相当興味深いものであったが、検閲でどの程度まで紙面掲載を許すものであろうか。

十月五日　雨

つい昨日のことである。田尻駐華公使と飲んでいる間にいろいろ話が出たが、その一つはこういうことであった。汪兆銘の死は時間の問題となっている。そこで汪兆銘をして最期に臨んで、孫文の遺嘱に相当する遺言を書かせるべきである。それによって支那、国民政府の進むべき路を示し、南京政府を孫文革命の正統継承者であることを理由づけ、日本政府の対支政策を生かし、支那事変を有意義たらしめ、ひいては汪兆銘の名を後世の史上に生かさしめることができる。ところが誰が汪兆銘にこれを実行せしめ得るか。その最適任は頭山満である。頭山より汪へ説いてはじめて理想のものができる。そこまで話が進むと頭山翁へ誰がこの話を持ってゆくか。役人ではいけない、というようなことから、まず僕が御殿場へ翁を訪ねて、その仕事をやってみようということとなった。

僕は今朝社に出たら頭山家へ都合を聞いた上、御殿場行きの手はずを決めようと思っていた。ところが頭山翁は今日未明、亡くなったというのである。先生の遺骸は自動車で御殿場から運ばれて午後四時頃、渋谷の邸に着くという。そこで仕事で行く社会部の者たちと一緒に渋谷に行ったが、遺骸の到着は遅れて、十時十五分になった。玄関にこれを迎え、生前居室とされていた奥の十畳の間に臥した先生の前に来合わせた縁に連なる者たち、内には泉、秀三その他、他からは広田弘毅その他四十名ばかり。読経の声と庭前に降りしきる雨の音との交錯するなかに、厳粛な一時を送る。

ここで思い出すのは杉浦先生が亡くなられたときのことである。この頭山先生が、臨終近い杉浦先生の病室の外から頭をうなだれ、涕涙を下しつつ、そっと別れを惜しまれたのを、私は今もありありと記憶のうちに残している。あれから二十年経つ。そして頭山翁の健康は今年九十歳を数えるまで先延ばさせ、翁はこの帝国の一大転機を眺めつつ長逝したのである。雨のなかを渋谷駅から五反田に出て、ようやく池上線の最終電車に間に合って帰宅する。

十月十日　朝晴れ、曇り小雨

桂の誕生日。ようやく満三歳になった。ようやくでもあり早くもある。正木夫人や工藤の一家などを招くのだといって家では準備している。魚はすでに「大作」に注文してある。僕は六時に家を出て明石国民学校に行った。簡閲点呼は七時半からはじる。兵二百二十名余、将校八名、点呼執行官は野津敏という大佐であるが、立派な人のように見られた。連隊区から来た補助官なども概してよい。それに引き換えて京橋区の郷軍分会から手伝いに来ている者たちの態度、言辞などで参加者に悪い響きを与えたところが多かったように思う。こんなところに軍民離間の原因があるものだ。点呼は午後四時までかかった。帰ってみると工藤夫人らは帰り、正木夫人が残っていた。一緒に夕食をする。工藤の子供など大いに喜んだそうである。

今日は双十節（＊辛亥革命記念日）であり、奇しくもこの日、頭山先生の葬儀が執行された。出席できなかったのは残念であるが、芝増上寺の式場に参ずるもの無慮二万。かたじけなくもこの一介の野人のために、畏きあたりよりは先に勅使を遣わされ祭資（＊金員）を賜ったが、今日は首相以下庶民この参列あり。巨人一生涯の終わりを結ぶに最も相応しいものがあったという。

十月十五日　晴れ、曇り

社から原稿係が原稿を取りに来たり、新聞代の集金人が来たり、電話がかかってきたりする。

昨日に続く大本営の発表は、十四日来、台湾沖から東方に敗走中の敵を、わが航空部隊が猛撃したというものだった。これまでの総合戦果は轟撃沈＝航空母艦七、駆逐艦一、撃沈＝航空母艦二、戦艦一、巡洋艦一、艦型不詳十一、総計二十三隻である。しかし明日もまだ追加発表があるというので、今日は社説に取り上げないこととした。牛込から帰りの桂らが社に立ち寄ったので一緒に帰宅する。夕食後ラジオを聞いていると、久しぶりに軍艦マーチの前奏で戦果が発表されていた。

十月十六日　晴れ

敵は十二日から十四日まで台湾を空襲した。このために台湾に近接してきた敵第五十八機動部隊に対して、十二日以来わが基地航空隊は攻撃を続けたのである。今日もその戦果の追加発表があった。またフィリピン東方洋上に現われた別動の艦隊を攻めて、ここでも戦果をあげている。もう総計で四十隻にのぼる軍艦を撃沈破したこととなる。その社説を書いた。

夕方、社の五階大会議室で社員の集会あり。ビールを飲んで戦勝を祝した。陸軍から佐々木克己、広石権三、海軍から高瀬五郎、浜田昇一その他の報道部員もこの会にわざわざやってきた。その会のあと、中出輝彦に誘われて西銀座七丁目の「新金春」とかいう家に行きビールを飲む。怖ろしく珍しい料理をたくさん出し、ビールをふんだんに飲ませる家である。

十月十七日　曇り、雨となる

昨日書いた社説の見出しを「手を緩めること勿れ」としておいたが、今朝新聞を見ると、それが「御稜威の下に奮起」となっている。社に出るなり昨晩の責任者たる岩下整理部長にただしてみると、阿部賢一と岩下とのグルでやった仕事であることがわかる。しかも確信を持ってやったことでもない。大いに責任を糾問する。

台湾東方に新手の敵機動部隊来る。それを攻めて、また戦果があがっている。

十月十八日　曇り、小雨

第一ホテルの国策研究会の国際問題部会に出る。議事がピントをはずれていて、なかなか論議に入らず、本間雅晴将軍などはしびれを切らして帰ってゆく。今日は大本営の発表はなし。しかし戦争はなお続いている。新しい敵部隊の進出もある。発表される予定の総合戦果も、この分では少々延びることであろう。

沖縄で敵の空襲に遭った社会部の福湯豊と塙長一郎とが帰ってきて、その模様を話した。驚くべきものである。夕方より「大作」で論説の会あり。これは論説の席宛に共済組合から配給された二升の「白雪」を利用して祝勝会を催したのである。

十月二十九日　晴れ

今日は霞ヶ関離宮で尊い方々に時局に関する講演を申し上げる日である。モーニングを着て社に行き、車で離宮へ行く。

高松宮両殿下、三笠宮両殿下をはじめ奉る十四、五方が多くおられた。御前講演は午後二時からということで、二時十分前に離宮に着いたが、高松宮様が御都合で御遅刻になったので、講演は二時二十五分からはじまり、三時三十五分に終わった。大東亜戦争と欧州戦争の関連を中心に御話し申したのであるが、畏いことには極めて御熱心に御聴き取り願えた。

今日のような御催しは毎月一回ずつあって、各宮家で回り持ちの斡旋を遊ばすことになっている。今日は北白川家がその番に御当たりになっておられるので、講演に先立って同大妃殿下、妃殿下に御挨拶を申し上げたのである。講演の済んだあとで茶菓を賜り、酒肴料を賜った。あとでその酒肴料を改めてみると二十五円が紙幣で入っていた。

十一月一日　晴れ（大阪出張のため東京発）

空襲警報が出た。昼「エーワン」へ席を三つ頼み、原、桑原の二人を誘って昼食を済ませたのだが、午後二時から何のためか急に、高田総長が食事に招くといってきたので、待っていると一時四十五分警報が出た。それは最初は警戒警報のようであったが、断絶音が連続音のようになり、空襲警報に間違いないことがわかった。社内は混乱した。実に醜態である。醜態はそればかりでなく、当局からの情報というものも支離滅裂で、どれもこれも信用できない。管制は一時間余り。続いて二時五十分頃に解除されたが、陸軍当局の伝えるところでは、敵の一機（B29）が七千メートルの高度でやってきたというだけである。ともかくそのために一時間余り省線電車も市内電車も運行を中止したので、あとの混雑は大変なもの。社の前は有楽町駅から電車に乗ろうとする群衆が雑踏し、警官のほかに兵隊も出して、それを整理するという次第。やっとその群衆が五列縦隊に並んで、その隊列が駅から社の前、報知の角を銀座の方へ曲がって連なるという有様であったが、なかなかこれだけ多い人の量は捌けない。僕は五時頃東京駅に行き、大阪への切符を買って省線に乗ったが、ここは案外静かであった。

家で食事を済ます。大助君が来るといっていたが、これも警報のため来なかった。しかし聞いてみると久ヶ原方面は案外のんびりしていたようである。夜八時に家を出て東京駅に行く。プラットホームに行ったら、僕の方が席を取っておくといっていた相手の下田将美が一足先に着いていて、かえって僕のために席を取ってくれていた。汽車は十時に出るのであったが、その発車前十分にまた警戒警報が出る。今日は当局もだいぶ慌てているのだということを知っていたから、もうこれには驚かない。そのままで東京を立った。しかし汽車が出てみると女房、子供を置き去りにして立つような気持ちになって、あまりよいものではなかった。

十一月三日　雨（大阪）

昨夕来の雨、降っても降っても止まず。午後十一時三十分大阪発の列車で帰京の途につく。

十一月七日　晴れ

昼食を原、桑原と「大作」でともにする。桑原の招待である。食い終わって雑談していると警戒警報。ちょうど一時であった。急いで社に帰ったが玄関で空を仰ぐと、上空を飛ぶ一つの大型機が見える。高度は八千くらいであろうか。だがその飛行機は敵、味方いずれのものとも判断がつかない。Ｂ29にしてみれば少し翼幅が広すぎるようでもあるし、翼に後退角がついている。そのことは航空部の羽太文夫も同じ意見で、彼はさらにダグラス系統の型であり、わが新作四発爆撃機（＊連山）ではないかともいった。しかし、今見る大型機は地上からの高射砲の標的になっている。もっとも八千メートルでは高射砲弾は届くはずはない。

間もなく警報解除が出た。情報はまちまちではっきりしないが、その後伝えられたところでは、敵の一機が千葉県の江見から入って船橋、東京、所沢、太田、桐生、小泉などを偵察して帰ったというのである。今日は逆に此方からも、サイパンとテニアンを空襲した。

十一月九日　晴れ、曇り

正午から太平洋協会の例会があったが、その方はやめて大東亜会館で開かれた社の戦争調査会委員会に出る。都留重人のアメリカ談を聞いた。夕方は「大作」で礒江仁三郎の送別会あり。帰ってから台湾公論の原稿を夜を徹して書く。

六日の夜、スターリンが革命記念日の前夜祭の式場で行なった演説が、日本をドイツと並べて侵略国呼ばわりをしているという点で、俄然国内での論議の的となる。重視すべき事柄ではある。しかし如何なる対策を講ずべきか。下手をやってはならぬ。なまじっかな対策はかえって下手を招く。何はおいても今日のわが戦局上の立場を有利にすることが大切だ。それがなくてはソ連のわが国に対する態度も、今度のスターリン演説ぐらいでは止まるまい。

十一月三十日　雨

警戒警報のサイレンの音に目を覚ました。零時半である。桂も起き出した。間もなく空襲警報。皆と一緒に沼賀家の防空壕に避難したが、ぽつぽつ雨が降ってきた。しかし戸外は非常に明るい。今日は満月に当たるのである。壕のなかで遥かな投弾音、高角砲の発射音などを聞いているうちに、いったん敵機は京浜上空を脱したというので家へ帰った。しかし間もなく、またラジオは退避警告を発したので、もう一度壕に入った。かなり近いところにも爆弾の投下がある様子である。

十二月一日　曇り

連日の睡眠不足である。秋田定夫（＊大助の長男）は正木と一緒に秋田家累代の墓参りに行くのだといって鶴見へ出かけ、正午前に帰ってきたが、今日は午後三時二十分発の列車で帰るという。空襲騒ぎで東京にいることはなるべく早く切り上げた方がいいので、その通りに帰すこととして出社する。先日の空襲による被害は調査の進むにつれて、なお大きいことがわかった。三千戸以上が焼けたという。本所の方の煙草専売局が焼けて、百五十万円ばかりの煙草を焼いてしまったそうだ。どうせ煙になるものながら惜しい気がする。

今日は僕愛用の写真機コンタックスを望遠レンズもろとも社に供出貸与した。社は買い取りたいというのだが、僕としては放すに忍びない。思えばもう七、八年間も僕と苦楽をともにしてきたのである。ロシアの各地、北氷洋、黒海、北欧、中南欧、バルカン、アメリカと僕と足跡を同じくしている写真機である。これを社に貸与したというのは、社員の所有写真機を利用したいという社の希望がなかなか達せられず、それは利欲に迷う連中のさもしい心から出ているのであるが、そこへ僕が愛機を思いきって提供したいということになれば、社内のそうした空気を変えることもできようかという考えに基づいている。ただし僕は僕の必要に応じては、この写真機を社から持ち出して使用に供すよう約束ができている。

家に帰ったら秋田の子供、予定通りに来ていた。電灯が消えていて暗いが、この頃電灯会社などはいくら頼んでも修理の人間をよこすものではない。かなり夜更けてから桑原忠夫が電話をかけてきたが、それは原為雄に今しがたお召しが来たということを伝えたものだ。ついに彼をも戦場は要求した。

十二月五日　晴れ

加茂勝雄から聞くところによると、社では僕を西部の編集局長とする案があるということである。

十二月八日　晴れ

この戦争も丸三年を経過した。

今日も正午頃から警戒警報が出たが、敵機はこちらへ来なかった。四国、中国方面に一機が現われたという報がある。運送屋がわが家へ来て疎開荷物の荷づくりをはじめている。一昨日から来ているのだが、ぼつぼつながら荷づくりはできてゆく。最初の予定から見ると、かれこれ一カ月遅れているが、この分では十五日前後には荷物の発送ができるのではなかろうか。

十二月十二日　晴れ、夜雨

昨夜もまた敵機来る。疎開荷物の方はぼつぼつながら進捗して、どうやら十五日頃には発送できそうである。今日は兄、小野田などが社へ訪ねてきたりして忙しいなかを、疎開資金の借り入れ交渉を社に対してやる。人事部長などに話をしていては用を足さぬので、高田総長と山口業務局長に話をして政治的に解決した。荷づくりと石和駅までの運送で二千二百円というものがいる。その他何彼と計算してみると二千八百円かかるのである。それを一千円を社の規定によって疎開者に対する貸付金で済まし、別口で一千八百円借り入れることとした。

十二月十四日　晴れ

いよいよ久ヶ原を引き払う日である。ここへ落ち着いたのは戦争のはじまった昭和十六年の九月一日であったが、早いもので、もうそれから三年三カ月半になる。いろいろのことが、ここを根城としたわが家庭にも起こった。何よりの大きなことは桂が生まれたことである。スクスクとここまで育ったことである。今も元気である。戦争の響きはわが家庭にも押し寄せ、閑静な久ヶ原の高台にも脅威を伸ばしてきた。そしてそれは僕の仕事を計画通りに進める上にも支障を来すこととなったのである。疎開のことはそこで急がねばならなかった。荷づくりも、もうほとんどでき上がって、あとのことは善良な運送屋の出月に任しておけばいい。隣組の家々に挨拶回りをして、自分の持つべき荷物を提げ社に出る。

社では疎開費用二千八百円の借り入れを完了した。甲府支局から電話がかかってきて、僕たちが石和で黒駒行きの荷物を積んだ貨車が到着するまでを待つべき場所を、甲運亭という家に決定したと伝えてきた。しばらく社を休むので雑用が多い。それらを片づけて牛込へ行ったら、豊子たちはまだ来ていない。もうお着きになる時分ですよというので、飯田橋駅まで迎えに行ってやったら、出月に送られて豊子と桂とが着いた。さすがに豊子は女流にあれやこれやの懐想にふけって、久ヶ原三年の生活を偲ぶのである。僕にはあまりそんな感傷も湧いてこない。「桜の園」のラネーフスカヤに似たものは、やはり女が持っている。

しばらく僕がやっかいになる牛込の正木の家では歓迎と送別と二つを兼ねたつもりか、怖ろしく豪華な晩餐を供してくれた。最近ちょっと見たことのないよい鮪があって、それで握りができている。その鮪と鰹と烏賊の刺身がある。上等な牛肉のシチューができている。その他とりどりの料理、出来栄えもよかった。出月も卓に連なって、こんな御馳走にはお目にかかったことがないと驚嘆するばかりであった。

出月は帰った。久ヶ原の家は今夜一晩だけ春(*女中)が留守をすることになっている。僕たちは夜おそくまで喋ってそれぞれ寝についた。桂も徳久君とふざけ散らしていたが、くたくたになって寝てしまった。二時頃から敵機来る。三回、繰り返して来襲したが、はじめのうちは起き出してラジオと爆音とを聞いてみたが、あとは何も知らずに眠り込んでしまった。

十二月十五日　曇り(妻子を甲州黒駒に疎開させるべく、東京を立ち石和に至り仮居す)

慌ただしい日であった。わが一生にとって想い出あるべき日であった。牛込を出たのは午後一時。石和の甲運亭に辿り着いたのが、田舎ではもう夜更けに近い九時すぎのことであった。いろいろな手違いがあって、この間の苦労というものも一通りではなかった。

第一に朝、出月から電話があって、与瀬駅以遠は手荷物の取り扱いはないがどうしようかといってきた。社会部に電話をかけ高原に調べてもらったら「そんなはずはない、ただ手荷物にも前もって指定券を取っておく必要がある」という。出月はそのことを知らなかったのである。そこで手荷物の方は断念し、その分を車内持ち込みと貨車便の二つに分け、出月と春とを荷物とともども牛込によこし、大急ぎで昼食を終えて新宿駅に行く。二時半発の汽車に乗るつもりだったのである。

第二の手違いはこの汽車が遅れたことで、五十分も待った上やっと出発した。大体、この間の東海地震のため東海道線がいまだ不通。そのため乗客は北陸、中央両線に殺到している。僕たちの乗り込んだ列車も混雑は話にならぬ。その上、今日は立川駅で列車事故があって、前に出るべき列車二本ばかりが取り消されているという。だから僕たちの列車は新宿、立川、八王子と進むにつれていよいよ混み合い、便所などに行ける話ではなく、各駅で乗客は窓を越えて乗り降りする騒ぎ。通学学徒の女の子などもその手でやっている。ここまで来ると日本人は悪いところを発揮して、秩序などまったくあったものではない。

列車事故が第三の手違いだったが、出月が二等の切符を買わずに三等を買ってきたことにも大きな手違いがあったのである。桂は生まれてはじめて乗った汽車がこんな事情で、すっかり嫌気がさしたらしく、「もう帰りましょうよ」「おうちへ帰りましょうよ」を連発している。かようにしてやっと石和駅に着いた。ところが第五の——最後の番狂わせがここであった。それはこうも混んでいる汽車から大きな荷物を持って外へ出ることが一通りでない苦労なのだが、先頭に行く春が例の通り動作緩慢であったために、彼女が降りることがやっとで、汽車は僕と豊子とを残して出てしまった。さんざんな態だ。次の酒折駅で降りる。駅長に話をして駅長室のストーブの前で待っている間に、駅長が石和駅へ春の処置を電話してくれた上、僕たちが折り返すべき列車を確かめてくれた。幸いにしてその列車は十数分待つばかりで来たので、それで引き返し、ぼんやり石和駅で待っている春と落ち合って、真っ暗な道を旅館甲運亭へ歩く。この間五十分ばかり。着いたのは九時だった。それでも一息ついて、宿の料理場で温めてくれた鯉こくなどでおそい夕食を食う。もう空襲警報が出ても騒ぐことはないと、豊子もようやく落ち着いている。ともかくわが家庭にとっては歴史的な一日であった。

十二月十六日　晴れ（甲府へ）

昨夜は戸外を流れる川水の音を聞き、ぐっすりと寝込んだ。朝、雨戸を開き放つと、さんさんたる陽の光である。山々は雪を頂いて厳然と聳えている。部室に炬燵を入れさせて、のんびりと休息する。桂は少し風邪気味だが、なかなか元気である。

午後は甲府へ行った。支局を訪ねたが支局長の阿部は不在。街を見物し、石和へ帰る。石和、甲府間はバスで約十分間である。帰ったら三好勇が返田鶴吉を連れて来ていた。石和へ着いたことを打電しておいたからである。この返田鶴吉というのは三好が理研に雇い入れた男で、この地方の顔利き。物資を収集したりさまざまな用を足したりすることを得意としている。今度僕のところの疎開もこの男を煩わしたところ多く、石和から黒駒へのトラックを都合つけることから、さまざまな雑用もこの男がやってくれるはずである。

荷物が届いたらどうするか、石和の宿にいるよりも黒駒の宿へ移った方がいいからそうするなどという相談をまとめ、万事は返田に一任することにした。その返田がちょっと街に出て、やっと酒を一升手に入れてきたので、それを皆で飲んで夕食をともにする。鯉の洗いがあった。食後、炬燵を囲んで四方山の話をして、三好たちもこの宿に泊まり込む。豊子たちは明日から黒駒の方へ移り住むこととなった。そのために自動車の約束もできた。

十二月二十二日　晴れ（黒駒―東京）

十時に甲府を出る汽車に乗った。しかしこの旅行というのは、よくよく不運に取りつかれているものと見えて、塩山まで行ったら笹子と初狩との間で列車脱線事故があったとかで、列車は運行停止になった。社へ電報を打ったり、駅前の茶屋で牛乳を飲んだり、返田がつくってくれた大きな握り飯の弁当を食ったり、甲府で買ってきた書物を駅のホームの日なたに座って読んだり、四時間という長い時間を待ちあぐみ、やっと二時半、ここを出た。列車はなお遅延して新宿へ着いたのが六時半であった。牛込の下宿に帰ったらポーク・チャップやこのしろの煮たものなどの馳走があって、疲労の一分を取り戻すことができた。久ヶ原の熊谷家へ電話をかけて問い合わせてみたら、荷物は二十日に発送したそうである。もうおそらく黒駒へ到着しているに違いない。

十二月二十五日　晴れ

珍しく敵機の来ない日であった。たぶん敵はクリスマスの一日を休養したのであろう。マニラから後藤基治や新名丈夫らが帰ってきた。難波からの南洋ラムを持ってきてくれる。佐藤八郎もいろいろ紛糾した事情に置かれていたが、いよいよ近く帰京することとなったらしい。

十二月二十七日　晴れ

敵機約五十、正午すぎから七梯団となって東京都に侵入、中野、高円寺、荻窪方面を主として襲った。社の窓からも空戦の模様がよく見え、敵機の火を発して墜落するのを見ることができた。第八十六国会開かれ、今日は陸海両相の戦況に関する演説あり。それを社説にした。

十二月二十九日　晴れ

夜明け前に敵の空襲あり。単機でやってきたのである。宮城県の塩竈方面に来たのは、なかなかの被害を与えて帰ったようである。昨日の空襲で延期となった軍事懇談会を四時から開いて、マニラから戻った後藤や新名の話を聞く。非常に興味ある話であったが、戦争が尋常一様のものでないことをしみじみ知らせるもので、気分はますます引き立たない。こういう話を聞いていると、いろいろな条件の上に勝利の見込みがだんだん消えてゆくのであるが、理屈を抜きにして感ずるところは、絶対に負けないということである。それは単なる希望だけでもなければ、また軽い気休めでもない。信念というべきものか。

会を終えて軍事懇談会で毎回厄介をかけている高橋と池松の二人に新名を加え、水谷もこれに入って小宴を「大作」で催す。ウオッカと甲州ブランデーそれぞれ一本あり。それを飲み干したらさすがに酔った。ここで聞く新名の話は、また格別面白かった。その帰り新名と会社の昭和寮へ行き一本のビールを飲んでいるうちに警戒警報が出たので帰宅した。今夜「大作」の主人がいうのに、二階で今まで通りの宴会ができないような規則になったので、二階を毎日新聞の倶楽部として使い、倶楽部の名前で従来通りの催しをするようにしてくれぬかという。非常に結構なことなので、社の当事者と相談して、それを実現させるよう約束した。

十二月三十日　晴れ

今朝も未明に敵の一機東京に来襲し、浅草、日本橋の両区内で三百数十戸を焼いた。死者も三人出た。朝から久ヶ原に行く。酒と煙草との配給について熊谷家、煙草屋、町会事務所等を訪ね回り、運送屋の出月がもう黒駒から帰っている頃と思ってそちらへも立ち寄ってみたが、これは留守であった。

明日黒駒へ行くので運通省記者倶楽部の藤田市助に頼んで乗車券を手に入れてもらった。年末年始の旅行は極度に制限されていて、この乗車券も普通では買うことはできないのである。甲府までの往復二等を三好のと二人分買ってもらったが、三好は僕と同時に出発することはできないという。

新年用の組み置き社説を書く。かなりおそく帰宅したら運送屋の出月が来ていた。豊子からの速達郵便も届いていたので、いろいろ黒駒の近況を知ることができた。だんだん落ち着いてゆくのはありがたい。出月の払いをする。全部で二千三百余円を彼に払ったことになるが、石和、黒駒間の運送代、出月への心、黒駒での人手に要した費用、石和の宿代、その他を加えると二千九百円か三千円かかっている。

十二月三十一日　晴れ（黒駒へ）

五時前に起きた。朝飯は列車中で食うつもりで弁当を頼んでおいたが、その弁当の上に朝は餅を食わしてくれた。六時に家を出て、七時半発の列車で新宿を出る。混んではいたが座ることはできた。八王子で弁当を売っていたので、その一つを求めて食ったら、高粱の入った味つけ飯であったが、温かいだけが取り柄である。あまり遅れもせず十一時少し前に甲府に着いたが、やっぱり寒い。そして予期していた通りに乗合自動車の連絡はよくない。吉田行き午後二時発というのを待つのに、丸三時間を空費した。汽車中から読み続けてきたスウェン・ヘディンの「絹の道」を読み、正木家でつくってもらった弁当が功を奏してそれを食い、寒さをこらえて待った。自動車は二時に出発した。超満員で車内は身じろぎもできない。そして速力はのろい。桂に会いたい気持ちをじらすことおびただしい。四十分ばかりで黒駒に着いた。

今年は不利な戦いに一貫した年であったが、来るべき年はどうであろうか。大変な年だ。あるいは大和民族の運命を永久に決定すべき年となるかもしれない。

昭和二十年一月一日　快晴（黒駒）

年始年末の別なく戦いは戦われている。だがわが身辺はともかくも安静である。そのことが何か申し訳ないようにも考えられるが、しかし求めてこの安静を破らなければならぬということはない。非常によい日和である。窓を開けると文字通りの春光に遠近の山々も、冬枯れの木立ちも農家の土蔵の白壁も皆、冴え光っている。仏前と神棚に礼拝し、東方に向かって一家全員遥拝して元朝の膳に向かう。その膳というのは炬燵に台を載せたもの。鶏肉、新鮮な野菜の入った雑煮の餅は、あくまでも白くて美しい。桂も一人前に食っている。酒は、味醂がないから屠蘇をやめたが、飲む量に不足はない。

十時、三好の妻子、成田夫人など回礼に来る。強いていえば回礼だがそんな儀式的なものではない。十時すぎから氏神の社前である村落の拝賀式に臨んだ。社前で礼拝しているうちにこの土地の、僕には物珍しい習俗を見た。村の人たちが賽銭の代わりに白紙に包んだ白米を献じているのである。神社のそばに欅か何かの大木があって、その樹の下に「石尊」と刻まれた石碑があって、そこにも人々は白米をバラバラと撒いて礼拝していた。

一月二日　晴れ、風あり、小雪を伴う（黒駒より東京へ）

ラジオ放送はどこで聞いてもくだらぬ。田舎は世事から隔たること遠い。戦争のことを思うと、さすがにここにじっとしている気にならぬ。今日もいい天気である。急に空が曇って風とともに粉雪が横なぐりに降ってきたから、どうなることかと思ったら、それはほんのしばらくのことで間もなく元通りの美しい日和に戻った、桂と遊んだり、東京へ持ち帰る身の回りの品を整えたりしているうちに、返田が来て子牛の肉が手に入ったといって持ってくる。続いて葡萄酒一升、山鳥一羽、牛の舌などを持ってきた。昼は母家から手打ちそばをつくってどっさりくれたので、三好の妻子らとともに食事をする。

五時四十六分甲府発。珍しく正確に列車は動いて、定刻の九時十一分に新宿に着いた。一酌して寝る。急流の水音が夜を通じて聞こえる甲斐の山峡で、わが妻と子の眠り安らかなれ。僕は明日からまた働きに働くのである。

一月三日　晴れ

年末に書いた組み置き社説「挙国の体当たり」が今朝の紙面に出ている。さすがに戦局の反映は東京の正月風景にも表われて、屠蘇気分に顔を染めて街を行く者もほとんどなく、けばけばしい女たちの晴れ着姿を見ることもない。社に出てみると「おめでとう」という言葉が、長い間の習慣のままに交わされていた。論説の当番だが、今日の社説も年末からの組み置きでゆくことになって、これという仕事もない。切り抜き帳などの整理をした。

午後、B29二機が来た。別に敵の機動部隊が台湾沖に現われ、台湾、沖縄を延べ五百の艦載機で空襲した。東京は平穏であったが、僕は今日、幹部宿直に当たっている。八階の食堂は休み。外へ出ても食事をするところがないから牛込へ帰り、招待されている隣家の早野医院夫妻らと食事をともにした上、出社。宿直員たちと戦局などを語る。

＊「挙国の体当たり」

わが戦果は各戦域に挙がっている。それにも拘らず戦局はいよいよ深刻の度を加えてきた。国難を感ずることにおいて、この新年ほど切実な例しは、おそらく嘗て無かったといえよう。ところが、その重大極まる局面が、在りのままに国内一般に会得されているであろうか。甚だ遺憾ながら、いま国内の各部門に現われている実相から推せば、これを否定せざるを得ないのである。まだまだ不徹底があり、上滑りがある。それは必ずしも国民の心構えにのみ責を負わせることは出来ない。戦局と戦果との関係について、もっと如実に国民をして知らしめる要がある。これほどの戦果が挙がっていても、なお戦局の実情は、かくの如く重大であるということが、もっと懇切に説明されなければならぬ。そうしてこそ真の決意も出来、捨て身の行動も生まれ出るのだ。

比島地域における陸海軍特別攻撃隊の勲功は、何ものにも替えることが出来ない。強いこと、尊いことにおいて、これほどのものが世界の何処の戦場に見出されようか。今日まで特攻隊によって挙げられた戦果は実に大きく、今後も陸続として絶えることなく出動すべき特攻隊の働きにも、また大きな期待が懸けられている。しかしこの時、われ等は特攻隊の魂と働きとを欽仰する傍ら、深く考えねばならぬ重要な一事がある。特攻隊によって実行されている戦闘様式、これは日本人によってのみ行なわれ得る特殊な様式であり、最初から明らかであった敵の量的優勢に対抗すべきわが方の独得戦法である。実に一以て百に当たり、千に当たる戦法である。この戦法に必要な武器軍需品の供給のみが銃後に要求されているのである。

この要求に応じて良質の武器を造ることは、銃後に課せられた責務である。これだけの責務が果たせないとあっては、まことに特攻隊の英霊および勇士に済まないではないか。旧臘技術院の新総裁八木博士は、わが科学技術の神風が、前線勇士に見られる精神力の神風に続いて、いままさに吹かんとしている旨を語った。だが科学の神風はまだ吹かない。盟邦ドイツは苦難の多い戦局のただ中にあって、生産の施設を改め、手段を切り替えることに成功し、かくして生まれた新しい戦力を、今や縦横に発揮している。わが国の今日にとって示唆の多いこととして見なければならぬ。生産の成績が不十分であることは、ただちに戦局に影響を及ぼし、戦局の深刻化はそれだけ生産を窮屈ならしめる。兵器生産の必要度と困難性とは、相俟って大きくなってきたのである。

しかし、われ等がこの困難を克服し、この必要を充たすことは今や絶対のものとなった。それには指導者と技術家と生産者と、そして一般国民が、全く新しい態勢と固い決意のうえに立って、全力を傾倒しなければならぬ。自己の身命を初めとする総てのものを、ただ一勝利のために捨てて突進する特攻隊の精神こそ、今の場合になくてはならぬものである。戦いに勝たずして何の財産ぞ、また何の生命ぞ。国民の一人一人が眼前の小利を棄て去り、その心と働きとを戦局の要求に合致させるべきことは勿論、当路者の指導、施策もまたこの線に外れることがあってはならぬ。国内に残っている力、国民の持っている力を根こそぎ出し尽くさせるために、一切の気兼ねや思惑から超絶した大英断が切望される。ここにもまた特攻隊の精神が発揚されなくてはならない。

一月十八日　晴れ

戦争もここまで来ると、さすがに腰の弱い当局の連中も強力政治の必要をおのずから感ずるようになったらしい。しかしこの連中も元々知恵も力もないのだから、どんなことを仕出かすかも知れぬとひそかに恐れる。新聞に対しても立派な成案などあるはずもないのだから、彼らが変な小細工をする前に、われわれはわれわれとしてこの局面の下に立派に立つ準備をしておかなければならぬ。半ペラの新聞を印刷することもできぬ事態になってから騒いでみても仕方がない。謄写版で、速報掲示で、舌で、脚で、言論を通し、民衆を導いてゆく構えが必要である。それにはそういう組織をつくり上げておくことが急務だ。それをはじめる。

一月二十七日　晴れ、曇り

出社しようとしたら警戒警報が出た。そして飯田橋駅で空襲警報に遭い、省線動かず。都電で飯田橋から九段下、神保町、神田橋を乗り継いで行ったが、神田橋でその都電も全然不通となる。そこで歩いて社に行く。この間、断雲の間々に敵機の隠見することしきり。爆音、高射砲の響き、投弾の音、絶えない。火の手、黒煙も所々にあがるのが見える。やっと社に辿り着いて驚いたことは、予想もしなかった大変な被害である。有楽町駅のまん真ん中に大きな爆弾が落ちて六十名ばかりが即死しているのをはじめ、丸の内や有楽町付近、数寄屋橋付近、銀座尾張町付近の爆弾、焼夷弾による人家、人命の損害はなかなか大きい。

本社（＊当時有楽町一丁目）も有楽町橋に落ちた際の爆風で東側の窓ガラスはめちゃめちゃである。しかし朝日（＊当時有楽町二丁目）が即死者二名、重軽傷者十八名を出したのに比べると被害は少ない方である。敵の空襲もいよいよ本格的になってきた。今日も家族を疎開させておいてよかったとつくづく思う。帰り、交通機関不通のため難渋する。最初東京駅から中央線に乗るつもりでいたのが、電車が出ないので徒歩で大手町から神田橋、神保町と辿り、神保町ではじめて動き出した都電を捕まえて飯田橋、肴町と出て帰宅する。夜、またまた敵機来る。朝からの続き、週刊毎日の原稿を書き終わる。

二月十一日（紀元節、建国祭）　晴れ、風強し、雪なかなか融けず

徳富蘇峰が今朝の本紙に「未曾有の紀元節だ」と書いているが、まことに大変な紀元節である。うっかりしていると祝うべき今日の日がわれらからなくなってゆくのである。今日も偵察の敵機がやってきた。

二月十五日　曇り、のち晴れ

この頃、街頭に見る人々の服装はまったく異様である。日本の服装史は、この時代を一画期とするだろう。頭巾は防空から由来するのであるが、果たしてこれで防空の上に最上のものであるかどうか疑問の節も多い。足固めに巻脚絆《まききゃはん》が行なわれる。しかしそれは保温のためにはよくない。また血行を悪くするから足先に凍傷を起こしたりする。長靴は申し分ないが品不足。紐による簡易巻脚絆もある。頭はほとんどすべて戦闘帽となった。電車のなかなどでソフト帽を探してもほとん

ど見つからない。鉄兜を持つ者も多くなったが、平常は被りもならず抱えもならず、背負ってもまた厄介なものである。

女子のスカートはまったく見られない。ズボンか、さもなければモンペである。女子ならズボンかモンペでよく、男なら巻脚絆を必要とするというのはおかしいが、おかしいことをおかしいと思っていては今の時代限りがない。女子に防空頭巾が流行し出した。不要のときには肩から掛けるようになっている。ちょっと見るに見かねるものは、モンペに防空頭巾とひとかどの身固めをした女が、その上から長い裾の羽織やコートをぞろりと着て歩いている恰好である。女の子たちは、一般にこの防空服装の場合でも必要を満たす一方で、そこから何らかの美しさを見つけ出すよう工夫している。見慣れてくると防空服装もだんだん異様でなくなってきた。Ｂ29約六十機、名古屋、浜松方面に来襲する。

二月二十日　晴れ、風あり

夕方は桑原忠夫の家で高石晴夫が本社機でフィリピンへ強行飛行をするのを送る宴あり。それに招かれ、スペイン産のうまいブランデーと豚のすき焼とで、なかなかの馳走になる。高石の航空談面白し。

敵は昨日の朝からとうとう硫黄島へ上陸をはじめ、すでに戦車二百を持つ約一万の兵をあげたという。この島の周辺でも敵にかなりの損害を与え、昨日の帝都空襲でも二十一の敵機を撃墜したというが、そういう多少の戦果には多くのこだわりもなく戦況はますます急迫してゆく。

二月二十三日　晴れ

高石晴夫が延び延びになったフィリピンに残留している毎日社員の救出飛行に、いよいよ明日は出発するといって挨拶に来た。重ねて無理をしてくれるなといって戒める。フィリピンといい、硫黄島といい、戦果はあがっているというものの、どうなってゆくことか。そしてその後がまたどんな事態を生み出すことか。

そしてすべてを決めることは畏いことながら御一人《ごいちにん》の心のなかである。それについて極めて最近叡慮を親しくうかがい奉った松平宮内大臣の講話が、充分信ずべき筋によって伝えられた。御一人は宮相に「この戦いを如何にして取りまとめようということを考えているのではない。如何にして勝つかということを考えているばかりだ」という意味を仰せられたというのである。まったく畏いことであり、ありがたいことである。これを奉って感涙しない国民があろうか。この聖旨を戴して勝てぬことはない、「これで勝てた！」と思われる。

二月二十八日　晴れ

空襲（＊二月二十五日）による被害は、出社の途中の電車の窓から、まず実際に眺めて驚いた。電車が神田駅をすぎるあたり、一方は九段下に続く神田一円、一方は下谷へ延びる地帯、もう一つは両国にわたる地帯。まるきり焼け野原で、その間に鉄筋コンクリートの建物や煙突などが、ぽつりぽつりと残っている。社で聞いたところによると、それらはＢ29からの焼夷弾によってやられたものが主で、全焼家屋二万三千、罹災者数が七万九千、即死四十（百四十ではないか）であったという。それにしても四日後の今日に至っても、来襲敵機にどれだけの損害を与えたものか、当局からは一切の発表がない。

情報では当日の積雪で飛行場の滑走路が埋まり、戦闘機の離陸ができなかったところから、戦果はまるきりあがっていないのだという。それならそれで、細かい理由を明らかにしないまでも、戦果が残念ながらあがらなかったという事実を発表すべきであると思う。軍はこういう点、甚だ卑怯であるといわれても仕方があるまい。硫黄島にいよいよ最終的状況が展開され、ルソン島でもマニラにまで敵軍が侵入して、そのなかにいるわが軍からの通信連絡は途絶。ここもすでに全市敵の手中に入るという段階に入ったのである。

三月五日　曇り

社で高田総長召集の各研究会連絡会議あり。戦局もここまで来た以上、新聞も今までのようなものをつくっていられない。敵の本土上陸を見越し、如何なる新聞をつくるべきか、その基本的事項の決定について審議する。藤原、吉水、佐藤そして僕がさらに小委員会を開き、具体的方策について協議した。

午後一時半頃、正木家から電話がかかり、今日は早く帰ってきてくれという。何ごとかと思いつつ五時半頃帰宅したらまったく驚いた。谷川氏が帰ってきているのである。三月一日付で少将になっていることは別に驚きもしなかったが、ラバウルからどうして帰ってきたものか。聞けば命令によって一日の夜に向こうを立ち、トラックへ飛び、そこから一直線に横浜に飛んだ。海軍の大艇を無理矢理ラバウル湾に入れてこの強行をあえてし、そして奇蹟的に成功したのだそうだ。先に海軍の富岡少将が帰ってきた。それも成功であったが、続いて木崎大佐が同じ方法で帰ろうとして途中で行方不明になった。谷川氏もまったく夢を見るようだという。僕たちもこれが現実のことかと思う。夕食をともにし、いろいろ話をする。話は尽きるところがない。その中心とするものは、今の態勢をどうして乗りきってゆくかということ。谷川氏の帰ってきた目的も、それを何とかしてやってのけることにある。帰ってきて驚いたことは、この土壇場になって日本内地には少しの準備もできていないことだという。さもあろう。僕たちもそれを感ずること切なるものがあるのだ。このままでは日本は滅びるよりほかに途はないのだ。

三月六日　曇り

午後三時近くになった頃、電報が舞い込む。小松から打ったもので「母死す」とあり、それについては数日前兄が訪ねてきて、母はこの頃寝込んだが、今度は老衰で回復の見込みはなかろうといっていた。だからこの電報を手にしても、そんなに驚きはしなかった。いろいろ用務があって忙しいが、ともかく行くことを決めた。決めると大急ぎでさまざまな手配を済まさなければならぬ。僕不在中の研究委員会の仕事その他の社務に関して委嘱すべき一同にそれぞれ後事を託し、いったん牛込に帰って、夕食を済ました上、午後十時四十分東京駅発の汽車に乗る。辛うじて席に掛けることだけはできたが、大変な混雑ぶりである。外套の襟を立てて眠る。

三月七日　曇り、雪（大津、小松）

列車はいつの間にかだいぶ遅れていた。そして大変な混み方で、車内は身動きもできない。やっと大津について降りようと思うが出口まで行くこともできぬので、窓から飛び降りた。

小松へ着いたら葬式は済んでしまっていた。父の本葬の日は氷雨の降る十一月の寒い日であった。もっと古い記憶では実母を送った四十年前の二月中旬、それは大雪のなかの葬式で、僕は誰か屈強な男に背負われて葬場へ行ったことを覚えている。今送った継母は七十五年の生涯を、この雪深い村で送った。僕の幼少時代を育ててくれた。何という希望も楽しみもなく、老衰のためにぽっくりと死んだのである。

郷里の事情も変わってきた。あれほど豊富に物のあったところが、今では不自由極まる有様だ。酒は増子が手を回して豊富に準備していてくれたが、肴にするものがない。

三月九日　晴れ（清水、甲府）

帰りの汽車はぐんぐん遅れた。静岡で乗車した笹川良一に席を譲ってやって清水で降りる。一時間半の延着である。清水では前島、吹山その他が待っていた。数人を前に時局の話をする。

富士だけは何方から見ても美しい。この富士が敵機の目標として好個のものとなり出してからは、富士鑑賞の心持ちに変化を起こさしていることは事実である。

三月十日　晴れ（黒駒）

黒駒に立ち寄る。昼のラジオニュースを聞くと、今日の午前零時半頃から東京が大空襲を受けていることが伝えられた。B29が百三十機も来たのだそうだ。

三月十二日　晴れ

東京に戻って社で聞いた先日の空襲の被害は実に大きい。死者三万二千人。被害者数約百万人。焼失家屋二十二万ないし二十三万という概算である。何しろ本郷、深川両区はほとんどまったくなくなってしまった上に、九段の付近、牛込の一部その他が焼かれ、霞ヶ関の官衙群もやられている。社内にも被害者は非常に多かった。篠崎の留守宅は焼かれた。論説の給仕岡部も家を焼かれ、姉が行方不明となり、自分は手に火傷を負っている。

敵機は百八十の大群で今日も来襲、主として名古屋を狙った。B29が低空を飛んで機銃掃射までしたそうである。被害はわかった範囲で焼失家屋二万余というから、他は推して知るべしである。一方、海軍航空部隊が今日ウルシー島を襲って、敵艦隊にかなりの損害を与えているらしい。たぶん明日、大本営から発表されるだろう。

三月十四日　曇り

大阪が昨夜空襲された。市内二十四警察署の管内に投弾されたというから、ほとんど大阪全市の各地が被害に置かれたといえる。大阪府の計算では、焼失家屋十一万六千、市の計算では十三万、軍の計算では十五万ということになっている。それにしても日曜日の十一日が東京、十三日が大阪、それ以前に九日が名古屋という具合にB29の大群に襲われているから、隔日に来ていることとなる。

正午から川崎市の市会議員を中心とした戦争準備促進委員会というのに出て戦局の話をし、社に帰って社説「戦場より銃後への垂訓」というものを書く。

三月十八日　晴れ、時々曇り、風強し

休日なので「時局情報」から依頼の原稿を書いているうちに昼になった。ゆっくり昼食を食ったところへ社から電話がかかり、午前中から電話をかけているのだが出なかったという。用件はと聞くと今朝、天皇陛下が空襲災害地へ御巡幸遊ばされたというのである。それはそれは、というので急いで社に出た。主筆のところへ電話をかけると、こちらへもすでに通知があったので今、短い社説を書いたところだという。それでは僕が書くまでのことはないから、連絡部にそれを速記で取らせ、整理をして出す。

今朝から九州南部と東部、四国、中国の一部、和歌山県等へ敵の艦上機が来襲したそうだ。やってきた飛行機は百数十、どうも二集団になった機動部隊が九州南東海面に現われているらしい。

三月二十一日（春季皇霊祭）　快晴

今日はいい天気でもあったし暖かくもあった。うららかな春の陽射しに包まれた廃墟は、こと

のほか痛ましい。何という東京の姿だ。一方で硫黄島失陥の発表あり。十六日以来「全員突撃に移る」の報を最後として、同島からの通信は絶えたという。

三月二十二日　快晴、強風

いつもより早く社に出たら高石晴夫に会った。昨日かなりおそく帰ったのだそうだ。台湾も屏東《へいとう》まで行って状況を探ってみたが、とうとうフィリピンには行けず、はじめの目的を達し得なかったという。やむを得まい。彼から台湾、フィリピン方面の軍の動きについていろいろと聞いた。聞けば聞くほどどいけないことを痛感した。こんなやり方を続けていったら、とても戦争に勝てる目途がつくことはおぼつかないのである。その高石の飛行機で礒江仁三郎と辻平一とが荷物を託して僕に贈り物をしている。両方とも砂糖らしいが、当節まことにありがたい次第である。どんな際でも友人への情愛を忘れることのないのは嬉しい。

昨日の議会で小磯首相は硫黄島失陥を機会として演説している。いうことやよし。しかし問題は実行である。「国民よ、弱気であってはならぬ」ということを首相はいっているが、弱気であってはならぬのは国民ばかりではない。今日の国民は、むしろ強気である。その強気を活かし得ないのが政府である。口頭禅の時ではない。実行の時は今である。そういう意味で社説を一つ書いた。

午後三時から外務次官々邸で毎日、朝日、読売の外交論説記者の会合あり。それに出る。

三月二十三日　曇り、のち晴れ、風あり

大本営の発表で去る十八日から二十一日にわたる敵機動部隊追撃の戦果が報ぜられた。

この戦果発表を機会に「本土決戦と海洋邀撃隊」という社説を書いた。疎開者いよいよ多くなり、議会で内務大臣が答弁しているところでは、東京都の人口はもう四百万を割っているとのことである。

四月五日　曇り、寒し

午前十時半、小磯内閣総辞職。何のために出てきたかわからぬ内閣であった。後継についてはは取り沙汰はいろいろあり、先に聞いた平沼騏一郎説はもう出なかったが、鈴木貫太郎、その鈴木と梅津美治郎の連立、それから宇垣一成説まで飛び出した。しかし結局鈴木貫太郎に落ち着き、午後十時、鈴木大将参内、組閣の御沙汰を拝した。もう誰が首相になるかというときではない。内閣の性格がそれまでのようなものであってはならぬ。

四月八日　曇り

ラジオは鈴木内閣の成立を報じている。

外務、大東亜は首相兼摂、内務安倍源基、大蔵広瀬豊作、陸軍阿南惟幾、海軍米内光政、司法松阪広政、文部太田耕造、厚生岡田忠彦、農商石黒忠篤、軍需運通豊田貞次郎、国務佐近司政三、同桜井兵五郎、同情報下村宏、書記官長迫水久常、法制、計画村瀬直養《なおかい》。

鈴木大将は人格的に立派な人だと聞いている。しかし何といっても七十八歳だ。今、僕が読んでいるモルダックの「戦ふクレマンソー内閣」を見ると、七十八歳のクレマンソーの活動ぶりの猛烈なことに驚く。その活動力が鈴木大将に望めるであろうか。その上、閣僚の顔ぶれを見ても阿南大将の陸相を除いては、これというたのもしさを感じさせるものもない。しかし時局はここまで来ている。何という情けない国内の情勢であろうか。だがその一方でラジオの放送する沖縄戦況は追い追いわが方の活況を知らせている。今度こそはサイパンや硫黄島のようなことであってはならない。

四月十三日　晴れ

社に出たのはいつもよりも早かった。席に着く前に欧米部からの情報でルーズヴェルトが死んだということを聞く。昨日脳溢血で倒れ、すでにそのことは白亜館《ホワイトハウス》から正式に発表されたということである。とうとう死んだかと思う。せめてもう一年早く死んでいたら、戦争に及ぼすところも大きかったであろう。しかし今日でもアメリカの戦争方針は変わらぬとしても、新大統領トルーマンの施政がルーズヴェルトの、それほど強い指導性を持つかどうか。それよりも国際的にはいろいろな関係が変わってくることであろう。チャーチルと蒋介石には困るに違いない。スターリンといえども、ルーズヴェルトの政策をソ連の思う壺をめざしてゆくものとして大体において支持していた。これからはそうもゆくまい。あと十日余りに迫ったサンフランシスコ会議にも響くと思う。主唱者の死でこの会談を軽んずる国々もあろうが、ソ連なんかはかえってこの機会にこの会談を自国で牛耳ろうとするかもしれない。ともかくわれらはルーズヴェルトの生死にこだわってはおられない。ただ一途《いちず》にやることである。

十一日の沖縄方面の戦果が公表された。六日、豊田司令長官が総攻撃命令を出したとき、次いで八日、そして十一日と大出撃が行なわれた。前二回の戦果は天候等の関係で思ったほど大きくはなかった。このたびもまだ戦勢を逆転せしめるほどのものではない。だが今や潮時はよいのである。戦いの姿勢は確かに崩れた。やっつけるのはこの時だ。

社説「この戦機逸すべからず」を書く。

今夜は宿直であるが、暢気に構えていたところ十時すぎから敵機が大挙して来るらしいとの情報が出る。その心構えでいると、十一時半からやってきた。宿直員を地下室に移して防空勤務に入る。

四月十四日　晴れ

夜が明けると宿直の誰彼も家がやられているらしいといって、断わりをいって帰っていった。僕のところも飯田橋方面大火災の報を聞いていたので、安心はならぬと思っていたが、最初はそれほど切実の感じはなかったのである。ところが朝食をしていると、罹災地を一巡してきた者が、神楽坂は坂の両側とも全焼していると伝えるので、さてはやられたかと考え念のために家へ電話をかけてみたが通じない。そこでともかく実際を見に行くこととする。省線、都電いずれも通じていないので、徒歩で急ぐ。神田橋の手前、大手町のあたりがひどく燃えている。駿河台、神保町付近もひどい。水道橋の向こうはまだ黒煙が天に沖している。飯田橋まで行くと、なるほど牛込一帯はほとんど跡形もなくなっている。神楽坂口の左手の五、六軒が残っているきりで、坂の両側の家並は何もなく、余燼《よじん》のなかに死人を掘り出している人の群れもある。袋町も全焼。正木家のあたりは石の門が残っているきりだ。正木家は北町三十五番地の松浦という家に避難していた。そのあたりは奇蹟的に助かっていた。そこで正木夫人たちに会い、罹災民として炊き出しの握り飯で昼食をし、あとのことなど打ち合わせた上、一枚の罹災証明書を持って社に戻った。

所持品は宿直用に社に持っていっていた寝衣一枚、洗面具などのほかには、すべて焼かれてしまった。いろいろ惜しいものがあるが、書籍、辞典類、ことにさまざまな資料を書き集めた二十数冊のノートは惜しいことをした。しかしいつかは来る運命だったのである。

四月十五日　晴れ（黒駒へ）

着のみ着のままでもいられない。三好のところの独身宿舎の朝飯を食ってから出かけた。渋谷駅で罹災証明証を見せたら甲府までの乗車証明書をくれた。また警報が出て敵機は空に飛んでいる。新宿まで行ったら、十時十分発甲府行き列車が出るところ。昨朝の空爆で中央線列車は八王子から出ていたが、この列車が新宿駅からの初発である。新宿、大久保、中野、高円寺もひどく焼けている。そんな人間界の悲劇は知らぬ顔で桜は満開、麦畑は緑を濃くし、ぼつぼつ菜の花も咲いている。
　甲府へ一時四十分頃着き、少しの時間の無駄もなく二時発のバスに間に合って黒駒に着いた。バスの窓からわが庭にいる桂たちが見えたので、手を振って合図をしたら、さっそく豊子と春に手を引かれて桂が出迎えに来た。皆、無事を喜ぶ。風呂に入り甲府支局へ電話をかけて山梨日日へ出向する本社員のことを伝え、夕食に移る。返田が鶏を料理してくれた。卵もある。よい葡萄酒がある。返田も交え、すき焼で楽しい食卓を囲む。食後はなかなか寝ようとしない桂と、馬ごっこなどして遊ぶ。ところが今夜もまた東京は大空襲だ。ずいぶんたくさんの敵機が来たらしい。京浜間を主として狙っているらしく、ラジオはしきりに彼我の戦いを報じている。

四月十七日　晴れ（帰京）
　朝のバスに乗り遅れて錦生《きんせい》まで歩いた。甲府では支局に立ち寄ったが阿部は本社に出ていて不在。十時半の汽車で立つ。社に行くと十五日夜の空襲では大きな被害のあったことを知る。京浜沿線、大森、蒲田から荏原、世田谷にかけての被害で、社でも家を焼かれた者がすこぶる多い。佐藤浅五郎もその一人である。調査の石川尚克は彼自ら焼夷弾に直撃されて死んだ。
　この情勢はいよいよこれから激しくなるであろう。方々の話を聞いてみると僕の罹災など軽い方である。それにしても、この害を少なからしめた原因の一つは、疎開をいち早く決行したことである。まだ判然とはわからないが、久ヶ原もひどくやられ、僕の家も焼かれたかと思われる。夕方、上原主筆の送別会を「大作」で開き、昭和寮に投ずる。

四月十九日　曇り、のち雨となる

十時前に家を出て都電停留所まで行ったら警戒警報が出た。ラジオニュースは小型機の群れが来たといっている。おそらく機動部隊からの艦上機でなく、Ｐ51（＊米陸軍機ムスタング）が硫黄島の基地から初空襲を試みたものであろうと判断した。この判断は間違っていなかった。一ノ橋の手前で退避の合図があり、電車を降りて壕に入る。敵機がいなくなってから歩いたり、電車に乗ったりして社に出た。

沖縄の戦争は昨日から天候が崩れ、わが特攻隊の活動を阻止せられているらしい。特別報道隊の組織について谷水真澄と最終的の相談をする。

四月二十日　曇り、晴れ

出社したら机の上に大阪の本社を経由して来た兄からの伝言があって、僕に召集令状が来たことを伝えている。秋田の東北五十八部隊というのに二十五日の午前九時に入ることになっているらしい。必ずしも出し抜けのこととはいえないが、面食らわざるを得ない。特別報道隊の仕事もあるし、この政戦局を迎えて大いにやろうと計画している最中だから、その意味では残念である。しかし今度のことは、他のすべてを放棄することを要求している。ただ勇躍出かけるのみだ。今夜から丸の内ホテルに泊まるようにする。

四月二十一日　晴れ

早く出社して机の整理をする。僕の応召のことが社内に知れると、かなりの衝動を与えた。ことに特別報道隊関係ではそれが甚だしい。谷水はさっそく陸軍に掛け合いに出かけた。帰っていうところによると、此方の事情を述べて特報隊の仕事が軍の要請によっていることでもあり、その中心の仕事をする森であるからという趣旨で話したら、その話を聞いていたのが西村少将で「森君がそうなのか」というので、何とか処置を講ずると約束し、すぐさま動員の方へ指示を発したということである。海軍でもこのことを聞いて、海軍省嘱託としての僕を保留しておきたい海軍側の意向を、陸軍当局に申し出ようかという。しかし軍がそれを勝手にやるならともかく、この際僕としてはそういうことをやってもらいたくない。その旨を栗原部長や高瀬大佐に伝えておいた。

それより僕としては軍装品を整えるという急務がある。焼き出されて何もかもなくした僕を、一通りの装具に固めて入隊させせなければならぬ。参謀本部、陸軍省その他に電話をかけ、軍人の友だちに片っぱしから掛け合ったが、なかなか手に入らぬ。林大佐が皮革ゲートルをくれる。谷林中佐が何とかならぬか探してみようという。そういうとき、小林豊樹が僕の応召のことを聞き入れ社に現われ、金で餞別をくれた上に軍刀一振りを贈ろうという。好意をありがたく受けたが、その軍刀というのは千疋屋のなかで売っているものである。

召集令状は小松から郵送していては間に合わぬので、それを兄が持って明日東京へ着くというが、僕は一応黒駒へ行ってこようと思う。その由を甲府支局を通じて黒駒へ伝言した。また秋田の支局へは秋田着の汽車の時刻を知らせ、また宿のことを頼む。忙しいうちに桑原の心尽くしで、彼の部室でビールの壮行会あり。それを終えて海軍へ挨拶に行き、その足で銀座の「エビス」へ高瀬大佐、松岡大尉、新名丈夫らと別杯を飲みに行く。この新名丈夫は自分が応召したときより忙しいといって何やかやと僕のために奔走してくれた。

それから「大作」へ行き、論説の皆でやってくれた壮行会に臨む。永戸政治が歌をはじめたのがきっかけに、論説の会としては珍しく歌が出て、とても盛んな宴となり、隣席の東亜部の連中もしまいには合流して、いよいよ盛会となる。おそく社に帰り、残っている仕事を片づけ、十二時近く丸の内ホテルに帰って寝る。

四月二十二日　晴れ（黒駒へ）

怖ろしく混雑する十時十分新宿発の汽車で立ち、甲府に着いたら、そこから乗る予定だった二時発のバスはすでに出てしまっていた。結局黒駒に着いたのは三時半頃。僕が乗っているはずのバスが着いても僕がいなかったので、わざわざ日の丸の旗を持って迎えに出た桂は大いに失望して泣いたそうである。それでもしばらくして機嫌を直し、「それじゃ戦争を済ましてからいらっしゃるんだね」などといっていたというが、そこへ間もなく僕が到着したものだから大喜びである。

豊子は案外しっかりした気持ちでいる。それは僕にとっても甚だしく心丈夫だ。だが、秋田で入隊しても、必ずしもずっと秋田にいるとは限らない。この時局だから北満やサガレンに出かけるかもしれない。そうなっても充分納得できるよう豊子にいろいろ話した。

四月二十三日　晴れ（帰京、ただちに秋田へ出発）

東京へ戻るなり社に出て仕事の取り片づけをし、皆に別れを告げる。上野駅へは自動車で桑原が送ってくれた。駅長室から駅員の案内で構内に入り、一般の旅客の改札をする前に列車に乗った。こうもしなければとても席を占めることができないのである。桑原が帰り、それと入れ違いに島田一郎が見送りに来た。車内は疎開者、避難者で超満員である。身動きもできなくなる。この無秩序な列車は、生涯の大事に臨む僕を乗せて七時二十分に出た。

四月二十四日　曇り、晴れ（秋田着）

先日来引き続いての活動で疲れきってはいるが、この列車のなかではとても安眠などできない。ふと仮睡から覚めると夜が明けていて、窓外は深い残雪である。さすがは奥羽路だ。秋田へは少し遅れて正午すぎに到着した。支局から加藤というのが出迎えに来ていて、浅利旅館というひどい宿に案内された。他のよい旅館は全部ふさがっているのだそうだ。持参の弁当でおそい昼食をしたため、ともかく秋田に着いたことを豊子宛の葉書に書いて街に出る。

せめて少尉の襟章だけでも買おうと思って軍装品を売る店に行ったが、そんなものもない。空いている床屋をやっと探し当ててそこへ飛び込み、丸坊主に刈った。頭鬢《とうびん》の少しを家に送るよう紙包みにして取る。それから土町という通りにある支局に行き吉井と会う。支局員も外出先から帰ってきて、それらに時局や社の近況等を話して聞かせた。

宿に帰って夕食を食ったが、実にみすぼらしい食事である。この宿は座布団も出さない。かなり寒いのに火の気はない。もちろん風呂など沸かしてあるはずがない。方々へ手紙を書き、日記の書き溜めを一気に書いた。北満やサガレンに行くかもしれないので豊子への手紙には遺書を入れ、遺髪を入れる。この遺書は南太平洋の戦場に行くとき書いたのが、そのまま社の机の抽斗にしまってあったものである。あのとき以上、書き残しておくべき何もないから、そのまま封入したわけだ。九時半になると電灯が消えた。何故かと帳場で聞いてみると、もう全部灯りを消すのだから早く寝てくれという。唖然として冷たい床に入った。

四月二十五日　晴れ（秋田より横手）

大声で関西弁を喋る客が昨夜この宿へやってきたが、これらも僕と一緒に入隊する人たちであった。定められた九時に少し早く東北五十八部隊というのに行った。入隊者は約四十人でいずれも四十、五十という年頃の少、中尉である。そして大津、京都、神戸、岡山、丸亀などの連隊区から来ている。ところがおかしなことには、僕たちの入隊のことがこの部隊には全然わかっていなかったのである。僕たちが赤紙を持って現われたのに、部隊の本部では大いに驚き、師団へ問い合わせたが師団でもそんなことは承知していないという。これほど馬鹿げた話があるものであろうか。しかし部隊では僕たちを受け入れる手配を取った。

だがもう一つおかしなことは、召集の手配がめちゃくちゃであることだ。頭骸骨の負傷で半身のきかない傷痍軍人や、胸部銃創の治っていない者や、退院後間もない者も召集されている。聞けばこの部隊は護弘部隊（＊第一五七師団）の補充隊で、やがては僕たち応召者も海岸の防御線に壕を掘りに行くのだそうであるが、僕のような者をそんな仕事に使うことは、渡瀬亮輔が房州で穴掘りをやっていると同様、国家的に不経済千万の話である。ずさんな軍の職員が戦争遂行を阻害していることはいろいろの点から残念に思われたが、今またこの始末にぶつかって、いよいよその感を深くした。

ところが僕は即日帰京となり召集を解除された。それは僕個人のためではなく、国家のためにも喜ぶべき事柄ではあるまいか、などと勝手に思う。

部隊を辞して支局へ行った。皆がかえって「おめでとう」という。今夜もう一度あの宿で泊まる元気がないので、吉井君に別の宿屋の世話を頼んだが、どこも空いていない。そこで夕方六時に秋田を立つ汽車に乗って横手で途中下車し、そこで一泊するよう横手通信部に連絡してくれた。その通りにする。横手駅には今野君が出迎え「平利」という旅館に案内してくれた。炉に炭火が入る。膳にはくさぐさの肴、なかにもノビルの和え物がよい。それに酒は「爛漫」だ。今野と二人で一升を平らげた。桜や桃、李はもとより梅もまだ咲かぬ東北の夜も、かくあって実にのびのびとして暖かい。

四月二十六日　晴れ（横手より帰京）

昨夜は気がつかなかったが、今朝見ると宿の裏は大きな流れになっている。その向こうに岩手境の山が見える。睡眠を充分に取ったので気持ちがよい。今野が現われ、すぐ隣の通信部に行き昼飯を馳走になる。午後は男子国民学校で街の人二十人ばかりを集めて時局を語り、早い夕食を駅前の旅舎で片野町長に饗応されて、ここでもうまい酒をかなり飲み、五時五十分発。皆に送られて東京に向かう。

四月二十七日　晴れ、夜雨（帰京）

八時半に上野に着いて、すぐ社に出た。ほんのしばらく留守している間に、社の内外の情勢は変わっている。特別報道隊関係の者は、僕の帰ったことに凱歌をあげた。誕生しようとする隊がどうなることかと心配にたえなかったのだそうだ。編集局の机の配置が変わっている。僕も今日から論説の席のほかに、特別報道隊事務総長としての席を持つことになった。

ドイツでは赤軍がベルリン市内に深く入り、所在の独軍を包囲している。内地の新聞はついにタブロイド版になるらしい。いよいよ特別報道隊の活躍に俟つべきときが来る。さっそく午後一時から谷水特報部長、黒崎事業部長、勝田地方部長を招集して隊の活動について協議する。夕方、高田総長に「大作」へ招かれる。ビール、清酒、ウイスキーがあり、ウイスキーはオールドパーであった。社に帰って宿直する。

四月三十日　晴れ

ドイツついに敗れる。ヒットラーは病気で倒れ余命数日だといい、あとにはヒムラーこれに代わって立った。あるいはヒットラーは自決し損なったのではないかという説もある。赤軍はベルリンをほとんどまったく占領した。そういう矢先ナチス政権は米英に対して無条件降伏を申し出たという。

ムッソリーニまた北伊でゲリラ部隊員のために殺される。この英傑の最期も甚だ憐れむべきものであった。

二十五日からはじまった米ソ会議は、ソ連代表モロトフの強硬態度に大衝動を来し、前途に難問を予想せられたが、モロトフは欧州の新局面に当面して、アメリカあたりに長逗留してはおれないと帰国の途についたとのこと。欧州の戦局、政局は、転換をしている。この機会を太平洋の戦勢回興に充てなければならぬ。沖縄の戦局は一昨日あたりから、また大いにわが方に有利に進展している。神機はわれらの力によって創造されるのだ。

夕方、特別報道隊の旗揚げにつき関係者約二十名「大作」で宴会を催す。僕は昨日来、腸を悪くしているのだが、ほかならぬめでたい催しであるから出席した。この間から打ち合わせ会などにも現われていたが、若い連中はこの仕事に張りきっている。大きな感激をもって、どんな難題をも克服してゆくという気概を見せていることは、まことにたのもしい。

五月一日　晴れ、曇り、小雨

クラスナヤ広場の幾度かの観兵式を懐想させるメーデーの当日である。今年のメーデーを迎えたソ連が如何に熱狂してスターリン政権の成功を謳歌していることか。それを思うと戦局をこういう窮状に置いたまま、まだ確固たる歩調を見出すことのできぬわが国の実情を嘆ずること、いよいよ切なるものがある。

朝飯は「大作」で食った。味噌汁がことのほかうまい。所在なさに九時には社に出る。欧州戦のその後についてはあまりはっきりした通信に接しないが、ヒムラーが米英に対して私議を提出したのに対し、米英はソ連の同意を得なければそれに応ずることができぬというし、ソ連はこの段階に立ち至って何故にナチスと私を議する要があるかと、徹底的にナチスを叩く意向を示しているという。思うにソ連としてはナチスに代わるドイツ新政権、しかもソ連の意図を充分に受け入れた新政権の樹立が準備されないうちは、ドイツに対する大きな政治的政策を持ち出さないであろう。

五月二日　雨、寒し

昨夜は安眠ができた。九時半、社に出る。

社に出る早々、ヒットラー死去の報を受ける。確実なこと詳しいことはわからないが、一日午後死んだというのである。そしてデーニッツがヒットラーに代わって総統と軍の総司令官に就任したと伝えられる。このデーニッツと先に米英に対して降伏の提議をしたヒムラーと、どういう関係に置かれているのか、この二人のいずれがドイツの敗戦勢力を代表するのかなどのことも明らかでない。

五月四日　晴れ、時々曇り

昼から特報隊の会議を中座して放送局に行く。次の日曜日に放送局は「ラバウルの将士に送る」という放送をするので、その劈頭の挨拶を僕にやってくれという。今日はそのための録音をする。この放送は僕にとってはすこぶる感慨深いものである。あのときのラバウル、今日のラバウル、あのときの戦局、今日の戦局。ラバウルの将士にいいたいことは山ほどある。しかし放送は、僕が五分間、それでもこの五分間に僕は心の底からの叫びを述べた。

沖縄の戦況がいまだ明るみを見せないうちに、欧州の事態はどんどん迫ってゆく。敵は全力を欧州から東亜に割こうと焦っている。ドイツではヒムラーが米英に対して無条件降伏を提起して拒否せられたが、今度は新総統のデーニッツが、ソ米英に対して同様の試みをはじめたという説が伝えられた。

五月五日　晴れ、のち曇り

ヒットラーが果たして死んでいるのかどうかという疑問が世界を包んでいる。彼の生命については、すでに四月二十四日にヒムラーが「総統は余命二十四時間は保つまいという重態だ」と発表したということにはじまり、五月一日に至ってハンブルクのドイツ大本営発表と称して、ヒットラーの戦死が伝えられ、それが一般に信ぜられていたのであるが、同日ゲッペルスの配下のフィルツェとかいう男が赤軍の捕虜となり、ヒットラーはベルリンの大本営でゲッペルスとともに拳銃自殺を遂げ、その死体はどこか秘密の場所に隠されたということを語った。それはソ連から米英にも通告されている。目下赤軍は各所に手配をして、ヒットラーの死体を発見すべく努めているが、果たしてこれらの報道のいずれが信を置くに足るか。ヒットラーの死んだということ自体がどこまで信ぜられるか、疑問といわざるを得ぬというのである。

五月十二日　雨、終日降る

欧州におけるドイツの敗北と沖縄戦の現況、空襲の激化等から、国内の人心は確かに動揺している。社のなかにも厭戦気分、敗戦気分を見逃すことができない。由来新聞に携わる者のうちには小才子《こざいし》が多く、腹の据わった者が少ないから、特にこの傾向が見えるのかもしれない。

五月十五日　曇り、のち雨

政府は今日、三国同盟、三国軍事協定等の破棄を声明した。これを基盤としてわが外交の新発足が希望を抱きつつ行なわれることこそ、何よりの念願である。そうでもなければ時艱の克服はいよいよ困難となろう。

特別報道隊の事業展開には社の持っている力、すなわち組織、要員、経験等だけでは充分を期することができない。それには特別版を各所の掲示板に貼り出すためにも、外部の力を活用しなければならぬ。そこで協力隊なるものを結成すべく外面に手を回し、すでに警察機関と鉄道関係に渡りをつけているが、一方では此方から働きかけなくとも、特報隊と協力していこうと申し出てくるところがある。今日も陸軍の在来やっていた対外宣伝工作が働く余地をなくしたから、その力と資材とを使ってはどうかという提議があった。ここには金もあり、僕たちの最も欲しがっているものの一つである壁新聞用写真印画紙なども、大量に確保されているらしい。さっそく話を進めることとする。

ところで特報隊の仕事には、かなり多額な金を要する。将来のことはともかく、差し当たっては全部社の経費で賄っていかなければならぬ。しかし今必要なだけの予算を計上して提出したら、それはただ重役連を仰天させること以外の効果がなかろう。そこではじめからそれを表面に出さないで、運動の進捗につれて実践の上に実践を重ねてゆくこととしようと思う。この運動のために社の資金を蕩尽《とうじん》したってよいと思う。それも長い期間にわたってのことではない。ここ数カ月の間に事はすべて決まるのである。前線へ飛行機を送ることと同様に、あとでいくら数量が揃っても用をなさない。この時期において全力を傾け尽くすのである。そして局面が有利に切り開かれたら、その後の途はおのずから通ずるであろう。そうに違いないと思う。

このところ数日、栄養に恵まれないので、立石のルートで百匁二十二円の牛肉を二百匁買って持ち帰ったが、それを切ろうとすると、とても堅くて包丁で処置できない。それでも桑原君と二人がかりで筋を取って少々をすき焼にしたが、あとの大部分はたたき肉にした。

五月十九日　雨、寒し

沖縄を中心とする戦局に関して社説「沖縄に勝つを信ず」を書く。伝え聞くところによると、陸海軍の沖縄に対する考えもようやく一致し、大きな作戦は取り決めが決定したとのことである。また海軍は小沢治三郎の連合艦隊司令長官、大西瀧治郎の軍令部次長を決定したという。

夕、下野新聞に出向した井上繰次郎のために論説陣だけで送別会を開く。席は「大作」。飲み物がないので心配していたら、午後になって濁り酒一升が入り、続いて麦酒統制会の米沢が他の仕事で電話をかけてきたので、彼からビール半打を手に入れる。社にもう一度寄り、怖ろしく降る雨のなかを白金（＊桑原氏が管理する社宅）に帰る。今夜、桑原は社の防護宿直である。

＊「沖縄に勝つを信ず」

沖縄戦域を中心とする敵の総攻撃は、いよいよ熾烈の度を加えてきた。すなわち沖縄本島では、わが将兵の堅守する陣地に向かって、潰えても潰えても突破進出を焦り、首里及び那覇の北方において逐次勢力を強くしている。残存航空母艦をかき集めて編成された機動部隊による攻撃も試みられた。それは一たん南方に後退したが、必ず近日のうちに装備を改めて重来することであろう。敵潜水艦群の跳梁も一層著しくなってきた。また基地航空部隊の活動に至っては特に顕著である。マリアナの諸島嶼、硫黄島、フィリピン諸島、アリューシャン列島にわたる総ての基地のうえに、沖縄に新設した少数の基地をも併せ、およそ使用し得る悉《ことごと》くの航空基地を用いての侵攻が、主戦場たる沖縄や、本土のあらゆる地点に向かって加えられている。またこれ等の空襲には、用に供するに足る多種多様の機種が動かされて余すところがない。最近における敵の企てが彼等にどれほど重大視されているかは、このような動きのうちからも、十分知ることが出来る。

何故に敵はこの際この事に出てきたのか。彼等の吹聴するところによると、欧州戦の終息に従って、遠からず空海陸の兵力を大量に太平洋戦域に転用し得るはずである。彼等にとって都合の良かるべき左様な機会を目の前にしながら、何故このように焦らねばならぬのか。要するに今後暫くの期間が、われ等にとって極めて重大であると同様に、彼等もまたこの期間を重大極まるものと見たからである。沖縄方面の戦闘に当たって、敵が何よりも困難を感じていることはその伸びに伸びた補給線であるという点に異論はない。敵にとってのこの弱点を、わが作戦当局は見逃さなかった。そして猛烈なわが攻撃は、まず敵の補給線を破砕することを目指して、間断なく続けられてきたのである。しかもその攻撃に当たっては、世界に唯一無二の特別攻撃なる戦法が、空からも海からも、その威力を存分に発揮したのであった。かくしてわが作戦目的は着々と達成されてきた。一千五百隻と呼号された敵の艦船のうち、その三分の一以上は葬り去られ、特に空母、戦艦のうえに敵の受けた打撃は計り知れない。

その結果は、敵にとって一つの痛切な事態を形成した。彼等が沖縄攻略を目指したゆえんは、この地を基地化することによって、わが本土への上陸作戦を可能ならしめようとしたのである。事実、この狙いは図上作戦について論ずる限り間違ってはいなかった。また敵は彼等の保有する大物量と、彼等がたび重なる太平洋各所の戦闘で積んだ経験とをもってすれば、その事が不可能ではないと信じてもいた。だが現実はどうか。沖縄島を基地化するためには、全島を米軍の制下に置かなければならぬ。しかるに次第に細りゆく補給は、やがて島上の米軍の活動に大支障を齎すべきことが予想される。今日わが陣地線に向かって、一歩一歩の食い込みをしていることだけでは、敵の感ずる不安を如何ともし難いのである。そこに今日の総攻撃が生まれたものと見られる。われ等はこの事態をわれ等の立場から正視しよう。沖縄島上に戦うわが将兵の労苦は、察して余りがある。だが今暫くの間は、この労苦を更に忍び続けて貰わなければならない。今日の幾度かの島嶼作戦が明らかに訓《おし》えているように、島上の戦闘を有利ならしめるには、不可欠の一条件がある。それは島周辺の制空権を、わが手中に入れることだ。

わが特別攻撃隊と航空部隊は、現に敵の補給線遮断を目指すとともに、敵の航空兵力にも痛撃を加えてきた。これは二にしてまた一のものである。今後もこの両者は併行しつつ功を奏するものと信ずる。そして遠からぬ時機において、島上の皇軍部隊が、専守防禦の立場を棄て、敵撃砕に突進し得ることを疑わない。従って島上の戦況が、敵に一歩の利を許す現状であっても、われ等はそれを憂えないのである。島上局地の戦闘から更に高く広く眼を開く時、今日の機会が如何に好もしいものであるかを知ることが出来る。ただ肝要事は如何にしてこの好機を活かすかに尽きる。航空機の増産を初めとして、われ等の力を余すところなく沖縄を中心とする今日の戦闘に出し尽くすことだ。沖縄では断じて勝たなければならぬ。その沖縄を活かすか殺すかの岐れるのは、明日にあるのではなく、今日である。

五月二十日　曇り、小雨、怖ろしく寒き日

この頃の交通機関は遠距離の汽車などが混むばかりでなく、東京のなかの電車なども大変な混雑である。それについてこういう街の挿話を聞いた――満員の電車のなかで腰掛けている男が、その前の吊革にぶら下がっている男を睨んで、出し抜けに話しかけた。

「君はいったい今、何に乗っていると思う?」

吊革の男は突然のことで即答に困ったが、やがて、

「何だ、都電に乗っているんじゃないか」

というと、腰掛けの男が、一段と声を大きくしていった。

「馬鹿いえ、君は僕の足の上に乗っているんだぞ！」

本紙の「雑記帳」欄にでも書いたら面白い話だと思う。

五月二十二日　曇り（宿直）
この頃、沖縄の戦況を見て、敗戦的気分を深める者が社内でもかなり多い。社の幹部級の者にも少なからずあり、特別報道隊の仕事に携わっている者にもそれが発見される。そういう気分は何も正確な資料を根拠として生まれているものではないのだ。ただ漠然たる不安感からそういう気分を抱くのか、でなければ欧米部員のような敵側の放送情報に禍いされている者も、この弊に陥りがちである。これは馬鹿げたことであると同時に恐るべきことである。そんなことでは今日の言論運動などできるものではない。そういう者は仕事をやめさせたらいいと思い。

五月二十四日　晴れ、時々曇り
階下から盛んに呼び起こす声がするので目を覚ますと、夜半の一時すぎである。ちょうど寝入ったところであった。空襲であって来襲敵機数は多い。もう敵機は頭上に来ているという。起き出して着物をつける。なるほどB29の爆音が盛んに聞こえている。外は薄い雲はあるが月明かりで

そう暗くもない。桑原は防空服装に身を固めて家の周りを回っている。重要品など特に所定の穴に入れて、上から土を被せている。ともかく用意のいいのは今日に限ったことではない。

僕は起き出したものの眠くて仕方がない。ときどきは防空壕に入ったが、それは危険を避けるものではなくて、しばらくでも睡眠を取りたかったのである。ただ望見する空襲の模様はえらい眺めである。今晩は二、三百機も来たであろう。ほとんど焼夷弾ばかりを投下しているらしい。遠く東西南北いずれも火の手があり、煙は上空に広がって赤に朱色に薄黒色に伸びてゆく。それよりも凄まじいのは、わが高射砲に射ち落とされる敵機の断末魔だ。戦闘機でもかなり勇敢にやっていたが、高射砲の効果も今晩は大いにあがったらしい。

飛翔中の敵機にぽつりと火が見える。その火がだんだん大きくなり、機体全部が火の塊となり、それでも所定の方向に飛んでゆくが、やがては火の玉が二つ、三つに分かれ、主翼や尾翼を先に振り落とし、ついには胴体まで皆、火を噴き火の尾を引きながら、あるいは急に、あるいはゆっくりと落ちてゆく。僕の確かに眺めただけでも四機がそのような運命になって墜落していったが、そのうちの一つはまさに桑原宅の真上に落ちてくるかと思われた。あんなものが落ちてきたら、ちゃちなこの家屋などひとたまりもなく圧し潰されてしまうであろう。しかしほんの少々地点ははずれた。それは朝になり出社の途中確かめたのであるが、すぐそばの伝染病研究所と厚生省との共通の前庭に落ちていた。三つの塊になり、そのうちの一塊には搭乗員が二人も死んでいた。空襲のまったく熄《や》んだのは五時頃であったが、ちょっと床に入ったあと起きて外を見ると、レーダー妨害用の錫テープが庭木の枝などにいっぱい振りかかっていた。僕も手に取って見るのはこれがはじめてのことである。長いものは三メートルに及ぶのがあった。

社に出て今晩の空襲状況を聞いたら、なかなかひどかったことを知る。四万七千戸が焼かれたという。荏原区が最もひどく、品川、大森、大崎、五反田、目黒、それから千駄ヶ谷、中野方面にも及んでいる。川崎、横浜も同様、遠くでは沼津、静岡、浜松などがやられている。社員の罹災者もまた数を増した。なかにもかわいそうなことをしたのは、浜松通信部主任の柳沢である。焼夷弾の直撃で即死したのだそうだ。将来を望まれていた惜しい男である。危険なフィリピンから無事帰ってきたばかりなのにこの災厄だ。人間どうなるか、戦争のなかでは一切わからない。

今晩の空襲に関して新聞特報を出す。つまり貼り出し新聞である。これは二回めのことで、特報隊の仕事の一つだが、朝日が真似をして今日は同じことをやり出した。特報隊ではさらに明日の朝刊を増刷して罹災地に撒くことにした。

五月二十五日　曇り、時々晴れ
昨日、戦災地に対して新聞特報を配布したが、その効果は大変よかったという報告が来た。朝日もわが社の第一回特報に真似てやったが、それは一般に人の出盛る有楽町だとか銀座だとかの界隈で、戦災地に及んでいない。本社特報隊では、罹災者のいるところへ挺身して配布したというところに意義があり、一同に喜ばれたのである。
社説「沖縄の補給戦」を書き、さらに明日組み込むはずの海軍記念日用社説をも書く。
戦局は大いに動き出した。この間僕が「沖縄に勝つを信ず」という社説を書いたら、上原主筆は「どうしてああいう大胆な社説を書いたのか。何か根拠があるのか知らせろ」といってきたし、今日も高石会長が「あの社説はもう一度読み返してみて、君に詰問をしたいと思っていたところだ」といった。だが事実、僕は最近の陸海軍の作戦首脳部の動きと、それにつれて固まってきた陸海一致の作戦貫徹の決定を見透して、今度こそやれると信じているのである。

五月三十一日　晴れ、蒸し暑し

いろいろな仕事に忙殺されているところへ、高石会長の紹介状を持って鈴木修次という人が大日本連合金属社長の藤野勝太郎という人と一緒に訪ねてきた。話を聞いてみると、「ソ連が戦争をやめたので、その手持ち飛行機は不必要になるはずだ。それを日本で買い取ろうと思うのだが、方法はあるだろうか、あるとすればどうすればいいのか」ということである。唐突であり意想外のことではあるが、全然不可能のこととして葬るべきものでもない。できなければもともと、できればこれに越したことはないのだから、ソ連の当局に話して社が話を持ち込むための方法等について話し、日魯漁業の阿部宥真の専門的指導を受けるよう紹介しておいた。しかしこの鈴木という人物の素性如何は、一応紹介者の高石会長に問いただしてみる必要がある。

六月八日　朝晴れ、のち時々曇り、夜雨となる

三輪少将が電話をかけてきた。何ごとかと思っていたら「ウイスキーはいらぬか」という。「いるいらぬの話ではない」と答えると、それではそちらへ行くついでがあるから持ってゆこうといっ

て午後やってきた。貴賓室へ通して一別以来の話をする。くれたウイスキーはＶＳＯＰという僕の知らぬ酒であるが、この友人のいつも変わらぬ芳情は心に沁みて嬉しい。そのうち谷川少将が帰ってきたら三人で会食でもして、いろいろ語り合おうではないかと約束した。

六月十一日　晴れ、時々曇り

風邪を引いたといって桑原は社を休んだ。一人で出社した途端に空襲警報が出る。昨日と同じくＰ51がやってきた。狙いも昨日の続きの立川方面を主としている。これからは毎日このような状態が続くものと考えなければならぬ。

議会は会期が一日延長となったが、その理由を聞いてみると、首相演説の言葉尻を捉えて議員が騒いでいるのである。もっともその狙うところは、そのことに止まらず、もっと突き詰めたものであるにしろ、方便として用いる者が悪い。首相もまずかった。大正七年に連合艦隊司令長官として訪米した際の演説などを持ち出して、とんだ尻尾を出したものである。箱に入っていた当時の鈴木貫太郎は、とんだ偉物のように聞こえていたが、政治の表面に現われ出たら案外政治力のないことを露呈したのである。どうにもこうにもならぬのが日本の政治の貧困だ。

六月十二日　曇り、夜雨

議会はもう一日会期を延ばして今日に及んだ。国民はもうこんな馬鹿々々しいことには愛想を尽かしている。政治に一切の信頼を失い、しかもその政治に引きずられてゆく国民こそ気の毒の至りである。

渡瀬亮輔が房州の駐屯地からはるばるやってきて社を訪ねた。昼すぎ一升を第一会議室に運んで、吉岡、加茂、塚田、池松などとともに飲む。渡瀬が田舎にいて時局を憂えている心中はよくわかる。しかし上京してきた彼に安堵を与えてやる材料が一つもないのは悲しい。ただわれわれの旺盛な戦意に変わりないことを彼に示して、お互いにあくまで戦いに戦い抜くことを誓い合う。

六月十三日　曇り、雨

臨時議会は終わったが、その後の政界の模様は面白くない。この議会を通じて鈴木内閣が意外にも政治力を持っていないことが明らかにされたが、一方では反内閣の陰謀とでもいうべきものが存在していることもわかる。それは結局のところ、陸海軍の相剋に基づくものではないか。護国同志会などというものは、この間にあって陸軍の一切の手先を務めたものと見られる。こういう事態にあっては内閣の一部が改造されたくらいでは収まりがつくものではない。この期に及んでのことであり、深憂を如何ともしがたい。

渡瀬の歓迎する会を夕方「大作」で催す。北条、桑原、新名ら出席。今夜はいろいろな会合が「大作」であって、その連中が僕たちの座敷に入り替わりやってきて賑わう。帰途渡瀬、新名の二人が家に来て、またウイスキーなどを飲み深更に及ぶ。二人とも帰して床についたと思ったら間もなく警戒警報が出た。敵の数機が鹿島灘から福島、新潟にと来襲したのである。機雷投下に来たものらしい。関東方面は何ともなかったが、桑原は例の調子でいろいろな手回しをするのはよいが、僕にまで起きろというのである。彼の細心なところは買うべきであろう。だがじっと見ていると、その域を通り越している。小心臆病であるとさえ思われるのだ。

六月十四日　曇り

今日こそ終日ドライで過ごそうと思っていたが、帰ってみると先に帰った桑原が台所で料理の準備をしている。牛肉があって、それはバター焼き、大根おろしで食うのだ。烏賊があって、それは塩焼にする。こう肴が揃っては……と、つい三輪少将のくれたＶＳＯＰを開けた。これがまたとてもうまいウイスキーであった。

六月十五日　曇り、夜雨

マニラから最近帰ってきた今日出海が、マニラを立ち去った本社員の消息を伝えている。そのなかでも特に感心にたえぬのは福本福一と板倉進のことである。福本は敵がいよいよマニラに迫ったとき、マニラ新聞社屋の爆破の役目を買い、部下のフィリピン人数名と最後まで社に残った。そして今まさに爆薬の導火線に点火しようというとき「ちょいと待った」といって事務所に帰り、置き忘れたシガーの一本に火をつけたあと、悠々と導火線に点火して立ち去ったという。また板倉は今いるバギオの後方の山中で、そこに居合わす邦人中もっとも落ち着いた日常を送っている。彼の日課は愛用のパイプ六本を次々に手入れすることと、スペイン語の歴史書をひもとくことである。そして遠くの部隊へ連絡の用事でもあると、進んでその役目を引き受け、口笛を吹きながら出かけて、用向きを果たした上で飄然《ひょうぜん》として帰ってくるのだそうだ。なかなかえらい奴だと思う。

宿直である。同役の加茂勝雄の話では、今日あれだけの勢力をもって大阪へ来たのだから、安心して寝てよいというのであったが、夜半の零時すぎ、B29十機ばかりの来襲で起こされた。それは日本海沿岸にまで飛んで機雷投下をしたようだが、東京の空には来なかった。

六月二十日　曇り

昨夜の空襲で毎日の福岡本社と静岡支局は全焼してしまった。今朝僕が社に出ると当直員だった横山が席にいる。「昨晩は大変だったね」というと、ちょっと度を失した恰好で「実は何にも知らなかったのだよ」とのことだ。理由は、昨晩は高田総長に招かれ、社に帰ってからも有り合わせた酒でいい気持ちになって寝たきり、とうとう空襲騒ぎを全然知らずに通した。こういう宿直員であったことも困りものだが、彼は朝になってもそのことに勘づかず、宿直日誌に「平穏無事」と書き込んだのだ。それから中野の家まで朝食を食いに行って家族から聞いたのが、昨晩の騒ぎである。静岡は横山の郷里だから家庭の関心は特に大きい。それよりもそれを聞いて驚いたのが横山先生で、急いで社に帰って宿直日誌を書き直すという始末である。「平穏無事」をインキでなすり消して、その代わりにこまごまと昨夜の状況を書いた。

それが朝から編集局内の朗らかな話題となり、横山大いに恐縮する。

六月二十三日　曇り、時々晴れ
フィリピンに残留する毎日社員（＊約百名、うち四十七名がのち殉職）の救出に向かった後藤基治とマニラ支局に赴任する予定だった平岡敏夫（＊戦後社長）などが結局行けず、台湾から帰ってきた。フィリピンにいる礒江仁三郎を早く帰らせてやりたいものである。

七月十三日　雨、のち晴れ
帰り道に目黒駅から暗闇の通りを歩いていると、一群の若い女たちが僕の前を歩いてゆく。隣の海軍女子寮の女性たちであることはすぐわかった。その連中が歌を歌う。いくつもの歌を歌ったが、そのなかで「カンナの歌」というのがあった。戦場で咲くカンナが血の色、炎の色に燃えているところを歌ったものである。おそらく南方の島の戦場のことであろう。それは僕にも強い印象が残っている。女たちは何の屈託もなく、それを歌い、夜の道をぐんぐん歩いてゆく。若い逞しい力がそこに在ることを僕は心強く感じた。

七月十九日　晴れ
社内で泥棒が捕まった。以前社に勤めていた給仕で、その後社をやめたのだが、今度家を焼かれてから、前の同僚の給仕たちと一緒に社内に寝泊まりしていた。そして社の器物、備品、社員の所持品と、片っぱしから窃盗したのである。この泥棒が警察署で自白したところから足がついて、社内から連累者が数人出るはずだという。最近こういう事件は本社だけにあるのではないららしい。一般に道義は低下しているが、こういう犯罪の発生はその方面からのみ考えることはできぬ。本社内の場合だけを見ても、もし以前のように社の人事が一定の軌道の上に動き、秩序立っていたら、こんなこともないはずだ。

七月二十五日 晴れ

どこかから招かれた桑原の帰りが遅いので、少々早かったが床に入った。ところが十時半、桑原の帰宅と時を同じくして空襲警報が出た。B29の一群が川崎と鶴見を襲ったのである。あとで聞いたのであるが六、七十機やってきたそうだ。窓を開けて寝たまま蚊帳の外の夜空を見ていると、わが高射砲弾で敵機が空中分解して落ちてゆくのがきれいに見えた。

七月二十七日 晴れ

トルーマン、チャーチル、蔣の連名になる対日宣言なるものがポツダムから出た。形は対日最後通牒である。条件を示して「降れ、しからずんば叩きのめすぞ」というのである。内容はトルーマンがポツダムに携行した案として、ヘラルド・トリビューンなどが書いたものとほとんど違いはない。曰く、一、日本軍国主義の駆逐、一、日本領土のある地点の保障占領、一、カイロ宣言の条項による日本主権限定、一、兵力完全武装解除、一、戦争犯罪人処分、一、軍需産業の停止、などである。これに対して帝国政府の声明を出すというので、夕方社に残って待ったが、結局それは出ないことになった。そんなものは出さない方がよい。

八月一日　晴れ

加藤三之雄と大島鎌吉がベルリン脱出後、難行を重ねてやっと帰ってきた。昨夜所沢に飛行機で到着したが東京着は今日になったのである。二人とも元気である。東京にいる者の方が肉体的に哀えているように思われる。午後四時すぎ頃から二人のための歓迎会が、第一会議室で生ビールであげられた。そこへ、ひょっくり森本太真夫が帰ってきた。南京支局長から東亜部次長に転任する途中、北支や満州を歩いてきたのである。ハルビンの秋草少将から僕宛のコニャックを託されたが、飛行機で荷物の制限をされたので持ってこられなかったという。惜しいことをしたが仕方がない。しかし煙草を十箱をくれたのは、煙草不足の今日ありがたい。

八月五日　晴れ（異変の日、黒駒へ）

これまでも生命を失うか繋ぎ止めるかの岐れ目に立ったことは幾度かあるが、今日もそのうちの一日のなかに数えられよう。したがって長々と日記もしたためなくてはなるまい。

第一の運命の岐路は社会部の藤田市助との会話にある。二人とも宿直明けであったが、甲州へ行こうと思う僕は、中央線の運行状況について鉄道担当の藤田に尋ねたのである。僕は念のため運通省に電話をかけて、実際を確かめるよう藤田に求めたのであるが、鉄道記者として自信満々の彼はその必要なしとして、中央線は八王子—浅川間が依然として徒歩連絡であるから、八王子までともかく電車で行くことを僕に勧めた。しかし実際は今朝から全線開通しているのであって、僕はそれを八王子に行ってから知ったのであるが、今さら仕方なしと、そのまま浅川まで電車で行き、そこで次の列車を待った。のちほどあの恐るべき経験を分かち合うことになる西部支社の江口栄治と会ったのはそのときである。彼は東海道線の全通が待ちきれなくて、中央線によって東京から門司へ帰る途中にあった。さて浅川駅で江口と話し合いながら列車を待ったが、それがなかなか来ない。そのうちに空襲警報が出た。房総半島方面からB29に誘導されたP51の一編隊が続々関東地区へ侵入してきたのである。ラジオ報道はその編隊が八王子方面へも向かっていることを報じた。そして僕たちとともに浅川駅で列車を待っている旅客たちに退避の要求を駅長が出したのは、それから間もないことであった。

僕と江口は近くの山麓の寺院の境内へ入った。敵機は上空をすぎたが、別に変わったこともなく、そこへようやく到着した列車に僕たちは乗り込んだ。超満員だ。二等車輛には乗れなかったので、僕たちがやっと乗り込んだのは後尾から二輛めの三等である。そこでもデッキに立っていることがようやくできるくらいの混み方である。

四、五分も走ったであろうか、時間は正午少し前である。突然、飛行機の爆音が聞こえた。いち早くそれを見つけた誰かが「敵機だ！」と叫ぶ。タタタンと聞こえる機銃の音。「あっ！」という絶叫。其処此処《そこかしこ》に命中して炸裂する弾の響き。皆一時である。僕は急に姿勢を低くした。手に持っていた鉄兜を被った。掩護物はそれ以外に

何もない。鉄兜の庇の下から仰ぐと敵機が見える。まさしくP51だ。一機、二機……四機。この敵機の編隊は進行する列車の左側、つまり方位でいうと南側から来て、横なぐりに機銃掃射を浴びせている。機砲も射っている。小型爆弾も投げた。

僕のそばには嬰児を背負った女が突っ立ち、車輛と車輛の繋ぎめの鋼鉄の壁を背にしているが、背の子供を護ろうとして苦心している。また僕のそばに伏せている年寄りの男がいた。これは体全体をガタガタと震わしている。江口は便所の扉の下でしゃがんでいるらしいが、僕のいるところからよく見えない。敵機はいったん列車の右側に抜け、また転回して左側から攻撃をかけてきた。車室からの絶叫は間断なく聞こえる。この一次と二次の攻撃の間隔は短く、三、四十秒と思われたが、この間に列車は止まった。

だが車外に出ることは危険だ。あとで知ったのだが、このとき窓から飛び降りて車外に出た者で、敵弾にやられた者がかなりあった。第二次の攻撃が止んだあと、耳を澄ましていると敵機の爆音がかなり遠くへ去ったことが感じられた。僕はすぐ隣にいた老人に「さあ飛び降りるのだ！」と怒鳴った。老人はデッキから線路のバラスの上に飛び降りて、そこで転んでいる。さらに近くにいた十五、六歳くらいの少年二人が飛び降りたが、これはさすがに降りるなり線路脇の側溝に突っ伏した。僕は彼らの頭上を飛び越えて降りた。

それまでに両側の地形は見ておいた。左側は平坦地で麦畑がかなり続いている。右側は斜面になっていて、ごく小さな麦畑があって、その向こうに雑木林があり、雑木林はそのまま深い山に続いている。僕たちはその右側に降りたのである。そのとき江口がどうしたのかはわからなかった。ここはちょうど小仏峠のトンネルの入口に当たっている。敵機は最初列車の機関部を狙ったのである。機関士が即死したことはあとで聞いたが、機関部が火を噴いて列車の頭部はそのままトンネルのなかに入った。それほどだから、もし列車がもう一、二分早く通過していたら、この難を避けることができていたであろう。

さて列車を離れた僕は、土手を攀《よ》じ、狭い麦畑を走り越え雑木林に入った。林には小道がある。それに沿ってなお走ると、水の涸れた川の窪みがある。あたりは木の茂みがかなり深い。僕はその窪みに入った。そこへはあとからあとからと人々が入ってきた。その頃、第三回めの敵の攻撃がはじまっていた。飛行機の爆音と銃砲声がしきりに聞こえてくる。僕のいるすぐそばの樹林を通る人々が、樹林の幹に掴まって足場の安全をはかろうとするので、そのたびごとに樹林が動揺する。上空からこれを見たら、ここに人間が潜んでいることを敵は知るかもしれない。僕はそういう人たちに「細い幹に掴まってはいけない!」と叫んだ。

あたりにいる人たちの話は、列車に乗った同伴者の死や、隣席の者の負傷や、その他も惨憺たる話ばかりだ。そこで僕の考えたことは、こういう状態ではいつまでここにいなければならぬか知れない。そうなれば何か食わなければならぬ。水筒は肩に掛けていたが、若干の食糧は皆、列車内に置いてきたリュックサックのなかに入っている。できたらあれを取ってきたい。そこで先に来た道を引き返して、林のはずれまで来た。形勢をうかがっていたが、敵機の爆音は少しも聞こえない。今だと思って麦畑を走り抜け、列車に取りつき車内に入った。リュックサックと風呂敷包みはそこにあった。その風呂敷包みは黒駒に持ってゆく土産のバターと「大作」の岩田に頼んでつくってもらった、コハダの酢漬けが入っているのだ。それを持ってすぐ引き返した。車内をそのとき一瞥すると、僕のいた車輌のなかにも屍が転がっていた。元の涸れた川に辿り着き、そこでさらに何十分かを過ごしていると、林の外から空襲警報解除を伝える声が聞こえてきた。僕も他の連中も林の外へ出た。

列車のそばには近くの村から救援の一団が来ていて、負傷者や屍を戸板に乗せて村へ運んでいる。列車のなかには警察官が乗り込んでいて、旅客の入ることを許さない。荷物は一斉に車外に持ち出して、改めて手渡すから、それまで待てというのである。僕はすでに荷物を取り出しているので、それに束縛されることはない。ただ心配なのは江口がどうしたかだ。あちらこちら捜してもみた。大きな声で呼んでもみた。しかし江口はいない。そこで負傷者や死者を運んでいる村の方に向かった。死体の収容してある場所で、そこに並べてあるいくつかの死体を調べてみたが、江口らしいのはいない。負傷者はとても一々当たっていられないので、まず江口を見捨てて僕だけの行動に移ろうと考えた。聞くところによると、死者はすでに四十名に及んでいるという。負傷者は二百人もあろうか。何しろ敵襲が終わるまでの長い時間を、重傷者もそのまま放ってあったので、出血多量でどんどん死んでゆく者がある。死者は男、女、若い者、老人、幼児、軍服を着た者、将校見習士官、兵など、雑多だ。村へは追い追いトラックが到着して、重軽傷者を運んでいる。仮包帯は近くでできるが、手当ては浅川の町まで連れてゆかねばできないのである。

これからの問題は僕の行動であるが、何とかして旅行の継続をはかりたい。しかし現場に救援車が来て、現場からあの列車が動き出すことはいつか見当がつかない。敵機の攻撃で架線が切断されているので、復旧にはよほど手間取るに違いない。次の駅の与瀬まで行けば、上り列車がそこで止まって折り返し運転をするだろうが、そこまでは三里の山道を歩いて小仏峠を越さねばならぬ。そこで僕はまず浅川駅までの半里ばかりを歩き、そこで状況を聞いて爾後の行動を決めることとした。道は下り一方で楽であった。

浅川の町に入って驚いたことは、ここもひどく焼かれていることだ。今朝ほど見た八王子ほどではないが、道路の両側の民家は跡形もなく、まだ余燼がくすぶっているところもある。まず浅川駅に行って模様を聞いたら、敵は僕たちの列車を襲ったのと前後して、別隊で八王子駅をも襲い、そこでも架線が切れるやら、少なからぬ死傷者が出るやらして、列車は今なお動かない。東京から来る列車は立川で折り返しているという。進退両難だ。その辺を通るトラックに便乗して立川まで出るという方法もあるが、そうするくらいなら、同じ方法で与瀬まで出た方がよい。そこで長い時間を待ち受けて、西行きのトラックを幾台も止めて聞いたが、与瀬まで行くというものはなかなかない。癪に障るのは軍の乗用自動車が、なかには人がほとんど乗っていないのに、止めるのを聞かず、どんどん通りすぎてゆくことである。やがてやっとのことで甲府まで行く、空缶を積んだトラックを捕らえた。これはよい。どうせ国道線を通るのだから黒駒までは直通だ。それに飛び乗ってから車の者に相談してみたが、甲府まで行くものの今晩は上野原で一泊するという。だがともかくもそれに乗ってゆくと、峠の上り坂で、その車はパンクして止まってしまった。仕方なく車を降りると、都合のよいことに、そこへ別のトラックが来た。これは与瀬まで行くというので、それに便乗した。あとはまたあとのことだ。車は小仏峠を越えてゆく。その素晴らしい眺めはどうだ。青い空、緑の峰々、渓流が走っている。山百合の花が無数に咲いている。蜩がしきりに啼いている。あのとき命を全うしていなかったら、この風光にも接しられなかったのである。生き甲斐というか、生命のあることのありがたさを感ずる。

与瀬に安着した。駅に行くとそこには列車があって、それが五時五十二分発の名古屋行きとなって折り返すというのである。これに乗ってゆくに越したことはない。二等車室は空いていた。それに入っていると、小仏を越えて来た旅客たちが次々に着いて乗ってくる。それらの人々のなかから「森君！」と呼ぶ声に驚いて振り向くと、汗と泥にまみれた江口がいる。現場から小仏峠を歩いて越したのだそうで、僕がここへ来るまでの経過を話すと、僕の要領のよい行動にすっかり感心している。それにしてもよく生きていたものだ。聞けば彼は僕と反対側、つまり列車の左側に退避して、一丈以上もある崖を滑り降りて、川のなかで難を避けていたのだそうだ。だがこれで一安心だ。定刻の五時五十二分に列車は出た。そして笹子を越えると夜になった。

そこで僕にとって困ることが一つある。もう甲府へ行っても仕方がないので、石和駅で降りて黒駒へ行こうと思うのだが、乗り物はなかろうし、月のない夜だ。その夜路を三里近くも歩いて坂を上ることを考えると心細い。だがままよと思って、石和で江口と別れて下車した。その列車から降りて駅を出てゆく人間の群れに向かって「錦生、黒駒の方面へ行く人はおりませんか！」と叫んでみたが、一人もいない。道も少々不案内であるが、それも何とかなるであろう。月はないが幸いに星がぼつぼつ出ていて、そんなに暗い道ではない。八代村へ行くという帰郷の兵隊と一緒に石和の街をすぎ、笛吹川を渡り、そこでこの兵隊とも別れて、独りで南へ歩いた。

暑いので上着を脱ぎ、帽子も脱ぎ、それらを皆リュックサックに入れて背負った。途中、道を尋ねた相手の青年が、黒駒へ行くのなら国道を歩くよりも旧道で行った方が距離も少し近くて楽だと教えてくれたので、その通りにする。なるほど国道のようにバラスが敷いてないから、幾分か歩きやすい。それにしても花房村から金川原、下黒駒と道は長い。それに空腹は増してくる。思えば米の飯は朝食に食ったきり、あとは浅川の駅で乾パンを少し食っただけである。

路傍の桑畑に腰を下ろし、乾パンを少し食い、水筒の水を飲み、昨夜三輪少将が「坊ちゃんに」といってくれた航空食糧の栄養口糧を食った。煙草が無闇にうまい。さらに歩いてゆくと警戒警報が出た。とある人家の前に立ってラジオを聞くと、B29がかなり多数で高崎、前橋、渋川などを襲っていると報じていた。下黒駒からは坂が急になる。妻や子供の住む家が目当てであればこそ、このような難行も苦にならないのである。若宮の村落に入った。目になじみのある火の見櫓も見えた。水車小屋のそばの小暗い道を歩いて小川を渡り、裏口からわが家に入った。

もちろん皆は寝ていた。何しろ石和を立ったのが八時二十分頃で今は十一時を少しすぎている。大きな声で呼ぶと豊子が起きて二階から降りてきた。「まア、こんな時間にどうなすったんですか」「命拾いをして来たんだよ。まあ待て、あとで話すから」と、汗でずぶ濡れになった衣服を脱ぎ、第一に水を持ってこさして汗を拭い取る。マーキュロを持ってこさして、靴擦れのした踵《かかと》や指先にそれを塗る。次には食事だ。米飯の用意はないが、偶然にも麦粉でつくった洋菓子があって、それをいくつか食う。そして豊子に、今日の出来事をぼつぼつ語った。

八月九日　晴れ（黒駒）

午後は桂を連れて河原へ水浴に行こうと思って、食後の果物を食っているところへ役場へ電話がかかってきているという知らせである。何ごとであろうかと、傷の脚を引きずり引きずり行ってみると、甲府支局の金田が出ていて、「谷水特報部長からの電話の伝言で、『今日ソ連が対日宣戦を行なった。もう交戦状態に入っているからすぐ社へ帰ってきてくれ。そしてとかくの返事を電話で本社に送ってくれ』ということです」というのである。決して寝耳に水ではない。だが、こうも急に、またこのような形で現われてくることとは考えなかった。だが事実である。今日の日本にとって最も深刻な現実である。とりあえず本社にはおそくとも明日の午前中に帰るという伝言を頼んで家に帰った。「何でしたの？」という豊子にありのままを語った。

豊子が「やっぱりそういうことになりましたか」といって深刻な表情をしていたが、別に慌てもせず、特に驚いている色も見えなかった。こういう場合も考えられると、僕からかねがね話してあったし、今度黒駒へ来てからも、日ソ関係の微妙な点、ソ連の極東に送られてきた兵力が最近、戦略的展開をはじめたのが不審である点などを説明しておいたからであろう。いろいろこの問題を巡って夫婦で語り合ったが、そばにいる桂はまことにつまらなそうで、「早く河原に行こうよ」と朝から約束の履行を迫るのである。もっとものことだ。先々のことはともかく、親子でこの黒駒の金川河原でゆっくりと遊び得る日がまた必ずあるともいいきれない。「そうだそうだ、早く河原へ行こう」といって、皆で水着を着て家を出た。河原には村の河童たちが興じている最中である。桂も前は急流に入ることを怖れていたそうだが、今日なんか至って慣れた足取りで水に入ってゆく。写真を撮ってやった。

河原から帰ると、返田の息子を使いにやって、「東の家」と呼び習わしている東隣の農家から鶏を一羽求めてきた。僕はおそらく明日東京へ帰るであろうが、この情勢では東京の仕事がどういうことになるかも知れない。旅行することが今まで通りにゆくかどうかも知れない。いつまた一家団欒の食事ができるかわからないから、今夕は鶏鍋でもやろうという考えである。行水をしてから五時のラジオ情報を聞いていると、関東軍午後三時三十分の発表で、

「八月九日午前零時十分、赤軍が満州国境に向かって不法攻撃を加えてきた。また赤軍の少数機が満領要地を爆撃した」

と報じた。それからやや遅れて、大本営発表が放送された。
一、九日零時頃より、ソ軍の一部は東部及び西部のソ満国境を越え攻撃し来り。その航空部隊の少数機は北満及び朝鮮北部に分散来襲し来れり。
二、所在の日満軍は目下自衛のため交戦中なり。
というのである。双方とも宣戦を布告したとはいっていないが、関東軍発表の「不法攻撃」とあるのは、攻撃を開始してからあとに宣戦したものと解される。

ところが、夜のラジオはソ連が正規の手続きを取っていたことを伝えている。すなわち八日夜、モロトフは佐藤大使を招いて、

「日本はヒットラー政権の降伏後、戦争を継続しようとする唯一の大国となった。日本が七月二十六日の米英蒋三国の降伏提案を拒否したことにより、日本政府の対ソ提案の基礎はなくなっ

た。ソ連は戦争終結を早からしめるために、七月二十六日宣言に参加する」という趣旨で、九日以後、ソ連が日本と戦争状態に入る旨を決定したのである。ソ連が戦争介入を忌避するであろうという見透しは、まったくわが方の希望的観測にすぎなかったのである。

わが家の夕食の鶏鍋は、豊子が近所を一巡して鶏卵、青葱、玉葱などを集めてきて完全なものとなり、昼寝をしていた桂も起きてきて、打ち解けた団欒ができた。

八月十日　晴れ（帰京）

いつもの帰京と、今日の帰京とは気分の上に違うものがある。どういう事態が東京に僕を待っているやら知れないし、妻子との再会がいつまで延びるやらわからぬ。桂も早く起き出してきた。また北の窓際の朝風の涼しいところに食卓を置いて、三人で食事をともにしてバスの停留場に行く。桂は「今度来るときにはエビとカニとハーモニカとを持ってきてね」と土産物の約束を持ち込んだ。バスはあまり遅れずに来た。またそんなに混んでもいなかった。酒折で降りる。甲府七時半発の列車が少々遅れたので、駅長に会って切符を手に入れる交渉をして、その切符を買い、ゆっくり煙草をつけている暇があった。来た列車もそんなに多くの客もなく、塩山の手前で座席に掛けることもできた。

そこまではよかったのであるが、また空襲警報である。B29も来ている。P51も来ている。昨日釜石を艦砲射撃して東北地方に延べ一千百の艦上機を飛ばした機動部隊が、今日は南下して関東の東北部に対して空襲をしているということだ。そういう状況のために、上野原駅で列車は三、四十分待機した。その後も順調には進行しない。小仏峠を越え、先日ひどい目にあった現場を通る。もうそんなことがいつあったかというように、このあたりは静かだった。新宿には定刻よりほとんど二時間も遅れて着いたが、今日の空襲で赤羽方面がやられて省線電車の運行状況がよくない。神田駅の乗り換えで、また三十分ばかり時間を費やした。

社に着くなり、この一両日来の急変に処するわが国の方策について、さまざまな情報を聞いた。和戦のいずれかに決定を告げるべき重大関門に到着したのである。そして昨夜は徹宵《てつしよう》閣議が開かれた。御前会議も催された。かくして決定したところは和平である。天皇の統治する国家として、すでに敵国側に向かっては和平提議に応ずるという通達が送られたのである。

ソ連に対しては東京で東郷外相からマリク大使へ、米英重慶に対してはスイスとスウェーデンを通じて、それぞれ右の通達が発せられたのである。四国がどんな返事を寄せるかはわからない。だがおそらく拒否はしないであろう。ああ現にわれらが擁しているこの兵力、現にわれらが太平洋の彼方に占めている広い占領地域、これほどのものを保有しながら、敵前に屈するを得ないというような戦争終結は、世界戦史のどこに見られたか。だが政府はそう決定したのである。この決定は御前においてなされたのである。われらが何といい得るものでもない。ただ暗澹とし、錯然とし、また痛憤止みがたいものを感ずるのみである。無駄な繰り言をいわばいえよう。だが、この戦争をこういう惨めな終局に追い込んだ者は誰だ。しかし今日まで、そのことについて自ら責任を明らかにして進退した者があるか。わが日本はこういう見下げ果てた輩にかりそめにも「指導」されてきたのか。

　政府がこういう決定を行ない、それに応じた処置を講じていると聞く一方では、夕方、陸軍大臣名による「全軍将兵に告ぐ」という一文が発表せられた。それはソ連の戦争参加を非難し、この上は死中に活を求めて最後の一兵まで戦え、という意味を盛っている。その一文はラジオで放送された。明日付の新聞にも組み込まれている。国民は政府の決定事項をまだ知らない。だからこの陸軍大臣声明に示された戦争一本で推し通してゆくというのが帝国の方針だと考えるだろう。海軍も同じようなものを大臣名で出したが、それは部内限りのもので、外には公表しなかった。それは意味が諒解される。まだ休戦の命令は出ていないので、ソ連の戦争参加などに動ぜず、堂々戦えという隷下部隊将兵への言葉であって、一般に政治的影響を与えるところは少ないのである。

　陸軍大臣の声明が発表されるに当たって、いろいろ不審の点もあるので、新聞社でもその取扱いに迷った。そこで下村情報局総裁を通じて、陸軍大臣自身の意向を問うことになったが、阿南大将はそれについて「ウン、それは知っている」と答えたのみだった。

　ところが、軍務局長はそういうものの出ることを知らなかったのである。そこに妙なところがある。大臣が「知っている」といったのは、部内の一部の者の行なったものをやむなしとして呑み込んだものではないだろうか。

　この混沌たる情勢下に、あれこれと時局の動きを気にする者が新聞社に現われてくる。僕のところにも国家主義者の大串や岩沢が来た。そして様子を知らせてくれという。三好勇も満州国の役人を連れて訪ねてきた。

　僕としてはもう一つ仕事がある。千葉、山梨、栃木、福島、新潟の各県下へ出ている特報隊の工作隊員を如何にするかということだ。しかし、中央の状況もわからずに彼らが工作を続けてゆくということは無意味である。一斉に引き揚げさせるに越したことはない。そこでそれぞれに指令の通知を発した。

特報運動もなかなか難しくなってきた。なかにはもう特別報道隊の任務は終了したという者があるが、僕はそうは考えない。これからの国内の情勢を予想すると、甚だしく困難で複雑なものが考えられ、その間、民心の動きに注意を要する点も大きい。そういう民心の動きを把握して、次にはそれに応じた工作を展開しなければならぬ。われらはもう工作の地盤を築いている。その地盤を活用して、これからの仕事を活発にし、効果的に進めなければならぬ。

夕方は三好との約束で「昭和」へ行き、牛肉のカツレツとステーキとを肴に、冷酒をコップに三杯飲んで昭和寮に行った。ここでは生ビールが準備されていたのである。新名、工藤、白石ら十人ばかりがいた。飲んでいると話は敗戦のことに及ぶ。誰も悪い気でいっているのではないが、それは聞くにたえぬことである。「そんな話はやめろ。酒の肴にすべきもんじゃないぞ！」と僕は怒鳴った。そして漢詩を吟じた。

八月十一日　晴れ

敵が去る八日に広島市に用いた新型爆弾というものは、ウラニウムを使ったものであった。それはその後、一昨日またしても長崎にも用いられたが、わが物理学者によってその秘密が解かれた。この間の情報はまちまちであるが、伝えられるところによると、それは三十キログラムの水と、十キログラムのウランと、十キログラムの起爆薬品からなっているという。普通なら落下傘装置で投下されるものが、地上六百メートルくらいのところで炸裂すると、その下にある地上半径三、四十キロの範囲にある万物が、あるいは跡形なく原子に還り、あるいは粉々に破壊されてしまう。広島では全人口二十数万のうち四割が、そのわずか一弾のために即死したが、即死しなくても負傷した者が体内の組織を侵されていて、ある時間を経過したのち死んでゆく場合がすこぶる多いという。また広島では全市戸数の九割があるいは焼け、あるいは倒されたという。爆風の及ぶところは十二キロに達するそうだ。

ともかくこの爆弾一個の威力はＢ29二千四百機の搭載してくる爆弾の力に相当するものともいわれている。アメリカは去る七月十六日にこれを完成し、ニューメキシコの試験で実力を確認してさっそくマリアナ基地にこれを持ってきたというのであるが、この種のものは日、米、英、独で競争の形で研究されていた。なかにもドイツの研究が進んでいて、それは十月までに実用化される予定になっていたという。そこでヒットラーも十月まで戦争を持ちこたえ得たなら、あとはこの兵器の使用で頽勢を回復し得るものと信じていたが、ドイツの研究の秘密を暴くことに乗り出したアメリカ側は、科学スパイをドイツに入り込ませ、まんまと機密を奪った。そしてアメリカ側の研究とドイツの研究を突き合わせて、このように成功の時期を早めたのだともいわれている。

アメリカの研究に参画していた者にサー・ジョージ・トムソンという名があって、それはチャールス・ダーウィンの孫に当たるイギリス人だということだ。イギリスではアメリカがこのような毒ガスにも勝る惨虐兵器を用いたことについて非難の火の手があがり、首相アトリーがこれを承知していて、アメリカの使用を見逃したという点で、アトリーを責めている。しかしアメリカ当局は日本が屈服するまでは、この爆弾を使用し続けるといっている。この爆弾を使用するには、B29を改装した特別の飛行機が必要で、その種の飛行機は今のところサイパンに五機来ているのみとのことだが、それでも日本の都市という都市、要塞という要塞を木端微塵にしてしまおうと思えば、できぬことではあるまい。わが政府の和平応諾が、この新型爆弾の出現に原因するか、他の原因、たとえばソ連の参戦というようなものに存するかは、今のところ明らかではない。だが、わが国は明らかに科学戦においてアメリカに敗北したのだということはいい得る。

返田鶴吉が十一日には社を訪ねるといっていたので、豊子に送る手紙を持って待っていたが、ついに来なかった。

十一日には例の新型爆弾をもって東京を攻撃する予定ということを敵の捕虜が話したというので、各方面とも緊張したところへ、夜半に至って敵の大型機が関東地方に近接してきたというので、空襲警報が出て、あちらこちらでだいぶ騒いだようであるが、その敵機は間もなく去り、何のこともなかった。それよりも、昨夜なんか東京都内の各所、東京駅前、新橋第一ホテルその他に手榴弾を投げた者がある。こういう時期にありがちなテロ行為と思われ、これからあとが心配される。

八月十二日　晴れ

どんなことが起こるかも知れないので、午後から社に出た。さすがにいつもの日曜日と違って、社のなかは緊張している。

敵側四カ国からの回答は正午頃、わが政府に到着した。それには（敵側の出している材料によるものだが）、「日本がポツダム声明の条項を誠実をもって履行し終えるまでの間、連合国軍総司令官の下に、日本皇室及び主権を置く」ということが付言されているとのことである。最も嫌なことをいってきたものだ。同じことでも、いい回しようはほかにあるだろうに……。

「The Authority of the Emperer and Japanese Government shall be subject to the suprime commendor of Allied forces ……」

といっている。なお文書による正式回答は、ソ連大使館とスウェーデン、スイスの公使館を通じて追って到着するはずだから、わが政府の決定はそれからあとのことになるわけである。こういう事態の最中にあって、国内の気運は依然として混沌たるものである。戦争終結に決するにも、戦争継続に徹するにも、不充分極まるのが今の状態である。おそらく結局は、上御一人の御思し召しによって決することとなろうが、その御思し召しが一度外に表われても、なお一途に進むことを不可能とするのではないか。ただただ憂うるところはそこにある。

今日もこんなことがある。午後三時半に大本営発表があった。社の編集局にそれがもたらされたのは四時前であったが、発表そのものを見ると、一に北満、北鮮の戦況、二に沖縄方面におけるわが潜水艦の戦果、そして三に、十一日を期し全軍をあげて総攻撃に入ったということである。どう考えても三の項目がおかしい。しかし大本営の発表である以上、紙面に載せないわけにはゆかぬ。そこで第一版にはそれを載せることとしたが、間もなく大本営発表保留という情報局からの通知があり、続いて第三項のみ削除ということが伝えられてきた。この時にしてこの事あるは何たる醜態であろうか。

今夕の東京新聞のごときは、戦争がもう終わりを告げたかのような紙面をつくっている。何としてもそれは行きすぎたことだと思っていたら、果たしてそれは発売を禁止された。しかし田舎は知らず、東京都民はそろそろ事態の真相を察知している。戦争が悲しむべき終焉を迎えつつあることに気づいているのである。

八月十三日　晴れ、時々曇り、夜雨

今日もわが身辺にはまた恐るべき出来事が起こった。それは去る五日の浅川駅付近の出来事にも比ぶべきものである。五時半に床を離れた僕は顔を洗い、ヒゲを剃り、体を冷水で拭いたあと、二階に上がり読書をしたり、昨日の日記をつけたりした。階下は例によって起き出すのがおそい。それでも女中は飯を炊き終わったようである。八時頃だ。すでに六時半頃に警報が出て、敵の艦上機が帝都の上空にも飛んできていた。その第何波めであったか心得ていないが、あまり爆音が近いので階下へ退避しようかと思っていると、ドカンと怖ろしく大きな響き、体への大変な圧迫感、家屋の動揺、額、壁、建具の落ちる音、倒れる音、そして濛々たる土埃《つちぼこり》。それらのものが一瞬のうちに僕の周囲に巻き起こった。大変な衝撃である。僕は立ち上がって、まず階下へ降りることを考えた。二階の隣室にいた猫も、これには驚いたものと見える。度を失ってどこへ逃げ出

そうかと、あたりをうろうろしている。

音響と動揺とは止んだ。そして土埃ばかりが立ちこめて、むせるように埃臭い。畳の上はその埃と土とでザラザラしている。僕は素早くパジャマを洋服に着替えて階下に降りた。空襲には極めて細心で、警報が出るといろいろ防空の手段を尽くし、敵機が上空に来ているときは壕に身を潜めることに忠実なこの家の主人は、今日に限ってどうしたことか、雨戸も開かず、床も蚊帳もまだ取り片づけていない寝室に下着のままでいた。

階下の状態も上とあまり変わりがない。ここでは硝子障子がはずれて、ガラスの割れた破片が散乱している。敵機はまだ近くを飛んでいて、機銃を射つ音も聞こえるので、ひとまず庭の壕に入った。ラジオはしきりに各地に散在する敵機の動きを、どこには何機、どこには何機、という風に伝えている。東京上空にまだ敵機はいたが、僕だけは壕を出て、まず家の周辺を見回った。門の格子戸が飛び、屋根からは瓦が落ちて散乱し、いろいろなものが雑然としている。

ところで先ほどの大きな音響と衝撃は、確かにかなりの大きさの爆弾か砲弾が、あまり遠くないところに落ちたものに相違ない。それを確かめたいと思って外に出た。そこで驚いたことには、ほんの二、三十メートル歩いたところにある海軍女子寮の本館が惨憺たる姿で半ば倒れている。さらにそのあたりを見ると、海軍寮の裏側に当たる一区域の家は、めちゃめちゃだ。全壊が四棟、半壊が四、五棟。これほどの猛威を一弾で現わすものは、二百キロ以上の爆弾か、ロケット砲弾であろう。

ところでこれらの倒壊家屋の下に死人があるらしい。隣組のことだから誰がいない、誰の顔が見えないということはすぐわかる。鳶口や円匙を持った人たちが続々と集まってきた。そして敵機のまだ空をかすめてすぎる下で、死体捜索の作業がはじまった。僕はひとまず家に帰って、まだ退避壕のなかにいる桑原にこのことを知らせた。隣組のこの状態を棄てておくわけにはゆくまいと思ったからである。その頃になって隣組の人員点呼をするということが伝えられてきた。居るべくして居ない者の誰々であるかはすぐわかった。そして死体掘り出しの作業は、なおも熱心に続けられた。砂永という家の三人のうち二人は死体で出たが、あと一人の者がわからない。出たうちの一人の分は隣組の屋根を越えて、その家の庭に落ちていたのであるが、不明の一人の分はよほどおそくなってから、粉々の肉塊になって方々に飛散したということがわかったのである。結局全体で死者は四名、負傷者は六名であった。

このような人間の最大の悲しみごとが、ほんの一瞬のうちに起こったのである。あの弾の照準がもう二、三十メートル南の方に片寄っていたら、その惨憺たる最期を遂げた人々の運命が僕に訪れていたかもしれぬ。去る五日も危ないところを助かった。今日もまた間一髪のところで命を繋ぎ止めた。

さんざんな状態のわが家を整理するため、まず畳の上を被った土砂を取り除くことをはじめ、飯は炊けているが副食物の用意がないので、胡瓜揉みをつくったり、千切り大根の酢の物をつくったり、皆すべて僕がやって、おそい食事を終えるなり、敵襲の間際を縫って出社した。桑原は家の始末や隣組の善後処置のために社を休むことにした。社に行った僕は家屋の修理や後片づけのために、社の大工と庶務の野沢を桑原家へ送った。また交通機関が充分動いていないので社は人影が少ない。

　午後一時から特別報道隊関係の会議を催す。これは先日来の地方口伝工作に参加した人々を集めたものである。この時局が何の方向に向かうかは、まだはっきりしていない。しかしいずれに向くとしても新聞製作上、特報工作上、民心の動きをしっかり握ってかからなければならぬこと今日ほど切実な時はない。戦争のうまくゆかなかった原因の一つも、それにあったのである。しかしわが当局は、今もってそれを熱心にやろうとしない。われらが率先してその実をあげ、政府をも動かさなければならぬ。それには幸いにわれらには特報隊がある。今日はこの間の地方工作を通じて、地方の指導者や一般人に直接接触してきた人々から、最近における地方人の心の動向を聞いた。時局観、当局への要望、生活、生産などに関する意見等の各般にわたるものである。今日の資料はさっそく整理して、それはそれで活かしてゆく。そして一定時期を過ごしたあと、またそれらの人々を地方に送って、すでにできている顔繋ぎを利用して、その時期における地方人の心を聞く。またそれはそれで活用しようというのである。

　敵側のわが政府に対する公式回答は、代表国アメリカから昨夜おそく届いた。そこで今日は最高戦争指導会議がこの最重要問題を中心にして開かれ、午後三時から同様の閣議が開かれた。国史上いまだかつてない重大な一日である。社でも緊張のうちにその結果を待ったが、なかなか埒が明かない。

　待ちあぐんで僕は帰宅した。家のなかはほぼ片づいていたが、一通り整理のつくまではまだまだ手間取るであろう。ともかくも危うく命を拾ったのは幸福だというので、桑原が大切にしておいた十二年のサントリーを開けたので、それを飲んだ。夜半近く珍しく雨が降る。しばらくぶりの雨で農作等には結構であるが、屋根の瓦がすっかりずり下がった家のなかでは困ったことになった。しかしあまりひどい雨漏りもしなくて済んだ。

八月十四日　曇り、のち晴れ

昨日はまた命拾いをした。しかし拾って幸せな命であったろうか。犬死《いぬじ》にはもとよりしたくはないが、生きてこのたびのような悲しみに耐えてゆくことは何とした不幸か。われらは敗れたのである。帝国は敵の前に膝を屈したのである。負けてはならぬ戦争であったし、また戦いようによっては負けなくてもよい戦争であった。しかし今や敗北は事実である。

最高戦争指導者会議が開かれた。閣議が開かれた。そして帝国は去る十日以来の既定方針、すなわち敵に和議を申し出て哀れむべき敗北者として、降伏することに決した。

明日正午には、天皇陛下御親《おんみずか》ら勅語を御放送遊ばされるということである。

玉音に接し奉るまでもなく、ただこのことを血涙するのみ。

和平交渉の経過、内容及び戦争終結に至るまでの状況等は、明日の新聞に発表される。しかしこの新聞には勅語も掲載されているので、御放送の済んだ午後零時以後に配布されるはずだ。この新聞に掲げるべき社説は上原主筆が大阪から書いてよこした。「これを書かねばならぬ僕を想像してくれ」という伝言がその社説とともに届いた。夜半まで社に残る。

社の編集局内、いつになく社員の顔が揃っているが、すべて沈痛。

八月十五日　曇り、時々日射せど淡し

内地の陸海軍部隊には、もう政府の決定が通知されて軽挙妄動のないように申し渡されているというが、どんな事件が突発しないとも限らぬ。だから社にも早く出た。

気分が重い。今日正午には天皇陛下が勅語を御放送遊ばされるということは、今朝のラジオで伝えられたから、事態の動きをほぼ察している者もあるが、一般国民には真相がまだはっきりしていないのである。

道行く人を見ていると、おのずからなる友愛の情が湧いてくる。勝つために一心不乱に努力してきた国民である。こういう破滅の日の来ることを誰が予期したろうか。しかもまだその破滅を知らないのである。それを知って如何に驚き、如何に嘆くことであろうか。

社に出ると、社内も粛然としている。昨夜来、涙とともに編集した新聞は、今朝の九時から印刷がはじまっている。勅書を掲載した新聞であるから、御放送の済んだあとでなければ頒布してはいけないことになっているのだ。

この日から、帝都の所々で小異変があった。午前四時二十分頃、将校三人に率られた兵二、三十名、学生五名が首相官邸に乗り込んで機銃を放ち、邸をガソリンで焼こうとした。首相不在と知った一隊はさらに私邸に回って放火したが、首相は難を避けて無事であった。同時刻同様の手段で平沼枢相邸が襲われた。今未明、森近衛師団長は部下の上原大尉というのに殺害された。午前二時から五時までの間、東京放送局は近衛師団の小部隊によって占拠されたが、夜明けとと

もにそれらの兵は退去した。宮城前の松林のなかで自決した将校が二人あった……等々であるが、これらの小暴動は組織されたものではなく、各個に散発的な行動を取ったものと思われる。

全軍に対する戦闘行動停止の命令は発せられたし、敵側も攻撃中止の命令を出したそうである。そして、わが国史を通じて最も悲痛な時刻、昭和二十年八月十五日正午が来た。四国宣言を受諾して戦争を終結し、万世の太平を開こうという大御心の勅書を、陛下御親ら御放送遊ばされるのである。全国の各地、外地の各所で同胞は皆斉しく受信機の前に起立し、頭を垂れ、唇を噛んだ。本社でも編集、業務、工務各局では、それぞれ社員が受信機の前に整列した。

頭の上げ得る者は一人もいない。

正午の時報が鳴る。次いで君が代の曲が奏でられる。敵弾に破られまさに沈みゆこうとする艦の上で聞く君が代にも等しい。

その曲が終わる。そして「朕深く世界の大勢と帝国の現状とに鑑み……」、ラジオから流れる玉音である。畏れ多い。無念だ。誰もの目から振り落ちる涙、そしてやがてそこからもここからも聞こえてくる嗚咽。それがだんだんと繁く大きくなってくる。地でまろび慟哭したいところを一心に我慢しているのである。そして御一言も聞き漏らすまいと皆が努力している。玉音にも御うるみが拝されるではないか。ああ何たる畏れ多いことか。御放送は終わった。

続いて奏でられる君が代の曲に、一同唱和することになっていたが、声をあげて唱え得る者は一人もいない。悄然として散じた。その後の床上には涙の斑点が一面である。

それより少し経て陸軍大臣阿南大将が自刃したとの報が伝わってきた。間違いないらしい。あえて批判を加うれば、阿南大将の自刃は早きにすぎたのではなかろうか。今わが国にとって最も大切な仕事の一つは、軍の内部統一である。この軍隊を完全に銃剣から遠ざからしめるためには、軍の内部に威令のきく人の存在が絶対に必要である。阿南大将はその人であり、それを行なわずして死を選んだことは、大勇の人の最後と思われない。

一方では鈴木貫太郎大将が骸骨を乞うた。午後二時半からの閣議で総辞職が決定し、三時二十分、宮中で拝謁を仰せつけられ、閣下に辞表を奉呈したのである。目まぐるしい時の変遷である。ところで時ここに至っているのに、陸海軍内部における戦争終結と戦争続行との両意見は併行している。もとより今は交戦最中である。停戦協定の成立までは、敵の来襲を自衛的に防ぐというのならよろしい。しかし、すでに大詔が換発されているのに、求めて戦争を続けてゆこうとする考えは忠といい得ぬ。のみならず、この重大時期における国家の行くべき途を迷わしめることとなるのだ。確かにこの戦争はわれらの全力を使い尽くしたものではなかった。局部的に戦おうと思えば、まだその余力もある。ことに将兵の戦闘意識からいえば、まだまだ尽きるところのないものがある。残念だ、無念だと思うことは必然だ。われらもこのことを痛感する。

だが、感情の動くがままの行動は断じて許されぬ時期である。「戦え」と仰せられて戦った、「戦いをやめよ」と仰せられては銃剣を棄てるまでである。感情をもって大義を左右してはならぬ。忠義は時としては決して楽なものではない。ただ、これを押しきり得る者が忠の真諦《しんたい》に徹する者である。とはいうものの、兵隊はかわいそうだ。必勝の信念なお旺然《おうぜん》と燃えていて、戦いから手を引かねばならぬのである。一般国民もかわいそうだ。一握の米をつくり、一俵の薯《いも》をつくったのも勝つを念じてのことであった。勝つと信じていたればこそであった。それが今、突如としての戦争中止であり、しかも降伏である。思い諦めるにも、その方途を知らないというのが真情であろう。噫々。

昼、亀山一二来訪。久しぶりの会見であった。夕方は桑原、高石晴夫と昭和寮に会食する。今夜は都下に擾乱《じょうらん》あるやもしれず、毎日新聞社も襲撃されるおそれありとの警告が警視庁からあったが、その事なくして終わる。

八月十六日　曇り、時々晴れ

夜は明け、日は暮れても、わが心暗くまた重い。これではならぬと思うのだが、何をする気力も湧いてこないのである。社内の情勢を見ても、社員の動揺が甚だしく感じられる。それはもっぱらこれから先どうなってゆくのかという見透しのつかないところから来ている。よその新聞社では部長以上が辞表を取りまとめて提出したそうだが、本社ではそういうことがない。辞表を出し、新聞社を去ってみたところで、それが何の役に立つものでもないのだが、この時期にどう処するかという決意を表わしている。本社の記者のなかには毎日でも今どうすべきかを早く決定して、それを実行しなければならぬという意見を述べる者が少なくない。

この戦争をこういう終結に導いた責任の一半が新聞にあるからだという理由もあるし、保障占領の敵軍が入ってくるからには、とてもわれらの希望するような新聞の活動はできないという絶望感に出たものもある。要はわれらに課せられたこれからの使命の重さがはっきりされていないからだ。僕にもそれはよくわからない。しかし今そのことをできるだけ闡明《せんめい》にすることが、社員のためにも、社のためにも、国家のためにも重要だと思う。

午後一時から支局長会議があったので、それに出席したが、せっかくはるばる地方から上京してきた支局長たちにも、そういう点に関する行き届いた解説や指示が与えられないのである。平常の時と変わりのない、漠然としたおざなりの会議に終始している。こんなことではならぬ。「最高幹部を説いて社の大方針を決定させてくれ」と僕などのところへ持ち込んでくる少壮の記者が多い。

特別報道隊でもいろいろな意見が出ている。隊の解消をいう者、早く何らかの運動を展開しろという者、まだそういう時期ではないという者などである。しかし、これについては僕に案がある。それは先日も隊員の一部の者に話したのであるが、民心偵察隊を地方に派遣することだ。来週早々からこれは実施したい。この任に当たる者は同時に時局の動いてゆくところの実相を地方人に告げて、不要な動揺を阻止するような努力をするのである。新聞は出ている。ラジオも働いている。しかしこの一両日来の流言は巷間に溢れている。房州の沖にはアメリカの大艦隊が入り込んでいるとか、横浜に米艦が入って兵力を揚げたとか、どこが米軍の占拠地区となり、どこは重慶軍の占拠地区となるとか、実に多い。一昨日は軍の飛行機が「あくまでも戦うのだ」というビラを撒いた。そのためにこの戦争終結に耐えられぬ気持ちを持つ人々に「これでこそ」という感じを与え、国家の決定とちぐはぐな動きを見せているという始末だ。これを早く落ち着かせねばならぬ。

東久邇宮稔彦王《ひがしくにのみやなるひこおう》殿下が組閣の大命を拝せられた。そして赤坂離宮が組閣本部となって、閣僚の決定が進められたが、夜更けに至るまで親任式を執り行なわせるに及ばなかった。

アメリカとの停戦協定は敵側の決定に従ってマニラで行なわれることになった。陸軍は梅津参謀総長、海軍は豊田軍令部総長もしくは小沢連合艦隊司令長官が軍の代表として出てゆく。敵側はマッカーサーが代表で、わが方の代表は明日にも東京を立って現地に乗り込むことになっている。これとは別に英、ソ、支三国との停戦協定も行なわなければならぬ。

軍令部次長大西瀧治郎中将が自刃したとの報がある。しかし海軍では大西中将が軍令の中枢にいるので、このことを極秘に付している。こういうことは今後もなお続いて起こるであろう。

夕方、東芝の金子副社長に招かれて築地の「錦水」で食事をする。ここは目下東芝の寮になっているのである。今夜は宿直に当たっている。編集局内のあちらこちらに三三五五、固まって慷慨激論を戦わす者がいる。都内に流れていた不穏の空気は今日あたり一通り収まったようである。

八月十七日　曇り、晴れ

今日、陸海軍人に対して勅語を賜った。「鞏固《きょうこ》なる団結を堅持し、出処進止を厳命にし、千辛万苦に克《か》ち忍び難きを忍びて、国家永年の礎《いしずえ》を遺さむことを期せよ」と仰せられている。陸海軍の動きは目下の情勢を左右するほど大きい。陸軍部内、海軍部内とも戦争持続を強硬に主張する一派が、まだかなりの勢力を持っているのである。そして飛行機からビラを撒いたり、辻々に貼り紙をしたりして、その主張をもって一般国民をも引っ張ってゆこうとしている。危いところだ。

　夜、首相宮様がラジオ放送をされたそうだが、僕は聞かなかった。なかなか立派な御演説で、歴代の首相でこれほど実のある話を堂々と成し得た者は少ないといわれている。大西瀧治郎中将自刃のことは、今日に至ってようやく公表せられた。遺書も公表されたが次の通り。

「特攻隊の英霊に曰《もう》す。善く戦ひたり深謝す。最後の勝利を信じつつ肉弾として散華せり。然れ共其の信念は遂に達成し得ざるに至れり、吾死を以て旧部下の英霊と其の遺族に謝せんとす。次に一般青壮年に告ぐ。我が死にして軽挙は利敵行為なるを思ひ、聖旨に副ひ奉り自重忍苦するの誡《いましめ》ともならば幸なり。隠忍するとも日本人たるの矜持を失ふ勿れ。諸子は国の宝なり。平時に処し猶ほ克《よ》く特攻精神を堅持し、日本民族の福祉と世界人類の和平の為、最善を尽せよ」

というのであって、情理兼ね備わってまことに立派なものである。

八月十八日　曇り、時々晴れ
　毎日新聞社がこの際如何にあるべきかという論議は、社内でもだんだん高くなってきた。今日も午後三時から各局幹部会議が開かれたが、その席でもこの問題に関する討議が行なわれた。そのなかで毎日新聞解消説というのが出た。この説を主張する者の立論の根拠を見ると、大体二つに分かれている。第一のものは、戦争が失敗に終わったことについて新聞社としての責任を取るというのである。また第二のものは、これから新聞による国家への奉仕をしようと思っても、アメリカをはじめ敵国の保障占領下にあってはそれが不可能である、だからやめるに如《し》くはないというのである。この二つの意向は、毎日新聞社の解消まで発展するものと、声明の発表とか陣容の立て直しとかで面目を改めてゆこうというものとに分かれるが、実際の問題としてはいずれもなかなか困難なものである。敵が本土の保障占領に揚がってくるまでの間に、一切の準備を整えて、のちの方途を決めておかねばならぬ。

今度のような事態に当面せずとも、社の陣容は当然改変せられるべきものと僕は考えている。高石、奥村の両老人が過去の功績が大きかったからといって、いつまでも社の最高地位に留まっているべきものではない。社からも社員からも遊離した存在が社を統率してゆこうというところに矛盾があり、無理があるのだ。今度はまたとない機会である。両老人は社を去り、その後に組み立てられるべき新しく強い陣容にすべてを委ねるべきである。

意味は違うが、徳富蘇峰が社に辞表を提出した。昨日のことである。その辞表を受け付ける前に徳富老人と意思を述べ合う必要があるというので、社長が今朝、山中湖へ出かけた。徳富老人はもう筆を執る力がないというのである。あの老人の性格として大抵のことならば、平気で頬被《ほおかぶ》りをして、昨日の説を今日の議論に変えてゆくことくらいのことは、何でもないのであるが、今度という今度はさすがにそうは参らぬのである。

陸軍、海軍とも、全軍をあげて承詔必謹《しょうしょうひっきん》で進むこと、いやしくも聖旨に反するような言動のある者は反乱者として取り扱うということが、今日に至って本極まりに決定した。中央がとうとうそれに徹したのである。これからは出先を締めることである。

夕方、特報の仕事をしているところへ、「大作」の岩田から「残念会をやりますから」という誘いが来る。昨夜も昭和寮で思う存分ビールを飲んだところだが、ともかく出かけてゆくと、またビールがあって、その一樽を席の傍らに置き、工藤、塚田、岩下、森下らとともに痛飲した。飲んでいる最中でも、ふと話が途切れたりすると、敗戦のことが頭のなかをかすめて通り、急に沈痛になり、居ても立ってもいられぬ気分となる。

八月十九日　晴れ

昼食を終えてから社に出る。前橋の疎開地から上京してきた阿部真之助が訪ねてきて、例の辛辣な論鋒で事ここに至るまでの当局者たちの所業をこきおろした。

「わがまま勝手のし通しをしやがって、この土壇場になってくると責任をみんな、天子様のところへ持ち込みやがってたんだから、許しちゃおけない」

というのである。この人のいうところは愚痴ではないのだ。

この間の講演のお礼に麦酒統制会の米沢がビール二打をくれた。そのうち半打を家に持って帰ってあるので、夕食には桑原と二人でそれを飲む。今夜から灯火管制が撤廃された。

停戦協定にわが代表は、今日飛行機でマニラに出発した。河辺虎四郎中将（陸）、横山一郎少将（海）、岡崎勝男調査局長（外）の三人で伊江島までこちらの飛行機で行き、そこから先方の飛行機に乗り換えるのだそうだ。マニラではおそらく先方が提出する停戦条件を示した文書を受け取るだけで、調印はその後、対四国別に行なわれることとなろう。

八月二十日　晴れ

敗戦で痛憤して死んだ者のことをちょいちょい聞く。戦争の責任を感じて自決した将軍、提督あり、同じ理由から代議士を辞任した者もある。新聞記者にも同じ責任を見逃すわけにはゆかない。まして戦争に直接関係を持つ論説を担当していた僕などは、新聞記者のうちで誰よりも先に責任を自ら問わなければならないのだ。事実、僕は過去一週間そのことを思い続けてきた。しかし責任を感じた結果において、どういう処決をすべきものであろうか。今日は編集局の部長会議があってわが社の部長たちは、そういう理由で一同辞表を提出したということだ。朝日新聞社でも全部ではなく、また特に会議などで打ち合わせたわけではないが、部長連が個人的に辞表を出したそうである。

しかしこれはどんなものであろうか。後図に関する準備も決心もなくて、一片の辞表を出し、それで責任が償えたと思うことが正しいか。その責任たるや実に大きいのである。責任が大きければ大きいほど、身を引くことくらいでそれが償えるものではない。このことについて僕はすでに永戸論説委員長にも所見を述べておいたのであるが、そんな処決をもって甘んじてはおられないのである。なるほど、ああいう戦争のやり方では、勝利へ結末を持ってゆくことが甚だ困難であるとは、僕たちもよく承知していた。またこの戦争のやり方をまずくしている者が軍であり、官僚であり、この両者がまことに度しがたい存在であることも知り抜いていた。しかも僕たちはその非を剔抉《てっけつ》し、正しく強い力を戦争遂行のために盛り立ててゆく能力を持たなかったのである。そのことは僕たちがなさねばならぬ責務であったのである。だから今日に至って僕たちの負うべき責めの極めて大きいことはいうまでもない。

　だからといって今、筆を棄てて辞表を提出し、言論の陣営から逃避してしまうことが最善の策であろうか。そうではないのだ。真に勇気があり、真にそれからあとの国家の重大時期を考えるならば、むしろその逆を進まなければならぬ。敵が保障占領の挙に出て、監理の軍隊を本土に入れ、厳重な見張りと干渉とをする最中において、国家再建設の大事業を指導し掩護してゆくことが、如何に困難であるかは、今日からよく想像される。それは戦争中の言論奉仕にも見られなかったほどの、難しいものであろう。その一途《いっと》へ、今なお持ち合わせる限りのすべての力を傾倒してゆくべきではなかろうか。新しい激戦の日々を迎えるのでもある。そして精魂を尽くして奮戦するのである。この戦いを通して国家に対する過去の責任を償うのである。

　かくしている間にも、力が尽き果てるようなことがあったなら、そのときになってはじめて筆を折るのだ。華やかな途ではない。景気のよいやり方ではない。しかし、そこに文章報国を生涯の事業として志した者の、真の途が存するものと思う。もちろんこの途を歩んでゆくには大勇を必要とする。だが僕はこの途を進もうと思う。もし僕に別の才能があり、その才能によって今日の国家に奉仕することが、新聞記者として奉仕するよりもさらに有効であるというのならば、志の立て方はほかにもある。しかし僕においてはそういうものを発見することができないし、また言論人たることが他の何者であることよりも、今日の国家に奉仕し得る有意義な職能であると思う。

八月二十二日　曇り、午後に入って雨催し、風加わり、夜にかけて物凄き台風となる

社説「連合軍の進駐を前にして」を書く。

怖ろしい荒天となった。今日から天気予報が復活したが、その報ずるところによると、台風は房総沖から鹿島灘、東北東方海上と緩慢に北東進しているという。夕方ぐしょ濡れになって家に帰ったが、間もなく停電した。

＊「連合軍の進駐を前にして」

連合国軍隊はいよいよ二十六日から本土に進駐を始める。続いて第二次以後の進駐部隊が、さらに他の地区にも入り込むことになろう。降伏してから一週間、われ等は敗戦国民としての重苦しい気分で日々を送ってきたが、昨日までの敵であった軍隊が、今度は戦勝者としてわれ等の眼の前に現われてくるのである。これを迎えては感慨の一入《ひとしお》切なるものがあるに違いない。しかし、この時がわれ等国民にとって大切であって、落ち着いた心の準備のうえに、一切の行動が平静に適切に運ばれてゆかねばならぬ。敵軍隊が本土に進駐してくるなどということは、もとより開闢以来初めてのことであるし、保障占領といっても先例に様々な場合があって、方式が一定していない。それについて我方から注文をつける権利はなく、一切は先方の決定に俟つより他に仕方がなかったのである。従って、この程来のように来るべき事態をあれこれと憶測して、国民が不安に駆られたことも、ある程度までやむを得なかったといえよう。

ところが、連合軍第一次進駐に関する次第は大本営と政府から発表せられ、これに対する国民

の心得も、それぞれの関係当局から指示せられた。どうすればよいかの大体の見当はつき、不安動揺の無用なことも判ったのである。彼我の取り極めによって区切られた一定の地域からは、わが武装軍隊の影が消え、それに入れ替わって武装した外国人の将兵が進駐してくるのであるから、その地域の一般住民中には、不安の感じを抱く者もあろう。だが治安はわが警察、憲兵、保安隊等の手で確保される。また十九、二十両日のマニラ会談に現われた四国側の意図にも、兵力の進駐を出来る限り平穏裡に行なおうとしているところが窺われたという。この意図は進駐軍個々の将兵にも十分に伝えられていることと思う。あるいは先方当局のこうした意図に反するような言動に出る兵士が絶無であるとはいえない。しかしそういう場合は、総ての処置を彼我当局の交渉に任すべきものであって、国民は飽くまでも冷静であり、苟くも感情に走るような言動があってはならぬ。

進駐部隊に対する宿舎の提供、食糧の供給などは、みなわが当局の責任のもとに行なわれて、一般国民と進駐軍との間に、この種の問題で直接の関係を生じないこととなっている。しかし日常いろいろな関係において進駐軍将兵とその駐屯地の住民とが接触する機会は多いに相違ない。戦争期間の四カ年、われ等は外国人というものに接する機会が殆ど無かった。戦前においても、わが国民の外国人を観る眼や、彼等と応接する方法には、足りないところが多かったのである。彼等をよく知り、彼等と正しく接触してゆくことは、これからの国家再建のうえに、最も重要な事柄の一つであるといえよう。今日の場合を活用して、国民がそういう修練を積むことが出来たなら、些かでも禍を転じて福をなすものということが出来る。

当局に発表にも示されている通り、連合軍の進駐地域にあっても、官庁、公共団体等の機能は平常通りである。住民にも変わりない平静な日常生活が要望されているが、特に肝要なことは生活機能の確保である。おそらく国内疎遠の地にも、十四日御渙発の詔書の趣旨は、もう十分に浸透したことと思う。われ等国民に課せられた最も大きな今後の課題は、あらゆる困苦と戦いつつ続けられてゆくべき国家再建の事業である。いまやその第一歩が踏み出された。農村においても、生産の切り替えを行なった工場においても、戦時中にも増した大きな努力をもって、各個の使命が達成されてゆかなければならぬ。その努力が生む結果は、本土に進駐する部隊が撤収して、わが主権の完全に回復される日を早くするにも、直接の関係を持つことを忘れてはならない。

八月二十四日　曇り、驟雨

満州に入ったソ連軍は掠奪、暴行等の蛮行を続けているという報がある。ハルビン、新京、奉天がすでに彼らに占領せられ、旅順、大連にも、その空挺部隊が降ったそうである。北鮮の諸要地も次々にソ連軍によって押さえられている。

八月二十六日　雨

満州の事情はだいぶひどいらしい。樺太でもそうであるが、ソ連兵の暴行が頻々として行なわれているほかに、満軍の反乱が相次いで起こり、満人や鮮人が邦人を襲ったりしている。関東軍は武装解除をしたのだから、もう何の力もないわけである。そして醜態を現わしているのは関東軍の将校たちで、いち早く三個列車を仕立てて自分たちの家族をまず避難させた。満鉄社員、満州国の日系官吏がそれに続いて家族を避難させ、取り残された一般邦人がさんざんな目に遭っている。

戦争状態に入った新京では親衛隊が離反して、皇帝の身辺が危くなった。そこで通化からお還ししたのだが、通化からさらに日本へお還しするために、奉天の飛行場までお連れしたところを、降下したソ連機の空挺隊のために抑えられてしまった。それは十九日のことであるが、それ以後今日まで皇帝の御身辺は、赤軍の手中にあるのである。

八月二十七日　晴れ、風あり

今日、政経、社会、東亜、特報の各部では全部員の連名でそれぞれ決議を行ない、①社長、会長はともに引責辞職すべきこと、②社は罪を全読者に謝するために紙面にその旨の社告を掲ぐべきこと、を申し合わせて、社の当局に提出した。吉岡が編集局長をやめたあとは塚田がやることに決まったそうだ。その塚田が午後になってから僕に話がしたいというから、何かといえば、「社会部長をやってくれ」というのである。趣旨は、「高石、高田両氏の選定で、是非とも君の社会部長を実現させたいということであるから、引き受けぬか」というのである。新聞もいよいよ新聞製作上の受難時代をすぎて、今度は自由競争時代に還るのである。もちろん、この時期の仕事は別の意味ではすこぶる多大の艱難を伴うに違いないが、それは実にやり甲斐のある仕事である。すでに以前社会部長を断わったことがあるから、今度は引き受けることには少しおかしなところがないでもないが、情勢は当時に比べて大いに変わっている。一つやってみたいとも思う。しかし僕は、さんざん悩んだあげく、論説委員その他の連中、永戸、横山、新井、佐藤とともに今朝、上原主筆宛に辞表を書いて送ったばかりである。それが如何に処理されるかわからないのに、先のことを取り決めるわけにはゆかない。僕の出した辞表は、

「私儀、今次戦争期間を通じ戦争に直接関係する社説を執筆し来り候処、戦局はわが敗北を以て終局致候段顧みし責の軽からざるを思ひ、茲に辞職願出候也」

というものである。他の連中もそれぞれ各個に自分の意の存するところをもって、辞職の理由としたので、決してこれは相談ずくのことではない。また論説に関するのちの社務を考えずにやったことでもない。われわれの心の奥にわだかまるどうしても相済まぬという気持ちを表明し、責任を償う手段として差し当たって取り得るのが、こういう形よりほかになかったからである。

塚田にはそういう返事をしていったん別れたが、夕方になってまた彼がやってきた。そして先ほど僕の伝えたところを高田総長に話したところ、総長はさっそく大阪へ電話をかけ、上原主筆の意向を尋ねたら、僕が論説陣営を去り、社会部長となることに異存はないといったそうである。だから引き受けてくれというのである。しかし僕としては論説陣営ののちのことについても永戸委員長や同僚とも話をする必要がある。今日はもう皆が帰っていない。明朝僕は黒駒へ行く。即答はできかねる旨を伝えて、一応話を打ち切っておいた。

敗戦の結果、当分の間わが国には航空事業というものが、どんな形でも許されないであろうと思われていた。したがって本社の航空部のごときも廃止するほかに途がないとされていたが、ど

うもそうではないらしい。連合国に通告をして許可を得たら、民間航空に限ってさしつかえないこととなるらしい。その際には一定の標識を機体につけなければならぬ。日の丸はいけない。胴の横に白地に緑の十字、すなわち在来の安全標識のようなものを描いた上、さらに尾部には赤い吹き流しを引っ張るのだそうである。もちろん、飛行機の性能については一つの水準以下のものに限定されるものと思われる。しかし飛行機の製作は許されないのだから、今後アメリカあたりから純商業用の飛行機が輸入されてくることであろう。アメリカも将来の市場としての日本を考慮しながら、あらゆる手を打ってくるのである。

八月二十九日　晴れ（黒駒より帰京）

黒駒より戻り社に出ると今、社員会議の最中だという。五階の会議場に行ってみると、高石老人が壇上にいた。演説は半分ほど済んだところである。社の新体制について弁じていた。

編集局へ帰ると、僕の社会部長が決定して、会議の劈頭、発表せられたのだそうだ。引き受けるも引き受けないもない。僕の留守中にそういう風に取り決められてしまっているのである。この決定があったから至急帰れという電話が黒駒にかかったのであった。社会部長就任は、去る四月に要求されて断わったばかりである。それから半年も経っていない。しかし、情勢は変わっている。だからそのことはこだわる必要もなかろう。社会部長に命ずるという辞令には「理事とす」というのが付け加えられている。今さらただの部長でもあるまいからというところから、こういう辞令が出たのであろう。まずまずこの辞令をおとなしく受けてやるよりほかにない。

八月三十日　晴れ

昨夜は社で泊まった。白金の家へは昨日帰るとはいっていなかったので、食事等の用意ができていないと思ったからである。桑原も宿直であったので、朝は二人で米を炊かせ、味噌汁をつくらせて食った。

今日はマッカーサーの主力部隊が最初に本土に入り込む日である。マッカーサー元帥自身は午後二時すぎ、厚木飛行場に着陸し、護衛隊の固めを厳密にし、自動車を連ねて厚木街道を南下し、横浜税関に仮設された総司令部に入り、続いて宿舎のニューグランドホテルに落ち着いた。マッカーサーと一緒に降りた兵員は千二百人。別に横須賀にも一万三千の海兵隊が上陸した。今朝から連合軍の艦艇続々相模湾に入ったが、その数はニミッツ元帥の旗艦ミズーリ、ハルゼー大将旗艦アイオワ、イギリスはフレーザー提督のキング・ジョージ五世以下艦艇十五隻。空母はエセックス級のベニントンをはじめとする十一隻。すべてで三百八十隻に及ぶ大勢力である。

社会部を強化改造する仕事のほかに、僕には特別報道部を改組する大きな仕事がある。特別報道隊の仕事も一段落であるが、今後も新しい見地からその活動に期待されるところが大きい。しかし今日の報道部をそのまま置いては、新しい仕事に役立てることができない。僕の案では将来、社から各方面に出てゆく口伝工作員のために一定の指導方針を与えるための、小ぢんまりして同時に強力な機関を必要とするので、それを特報部の後身として設置する。かつその機関は在来の編集局内各研究委員会の推進と連絡の任に当たる。ここに回る少数の特報部員以外の者は、それぞれ元の部署に返すか、あるいは新しい任務に振り当てるのである。今日はほぼその目鼻をつけることができた。

夕方五時から社会部の部会を開く。今、社会部々員と称する者は六十何人かあるが、応召、徴用の者はまだ帰ってきていないし、仕事の関係で出てこない者、病気で休んでいる者などがあって、この会合に集まったのは二十人ばかりであった。僕は、

①今後の新聞は八月十五日以前の新聞とは違う。今やそれは完全な自由競争時代に入っている。これに応じた勤務ぶりと、記者的心構えが必要である。

②そのために部員の再教育、再訓練をやる。

③実力第一主義でゆく。

④部員の活動にはなくてはならぬ設備、通信機関、自動車、連絡員、原稿係等の改革には別に努力する。

⑤注文はどしどし述べてこい。真面目に相談に乗ろう。

ということを伝えた。夕方は白金に帰って食事をする。

八月三十一日　曇り、雨あり

本社の記者がもたらしたところであるが、アメリカの新聞記者たちの本土に来てから話したところによると、彼らの疑問は、日本がなぜあんな風に戦争に入ったのかということと同時に、なぜこのように急に、出し抜けに戦争をやめたかということである。

陛下の御考え、御命令というものについてアメリカ人にもっと行き届いた説明ができないものかと思う。

九月一日（二百十日）　雨

横浜、横須賀、厚木、館山など、米兵の進駐地では、彼らの暴行沙汰が早くも現われてきた。巡査が射たれたり、通行人の所持品が掠奪されたり、婦女に対する凌辱事件があったりする。婦女凌辱は厚木で一件、大森海岸で一件、横須賀で三件、館山で三件である。これを新聞はどう取り扱うべきものか。発表をすれば人心も動揺するし、報復しようとする暴力沙汰も出てこないとは限らない。しかし同様の事件がこの後も頻々と発生したら、黙っているわけにはゆかぬ。そのときには運通省に臨時避難列車を出させ、カトリック教会人にローマへ電報を打たせ、日本に来ている赤十字代表者たちにも運動を起こさせ、あらゆる方面から防止と糾弾の工作を取りまとめて、書き立てようと思う。

九月二日　曇り、時々晴れ

わが国史の上に永久に大きな汚濁を残すべき国辱の日である。陛下はその使臣に対して、降伏条件をしるした文書に調印すべしという勅語を賜い、その調印式が、わが代表使臣重光外務大臣、梅津参謀総長と連合国側代表マッカーサー元帥その他との間に行なわれたのである。

今日は日曜日だから三好が家にいるだろうと思って訪ねたら、ちょうど一時間ばかり前に出発して、自動車で甲州へ行ったところだという。留守している内藤としばらく話し合って帰った。三好の行くことがわかっていたら、黒駒へ託送したい品物もあったのだが惜しいことをした。そこから社に行ったら、十一時すぎだった。昨日、伝言をよこして宿の設定を頼んできていた藤田信勝が、朝早い汽車で着いたといって待っていた。昼食を藤田と社員食堂でともにする。

近衛師団の松崎少佐というのが、都の吉田軍曹と一緒に来て、師団から復員してゆく兵に頒布するための印刷物を依頼してきた。八月十四日の勅書をはじめとして、降伏に関する尊い御言葉や記事をひとまとめにしたもので、帰ってゆく兵たちの心の頼りにしようというのである。それらの兵たちは部隊を去るに当たって、故郷でさっそく家業につき、今年の新穀をまず、陛下に献じ奉り、続いて東京都民にも贈ることを申し合わせているという。これは是非とも新聞に書きたい。

降伏調印式は午前九時、横浜港外の米艦船ミズーリ号甲板上で行なわれた。その時刻を期して十機前後からなるB29の編隊が、いくつとなく帝都や横浜や東京湾の上空を縦横に飛び回るのであった。調印式は三十分間で終わり、各国代表の署名が済むと、式場のマイクロフォンから連合国側を代表するマッカーサーが放送した。勝った者と敗れた者との区分が明らかに世界の隅々まで伝達されたのである。新聞記事と写真とは同盟のみを許可することとなったので他の各社からはミズーリ号に乗り込まなかったが、本社は記事をUP特派員に、写真をアクメ特派員に委嘱した。その記事の方は成功したが、写真の方はあまりよくなかったのである。

横浜や横須賀から外国新聞記者が頻々として東京へもやってくるようになった。そして米兵による蛮行は次第に募ってきた。昨日は山本為三郎（＊アサヒビール社長）が日比谷公園のそばで乗っている自動車を強奪されたという。神宮外苑では兄妹で散策していた二人を米兵が襲って、兄の方を射殺した。今日の昼すぎには社の自動車部へ来た米兵が、腕時計を強奪した。被害者は小林豊樹と野原飛行士である。米兵の東京へ来るのは米軍から許可されていないはずである。禁を犯して東京へ入り込んできて、このような暴行をするのだから始末に負えない。

深夜、陸軍報道部にいた親泊朝省《おやどまりちょうせい》大佐が昨晩自決したという報告あり。二児を毒薬で先に死なせ、夫人を拳銃で死なせ、最後に自らも立派に死んだのだそうだ。親泊君は沖縄の王族の出身であった。祖先墳墓の地を敵手に渡したということも自決した理由の一つだという。

十日ほど前、この親泊大佐は敗戦の原因について次のように、詳細に所見を述べていた。

「その第一は陸海軍の思潮的対立である。陸軍はドイツ流に仕立てられている。陸大にはメッケルの胸像が日本戦術の開祖として立ち、その講堂にはヒンデンブルグとルーデンドルフとが作戦を練る図が掲げられて、学生の憧憬の的となっている。これに反して海軍は兵学校の講堂に東郷元帥の遺髪とともに、ネルソン英提督の遺髪を安置して精神教育の資としている。しかもこの相背く二つの思潮に立つ陸海軍が、日本的に統合しようとするところに、いい知れぬ困難を伴うのである。また陸軍内部ではドイツ班の勢力がロシア班や米、英班を凌ぎ、その結果、戦政局の制御ができなかったのである。

第二には満州事変以後、事変を単に軍の一部の力で推進してきたという幕僚総帥の弊風があげられる。

第三には軍人が、軍人に賜りたる勅諭の御旨に反して政治に介入し、軍本然の姿を失ったことである。

第四は人事の大権が派閥的に行なわれ、東条人事とか梅津人事とか呼ばれるに至ったこと。さらに甚だしいのは第一線に出されることが懲罰を意味するというに至っては言語道断である。

第五には軍の割拠主義である。作戦にまで陸軍地区とか海軍地区というものが分かれていた結果、戦勢を不利に導いたことは少なくないのである」

なおこのとき親泊大佐は後輩の将校を戒めて「死に過ぎる勿れ」と強くいっている。その親泊大佐が自決したことは不可思議のことである。

【特別寄稿】駆け抜けた五十二年半――森　桂

吹き抜け校舎の階段の上から吐いた一滴の唾が、父・正蔵の運命を変えたのかもしれない。父はそのとき滋賀県大津の旧制膳所中学（今の県立膳所高校）の四年生だった。唾は一階を歩いていた校長の頭上に落ちた。即刻退学である。

父の生地は近江の国、琵琶湖の西岸北小松村（今の滋賀県志賀町）。浄土真宗東本願寺派徳禅寺の住職・森西正の二男坊で明治三十三年に生まれた。十九世紀最後の年である。小さな寺だったが、西正は、全国にある本願寺別院のなかでも格式のある名古屋東別院で、一般の僧侶では最高位の「輪番」と呼ばれる地位にあった。

父の中学時代は、柔道で体を鍛えるとともに琵琶湖を周航し、比良の山懐を巡る、自然に親しむ毎日だった。そんな日常を記す文章が残されている。題は「跡《あしあと》」。学校の宿題と思われる日記風の文集である。今から百年前、明治から大正の世に入ったばかりの大正三年の記録だ。和紙に毛筆で書かれ、挿絵も散りばめられている。百ページを超すなかで、父の未来への決意を述べた「吾人《われら》青年の覚悟」というくだりがある。

「叡明なる歴史の御稜威と光輝ある吾人が先祖の忠勇とは、帝国今日の盛運を築き上げたるなり。此の間に生を享けたる吾人は何等の幸運児ぞや。しかれども、倩《つらつら》観るに、我国現時の状態を以て、仮初《かりそめ》にも足れりと為す事を得ず。吾人は常に彼の二大（日清、日露）戦後の勝利を誇れど、そは刃の橋を渡るが如き隙ある戦捷《せんしょう》で、上は優渥なる聖旨に応え奉り、下は吾人相互の福祉をして、わが帝国をして、一層の光輝あらしむる大使命を有す。かくして爾後の日本は、一度干戈《かんか》を交えし時は更なり。泰平なる平時に於いても、倦《う》まず弛まず苦闘を続けざるべかざる」

つまり、

「天子の御威光と先祖の勇気ある行ないのおかげで、われらの今日がある。日清、日露の戦争で勝ったというが、それは隙だらけであった。これからは戦争に備えて日頃から闘わねばならない」というものだ。十四歳の少年の作文とは思えない。だが、当時の膳所の中学生は皆、これくらいの文章は書けたのだろう。

膳所中学を退学になった父は上京し、日本中学（今の日本学園）に編入する。明治十八年に開校した日本中学は第一高等学校への予備校のような存在で、創立者はかつて一高の校長だった杉浦重剛。杉浦の父は膳所藩の儒学者で、歳の近い西正と知り合いだったようだ。西正は息子を杉浦に託したのだろう。

杉浦は国粋主義者、アジア主義者といわれるが、明治九年から五年間を欧州に留学し、西洋文化の取り入れをも主張した。また杉浦の同志には対露同志会に加わり、政財界のリーダーを恐れさせた玄洋社総帥・頭山満もいて、父はこの二人の薫陶を受け、また校風でもあった西欧に目を開いた自由な風潮に生涯の道を決定づけるのである。

日本中学の卒業者には日本画家の横山大観、岩波書店創始者の岩波茂雄、政治家の吉田茂、作家の永井荷風らがいる。父はモスクワ特派員だったとき、ゲー・ペー・ウーの目を盗み、駐英大使だった吉田茂としばしば連絡を取り合っていたという。また丸山ワクチンを開発した丸山千里博士とは同級で、終生の友であった。

大正十年に父は杉浦の勧めで東京外国語学校（今の東京外国語大学）に入学する。この外語入学について、父の同級生で奈良の大和文華館々長を務めた石沢正男は、「彼の唯一の苦手は代数で、外語の入試は代数ができなくてもよかったから」と回想している。

日本は第一次世界大戦で勝利し列強の仲間入りをしたが、国内では増税が進み生活は苦しくなるばかりだった。一方で、昨日の敵のロシアと同盟が結ばれ、若者はロシア、シベリア、満州、蒙古への憧れを抱く。父もその一人で、外語のロシア語科に進んだのも、これらの地への探検の近道になると考えたのだろう。

大正十三年の卒業旅行で父はシベリアを巡った。ウラジオストクからシベリア鉄道、東支鉄道を利用し、チチハルを経由してハルビンに到着し数日間を過ごした。そのときの情景を二百首ほどの短歌に編んでいる。

この船出　生まれ変わりに行くごとき　こころ躍りて桟橋を行く
国境の　この町に灯のともるころ　汽車はふたたび笛ふきいづる

騎兵連隊時代の森正蔵

外語を卒業した父は兵役が免除されていたにもかかわらず京都伏見区にあった深草騎兵連隊に志願して入隊した。このときの二冊の日記が手元に残っているが、乗馬訓練や衛兵勤務などの様子を克明に記している。除隊後、大阪毎日新聞に入社、初任地は神戸支局だった。その頃の様子が、当時毎日が出していたタブロイド判の週刊誌に支局の同僚・岩崎栄の思い出話として描かれている。

「森正蔵という、美男のかけ出しがいた。モリショーはこれが実に女性にとって性的魅力に堪えられないような、ちょっとかれて渋みのある美声で、いささかのおでんと安酒を伴奏に、センチメンタルな唄でウップンを発散させるのであった。たとえば『別れを惜しむ者もなし……』『赤い唇コップにつけて……』『青い酒飲みゃ心が踊る……』などと、絶望と不安を吐き出すような、絶望と不安を天に訴えるような情感をもって一杯十五銭のコップ酒を無闇やたらとあおり尽くして、知らず知らずに借金のカサを増やしたのも、モリショーの美声のゆえであったのだ」

すでに読者はお気づきだろう、何とまあよく飲む人だと――。同じ神戸支局時代のある夜には、酒場で同僚と飲んでいてある男と口論、喧嘩のあげく、相手ともども警察の留置場にぶち込まれた。酔いが醒めた同僚たちは気が気でない。だが父は翌朝、その相手と肩を組みながら出てきたという。相手とは、のちに国粋大衆党を結成した笹川良一。やがて二人は心を許す生涯の友になる。戦後、笹川がA級戦犯で巣鴨拘置所に入れられるとき、「頑張ってこい」と激励した、と日記に書いてある。

もっとも、父は酒びたりだったわけではない。東京の英国大使館を放火した容疑で全国に指名手配されていた男を神戸市内で見つけ、証言を聞き取り、顔写真を撮るというぬかりのない取材で、特ダネをものにしたりしている。

その後、父は奉天、ハルビンの特派員を経て、昭和十年から十五年までモスクワ特派員を務める。当時のソ連はスターリンの粛清の最中にあった。日本からの特派員は父と同盟記者の二人だけ。民間人も北樺太石油から出向していた社員ら数人だけ。一軒家は借りられず、ホテルに押し込められて、前の部室からは絶えずゲー・ペー・ウーの監視の目が光っていた。粛清裁判は東洋人でただ一人傍聴しているが、情報源は日本大使館が頼りだった。当時の大使は重光葵や東郷茂徳である。

大使館では正月や紀元節などの行事の折には沐浴斎戒で身を清め、御真影を拝し、皇居を遥拝、万歳を三唱して乾杯するのが習わしだった。昭和十三年元日の日記には次のように記している。「午後六時から陸軍武官宅の祝酒の小宴に連なり、そこから大使館邸に至り、七時半からの大使の小宴に列する。宴半ばにして大使、別室に至り麻雀をはじめる。これはいかぬ。今夜の会は大使が居留民一同を招き、宴席の気分は大使を中心として賑わっていたのである。ここで大使が引っ込んでしまうという法はない。誰しもそう感じているのだが、役人たちはそう表に出していうことをしない。僕、それを大使にいう。彼、ただちに僕の言を容れ、自己の非を詫びて元の席に戻る。これだけなら何ということもなかったのであるが、大使と麻雀をしていた安木、僕に対して無礼の言を吐く。よってただちに彼を殴打すること二度、さらに椅子もろとも床上に投げ倒す。これは理由如何にかかわらず暴挙であったので、宴席に帰って大使にこのことを謝したのであるが、そこへ現われた川畑海軍中佐（大使に麻雀を勧めたのも彼、大使とともに麻雀をしていたのも彼）、僕に詰め寄って何ごとをか構えようとする。僕は咄嗟にこの小人の意図を察した。だから彼を拉して次室へ行き、何の所存を述べんとするかを問う。彼曰く『人おのおの好むところに従ってやればよい。差し出口は無用だ、しかも大使に対して失礼だ』と。僕曰く『全人は何をしても僕は周知せず。今夕、この場所における大使に限っては、かくあるべきだと述べたばかりである。君のごとく、時と場所と事柄の如何にかかわらず、おのおの好むところに従わしめんとするのは自由思想だ』と。彼、言に窮し、まさに腕力を用いんとする気配あり。僕の襟に手を伸べたので、機を制して、僕より殴打する。憐れむべし、これでも帝国軍人か」

父は抗争が好きなわけではなかったが、軍人への批判精神は旺盛であった。

昭和十五年、社からモスクワの父に異動の通知が来た。だがすでに欧州は戦火にまみれ、帰途はなかなか見つからず、各地を転々として、ニューヨークから日本郵船の「鎌倉丸」で帰国した。大阪毎日のロシア課長を務めたあと、父は東京本社に移る。その編集の場で読者に訴えたのは、論説委員として書いた社説だった。昭和十七年春から敗戦直後まで、約百五十本を書き尽くした。「挙国の体当たり」「山本元帥の戦死」「沖縄に勝つを信ず」……。このほか社会面のコラム「戦闘帽」や「サンデー毎日」にも戦況や銃後の心構えを説いた。また各企業、各団体で時局を講演したほか、東北、北海道まで足を伸ばして「必ず勝つ」と国民の勇気を鼓舞した。今読んでも、連合国軍総司令部（GHQ）から戦争犯罪人と名指しされてもおかしくない論陣である。当然、戦争責任を感じ、今後の生き方を考えに考え抜いた。

昭和二十年八月二十日の日記では、「今、筆を棄てて辞表を提出し、言論の陣営から逃避してしまうことが最善の策であろうか……」と書き、これからも新聞記者であり続けることを決意している。しかしその後、父は会社に辞表を提出した。読者の鑑《かがみ》であったはずの社説の挫折である。「この大戦の期間を通じ、戦争に直接関係する社説を執筆した。戦局は敗北をもって終局したが、私の責任は軽くないゆえ、ここに辞表を提出する」というものだった。しかし、辞表は受理されず、毎日新聞ではその責をすべて社長が引き受けることになった。そして、罪を全読者に謝する社告を掲載したのである。

ほどなく父は社会部長に就く。「この時期の仕事は別の意味ではすこぶる多大の艱難を伴うに違いないが、それ（社会部長）は実にやり甲斐のある仕事である」と日記で意欲を見せている。八月二十七日のことであった。この四カ月後に『旋風二十年』が生まれる。

父は、社内はもちろん、社外の多くの人々と交際した。同い年だった評論家の大宅壮一とも交友を持った。日記にはあまり登場しないが、父の死後、大宅は次のように追悼している。

「彼は日本有数のソ連通であるが、そういうことは表面にはあまり見えない。ソ連通となると、右と左は非常にハッキリ分かれていて、いつも喚いているようなところがあるのだが、森君の態度はいたって冷静で、しかもつかむところはちゃんとつかんでいるのである。それよりも大きな特色は、彼の底抜けの親切気である。それも見さかいなしに発揮するのではなくて、相手が一番求めているものを正確に見抜いて、それを与えるということで、一口にいうと『聡明な親切』である。私も友人として、しばしばその恩恵に浴したことのある一人である」（「蛙のこえ」より）

父は戦後、「われらの自由を縛る一つのことは払いのけられたが（軍部）、新しい一つの手は同じ圧力をわれらに加える（占領軍）」と書いた。モスクワ特派員時代はゲー・ペー・ウーの監視にさらされ、戦中、戦後も厳しい言論統制の壁に報道の自由を遮られた。役員に内定したとき、「これから定年までの十年間、本当の新聞記者で通して行きたい、というのが偽りのない僕の切実な願いである」と記した。だが、それから数年もしないうちに父は逝った。五十二年半の生涯だった。

終戦から七十年、顧みて日本は真の平和国家になったと本当にいえるのだろうか。憲法改正が叫ばれる今、言論人「森正蔵」が生きていたら、いったいどんな「社説」を書くのだろう。

（元毎日新聞編集委員）

【引用・参考文献】

『「毎日」の3世紀―新聞が見つめた激流130年』毎日新聞社

『あゝ航空隊―続 日本の戦歴』毎日新聞社

本文DTP・カバーデザイン／株式会社テイク・ワン

挙国の体当たり——戦時社説150本を書き通した新聞人の独白

第一刷発行——二〇一四年八月八日

著者——森正蔵

編集人——祖山大

発行人——松藤竹二郎

発行所——株式会社 毎日ワンズ

〒一〇一-〇〇六一

東京都千代田区三崎町三-一〇-二一

電　話　〇三-五二一一-〇〇八九

FAX　〇三-六六九一-六六八四

http://mainichiwanz.com

印刷製本——株式会社 シナノ

ISBN 978-4-901622-79-0